全国百貨店の
店舗戦略2011

宮副謙司・内海里香 [著]　　　　　　　同友館

はじめに

百貨店めぐりの旅

　筆者は、2010年12月に長野県東筑摩郡山形村の百貨店「井上」アイシティ21店を視察した。この百貨店は、松本市を本拠とする百貨店「井上」の支店で、松本市の郊外、JR松本駅からタクシーで約4,000円もかかる農村地帯に立地する大型ショッピングセンター「アイシティ21」の核テナントである。この百貨店は、筆者にとって記念すべき百貨店となった。というのは、小学生の頃から始めた百貨店めぐり、その全国制覇の旅の最終到達地だったのである。

　筆者が子供だった時代、子供にとっての百貨店は、建物として高層の大空間であり、日頃なかなか目にしない、あるいは手にしない様々な商品が並び、ワクワクする催しが繰り広げられる場所だった。しかも自分の住んでいる街の百貨店は少なくとも見慣れているとしても、夏休みの旅行などでたまに行く親戚のいる街の百貨店は、子供にとってまたさらに「未知なる世界」であり、一層新鮮な印象を与えた。そうした刺激や興味から、他の街の百貨店めぐりの活動が始まり、次第に一人旅で出かけられる範囲を広げていった。

　大学卒業後、百貨店企業に就職してからも、仕事がらみでも、またそれ以外でも旅行にかこつけて百貨店めぐりを続けてきた。もちろん大都市圏なら何回も訪れた店も多いが、地方はなかなか遠方へは行けず、それでも閉店のニュースを聞けば慌てて旅を仕掛けたりして、時機を捉えては百貨店を見続けてきた。そうして2010年に、ついに長年の夢、目標を達成できたわけである。

全国の百貨店を見て歩いて書いた本

　本書は、2003年にペンネームで出版した麻倉佑輔・大原茜 (2003)『最新・全国百貨店の店舗戦略』(同友館) の続編として企画された。(同書もその時代、百貨店開店ラッシュの中で全国の百貨店の店舗調査を基に執

筆したものだった。)その後、数年が経つ中で、全国百貨店の店舗を調査し、それをさらに重ねながら本書を書き上げた。

その期間に、筆者は大学院博士課程に進学し百貨店経営に関する研究を行い、仕事もコンサルティングから大学で教鞭をとる立場に変わりながらも、一貫して百貨店店舗を見続けている。百貨店研究者として言うなら、百貨店の店舗調査、現場ウォッチングによる実証型の研究を続けてきたことになる。

本書では、全国の百貨店の店舗展開、マーチャンダイジング(MD)などについて、実際に店舗・売場をめぐって感じた点、評価できる点、課題と思われる点などをとりまとめた。広報的な雑誌記事にあるような賛美ばかりでなく、課題は課題としてコメントした。広報資料や雑誌記事を読んで想像していても、実際に店舗を訪ねると、店づくりが期待とかけ離れていたり、顧客に支持されていない売場であったりする。実際に現場で、目で見てみないと正しく評価できない、書けないということを改めて認識した。

その評価視点としては、地域の顧客のニーズへの対応(顧客：カスタマー)、競合の中での位置づけを考えた施策(競合：コンペティター)、自社の経営資源の活用度合い(自社：カンパニー)、まさに3つの「C」、3C視点からの戦略適合性である。この評価視点は前著(2003)と同様であるが、前著を出版する際に現場を見て感じ指摘した課題や、あるべき店舗の戦略方向は、その後の動向推移を見ると確実に的を射ていて、その分析や将来方向の見方について確信を得た。さらに、その分析視点、評価視点は、様々な都市、地域の百貨店を見る時にも適用して当てはまり、勝ち残りのための店舗戦略の定石を体得した感がある。

今回は、前著で取り上げた新宿・京都・福岡・名古屋・札幌・神戸・横浜など大都市の百貨店競争のその後の変化はもとより、大阪・銀座など最近一層の競争激化が顕在化している地区を加えた。また地方百貨店でも前著にない地域を視察し取り上げることができた。その例はいくつもあげられるが、特に、東北地方の仙台・青森・八戸・盛岡・郡山、北陸地方の富山・高岡、九州地方の国分(霧島)・日南・佐世保・長崎・伊

万里・佐賀、さらに水戸・津などこれまでメディアではあまり取り上げられてこなかったが、今後の百貨店の成長戦略につながる貴重な企画・施策に取り組んでいる百貨店を積極的に紹介している。そして百貨店の現状課題を現場から見つめ、さらにそこからの気づきを今後の百貨店店舗のあり方、本書で言う「新百貨店モデル」の構想につなげることができた。まさに、全国の百貨店を見て歩いて書いた百貨店論なのである。それらが他書にない本書の決定的な特徴であると考える。

本書の狙い

　本書の狙いとしては、2000年代の百貨店店舗戦略の動向や、各店舗の取り組み事例の分析を通じて、現在から2020年へ向けて新しい百貨店のあり方を論じることにある。

　そしてその前提として、全国の各百貨店店舗が、百貨店の活性化に向け取り組んできたことを時系列で知ること、また同時に、現在取り組んでいることを多くの百貨店業界の実務者、ならびに取引先・業界関係者、さらに一般の方にも広く知ってもらいたいということである。

　百貨店実務者は、目の前の自社店舗の業務に追われ、近くの競合店ですらその動向を見ていないことが多い。まして、自社店舗の商圏にない地域の百貨店の取り組みなど知る由もないのが現状だ。しかし、各社の取り組み、工夫は百貨店共通の課題への重要な知的資産になるはずだ。これらの知識・ノウハウを共有して、ゼロベースからではない企画や戦略立案を行うことが重要と考える。

　また、さらに努力してもなかなか難しいのが、過去の（先輩たちの）取り組みを知るということである。百貨店業界の課題はいくつもあるかもしれないが、最大の課題は、1990年代以降の入社で、1980年代までに取り組まれていた営業企画や業態内革新を経験していない社員が企業の中核になっており（自分が入社する前のことはまったく知らないというのが一般的には当然なのだろうが）、百貨店の改革や営業企画に際して、自分たちでゼロから立案し取り組んでいるということである。時間がない中で企画立案しても良い企画ができないということを繰り返すうちに、百

貨店の企画や取り組みが魅力に乏しいものになってしまうという繰り返しが起こっている。筆者も大学院に進学して百貨店文献を読んではじめて、自分の入社前の百貨店の様々な取り組み事例を知ったのだった。

そして最も懸念されることは、「生き残った企業だけがその業界の歴史をつくる」ということだ。後年の人はその時代に現存する企業の歴史しか業界の歴史として見ないという制約があることだ。もし今後、三越、西武百貨店などがその幕を下ろせば、その歴史（その中で取り組んできた人々の企画や努力）が葬り去られるかもしれない。後年の百貨店で業務に携わる人材がそれらの知識を継承することなく、ゼロから企画立案するとしたら、それはとても残念なことである。

想定する読者層

本書が想定する読者層は、まず、百貨店企業に勤務し百貨店の店舗運営を担っている30〜40代の実務者である。本書をもとに百貨店の新たな存在意義を明確にしてその戦略ビジョンを実現していただきたいからである。そこには百貨店の顧客への価値提供を支える関係企業の方も含まれる。（第9章で述べる新しい百貨店のあり方を実現するコラボレーションの相手となる企業やメンバーである。）

そして百貨店に関心を持ち、その基本から、将来像についてまで学ぼうとする大学生である。就職活動の際の業界研究や、自分としての百貨店像とそれを実現する価値提供・実現手法を構想するのに役立てていただきたい。（第Ⅰ部の「百貨店の基本を理解する」はそのために書いたものである。）

本書の構成

本書は、第Ⅰ部から第Ⅳ部までの4部構成となっている。第Ⅰ部は「百貨店の基本を理解する」、第Ⅱ部は「百貨店の競争を見る」、第Ⅲ部は「これからの百貨店のあり方を考える」、そして第Ⅳ部は「新百貨店モデルと店舗戦略」という構成である。

第Ⅰ部「百貨店の基本を理解する」は、さらに第1章「百貨店の基本理

解」、第2章「百貨店の経営」、第3章「百貨店の店舗戦略」から成る。ここでは、百貨店の業態特性、経営特性、店舗展開・運営の基本構造についてつかみ、その基本と現在の変化を認識できるようにする。(店舗売上の通年比較としては、2000年から2009年の約10年間の変化を見ることを分析の基本とし、一部の数字で2010年数値をアップデートした。)

　また、この部は、大学学部生に百貨店について授業をするのに最適な教科書がないと言われることに対応するもので、大学生に百貨店について関心を持ってもらうためにも重要な章と位置づけている。

　第Ⅱ部「百貨店の競争を見る」は、第4章「大都市での百貨店の競争」、第5章「地方百貨店のサバイバル競争」に分かれる。それぞれ象徴的な都市(地区)を取り上げ、そこで繰り広げられる百貨店店舗間の競争の実際を見ていく。言い換えれば、百貨店間競争、経営再建、新しい取り組みなど様々な事例研究を行うものでもある。

　そして、第Ⅲ部「これからの百貨店のあり方を考える」では、改めて基本から百貨店の機能と顧客への提供価値、存在意義、他の業態との差別化を根本から検討する。具体的には、顧客の定義とその顧客の期待に応えるべきことは何かという視点で、第6章で「百貨店の機能と業態価値」を検討する。さらに百貨店の基本とよく言われるMDと接客について、第7章「百貨店MDの再考」、第8章「百貨店接客の再考」で取り上げ、従来にない発想からそれぞれを考え直し、今後の百貨店のあり方である「新百貨店モデル」の構想につなげていく。

　最後の第Ⅳ部「新百貨店モデルと店舗戦略」では、第9章で「新百貨店モデル」を構想した上で、それを踏まえた店舗戦略のあり方を、第10章「新百貨店モデルで変わる店舗戦略」でより具体的に検討するという構成になっている。

百貨店に自信を

　日本では近年、「ユニクロ礼賛、百貨店ダメダメ」的なマスコミ論調が多く、それをつまみ食いした論者が、百貨店売上の継続的な低迷に関して、「低迷＝衰退」「衰退＝消滅」まで一気に至ってしまうような発言

をする。はたしてそれはいかがなものだろうか。

　百貨店は社会的に責任ある業界として、毎月、店舗別・地区別・商品別に売上データを発表している。それだけ詳細なデータを長年にわたって発表している小売業態はほかにはない。それだけに百貨店売上の好不調はマスコミにも取り上げられ、発表しない他の業態は何も騒がれない、ということが起こる。一般の人たちはそれを認識していないのである。

　百貨店には、もっと自信を持ってもらいたいと思う。世界のビジネススクールで読まれるマーケティングの教科書の代表、コトラー著『マーケティング・マネジメント』の最新刊（2009年、第13版）が、小売業態の章で、業態として分かりやすいとし最初に取り上げているのが、「デパートメントストア」である。しかも「デパートメントストア」の代表例として、日本の百貨店を取り上げているのである。

　百貨店は多くの商品を多様な仕入形態で仕入れ、売場に品揃えし、多様な顧客のニーズに合わせて幅広い販売形態で価値提供している。社員の属性も多様だ。百貨店はそれだけ多くの経営変数を市場変化や季節変化に応じて柔軟に変化させ、経営の最適化を図るというかなり高度な経営を行っているのである。しかもそれを約100年もの長い期間続けてきている（それで存続してきた）業態なのである。百貨店は、将来に向け、まず確かな自信を持って、その経営資源を活かしながら、新たな経営手法を積極的に取り入れて、新しい百貨店の実現（革新）に取り組んでいくことが求められている。

謝辞

　今回の出版にあたって、数多くの百貨店の方々にインタビューの機会を与えていただき、また百貨店店舗像についてディスカッションをさせていただいた。お名前をすべて記すことは難しいが、それらがつながって本書に至っていることを御礼とともに記しておかなければならない。

　東京大学大学院経済学研究科でご指導いただいた高橋伸夫先生、藤本隆宏先生には、現在も百貨店研究ならびに教育などで引き続きお世話になっている。また日本商業学会でのワークショップ制度に筆者が主宰し

た「百貨店のマネジメント」のワークショップが3年連続選ばれて開催することができた。そこでは、百貨店研究者も、百貨店実務者も、百貨店に関心を持つ大学院生などと交流することができ、多くの示唆や刺激を頂いた。そこで得られた人脈は、筆者が所属する青山学院大学大学院国際マネジメント研究科（青山ビジネススクール、略称ABS）での「百貨店MBA研究会」として継承し、さらに発展させていきたいと考えている。

　そして、この出版に際して、前著から継続して企画していただき、ご助言とご支援を頂いた同友館の脇坂康弘社長には厚く御礼を申し上げたい。その構想から原稿の脱稿まで数年も待っていただいた。

　最後に、筆者のこのような百貨店めぐりのきっかけを与えてくれた祖母（宮副アサ）と、子供の頃からの百貨店めぐりを支援し、百貨店への興味を仕事に、研究につなぐことを応援してくれた両親（宮副九郎・清子）に心から感謝したい。

2011年3月
宮副　謙司

目　次

はじめに（宮副謙司）　iii

第Ⅰ部　百貨店の基本を理解する　1

第1章　百貨店の基本理解　2

1. 百貨店の業態定義　2
（1）百貨店という業態の定義　2
（2）百貨店の売上規模と成長性　5

2. 百貨店の業態特性　8
（1）商品別売上の特徴　8
（2）販売形態　12
（3）仕入形態　14

3. 店舗での売場展開　17
（1）「デパートメント」を基本単位とする店舗の売場構成　17
（2）売場の拡大・縮小、導入・改廃　19

4. 店舗立地と店舗タイプ　20
（1）都心立地　20
（2）ターミナル立地　22
（3）郊外SC立地　24
（4）その他の立地への対応　26
第1章のまとめ　28

第2章　百貨店の経営　30

1. 百貨店の経営特性　30
（1）百貨店経営のロジック　30
（2）多くの変数を計画・管理する経営　34
（3）市場対応のための組織の分化と企業としての一体的経営のための内部統合　35

2. 経営主体の出自の違い　37
（1）呉服店系　37

    (2) 電鉄系　38
    (3) その他の経営母体　38
  ## 3. 百貨店の経営組織と内部関係 ─────────────────────── 39
    (1) 店舗経営の原則　39
    (2) 大企業としての組織　39
    (3) 組織間の関係　40
    (4) 事業多角化から生まれた組織　41
    (5) 経営統合による持株会社化と経営管理　42
    第2章のまとめ　42

第3章　百貨店の店舗戦略 ──────────────────────── 44

  ## 1. 全国百貨店の地区別動向 ─────────────────────── 44
    (1) 都市百貨店と地方百貨店　44
    (2) 地域別の百貨店売上動向　44
  ## 2. 店舗運営のパターン ───────────────────────── 48
    (1) 個店型運営とチェーンオペレーション　48
    (2) 日本の百貨店の店舗展開の特徴　51
    (3) 大手百貨店の店舗戦略　53
  ## 3. 店舗の競争戦略とその変化 ────────────────────── 56
    (1) 地域一番店競争　56
    (2) 市場地位別での競争（すみわけの競争）　57
    (3) 百貨店の開店と閉店の店舗数の推移　62
    (4) 1都市1百貨店化の中での生き残りの競争　62
    第3章のまとめ　65

第Ⅱ部　百貨店の競争を見る　67

第4章　大都市での百貨店の競争 ───────────────────── 68

  ## 1. 大都市の百貨店の店舗戦略とその競争 ─────────────── 68
    (1) ここ10年の新店舗と既存店舗間の競争　68
    (2) セグメントマーケットへの対応　70
    (3) ターミナル立地の百貨店でも閉店・売場縮小する時代へ　71

2. 各都市の百貨店競争 ……………………………………………………………… 72
 (1) 新宿　72
 (2) 京都　84
 (3) 福岡(天神)　92
 (4) 名古屋　101
 (5) 札幌　109
 (6) 東京駅・八重洲　118

3. 2011年から2012年にかけての新たな百貨店競争 ……………………… 123
 (1) 大阪　123
 (2) 銀座・有楽町　139
 (3) 福岡(博多)　146
 (4) 渋谷　149

4. 百貨店ライバル対決 ……………………………………………………………… 150
 (1) 神戸　151
 (2) 横浜　155
 第4章のまとめ　158

第5章　地方百貨店のサバイバル競争 ……………………………… 160

1. 2000年代の地方百貨店の大きな変化 ……………………………………… 160
 (1) 地方百貨店の主な動向　160
 (2) 売上データでの分析　161

2. 郊外SC出店と対抗する地方百貨店 ………………………………………… 162
 (1) 郊外SCの出店増と百貨店のSC出店　162
 (2) 地方百貨店の対抗　173

3. 地方百貨店の再生 ………………………………………………………………… 181
 (1) 大手百貨店撤退後の再生　181
 (2) 産業再生機構の下での経営再建　183
 (3) 量販店グループ化した地方百貨店のその後　192

4. 地方百貨店の新たな店舗戦略 ………………………………………………… 195
 (1) 本格的な都市型百貨店化を目指す県都百貨店　196
 (2) 店舗規模のダウンサイジング　202
 (3) 小型店舗での出店戦略　206
 (4) 地方百貨店の新規出店　213

5. 地方百貨店の新たな企業戦略 ―― 215
(1) 複数店舗展開の地方百貨店の出店エリア変化　215
(2) 企業を超えた複数の地方百貨店の連携の動き　218
(3) 大手百貨店の地方店舗運営の変化　218
第5章のまとめ　220

第Ⅲ部　これからの百貨店のあり方を考える　221

第6章　百貨店の機能と業態としての価値 ―― 222

1. 百貨店の機能 ―― 222
(1) 百貨店文献に見る5つの基本機能　222
(2) 100年に一度の不況でも百貨店で売れるものから百貨店に求められる機能を考える　225
(3) 百貨店に期待される需要の大衆化機能　227

2. 百貨店が持つ業態としての価値 ―― 229
(1) 場の価値　229
(2) 顧客資産　230
(3) 営業力　231

3. 新しい百貨店収益の可能性 ―― 232
(1) 場の収益化　232
(2) 高付加価値サービスの有料化　235
(3) あまりに「人が好すぎる」百貨店の経営　236
第6章のまとめ　237

第7章　百貨店MDの再考 ―― 238

1. MDの定義 ―― 238
(1) これまでのMDの定義　238
(2) 本書におけるMDの定義　240

2. 百貨店のMD ―― 244
(1) 他の業態との比較で見た百貨店MDの特徴　244
(2) 百貨店のMD：商品編集のMDの限界と売場編集のMDへの関心　245
(3) 自主か取引先・テナントかではなく、売場レベルか店舗レベルかで捉える　246
(4) 百貨店企業別のMD関心事の違い　247

3. MDの組織能力とそれを活かした成長戦略 ―― 248
(1) 百貨店の組織能力と成長戦略　248
(2) MD能力を本格化させた「MDカンパニー」化という成長戦略　250
(3) 百貨店の将来は、多様な選択肢から各社独自に選ぶ時代に　251
第7章のまとめ　252

第8章 百貨店接客の再考 ―― 253

1. 接客の再考 ―― 253
(1) 接客の定義　253
(2) 百貨店の接客の課題　256

2. 異業種の接客に学ぶ ―― 258
(1) 京都花街の接客　259
(2) 渋谷109の接客　261
(3) 東急ランキンランキンの接客　264
(4) 美術館：先端技術を使った美術館の作品鑑賞ツアー　266

3. 百貨店接客の戦略的な捉え方 ―― 267
(1) ツアーとカフェ　268
(2) 専門人材によるコンサルティング型接客　271
(3) これからの百貨店の接客の可能性　274
第8章のまとめ　275

第IV部 新百貨店モデルと店舗戦略　277

第9章 新百貨店モデル ―― 278

1. 顧客への提供価値の観点からの構想 ―― 278
(1) 今日的な百貨店機能としてのマーケティング・コーディネーション　278
(2) 百貨店が対象とする顧客層　281
(3) 様々なマーケティング・コーディネーションの事例　284

2. 新百貨店モデルでの価値提供の仕組み ―― 287
(1) MD：2つのレベルのMD　287
(2) 接客販売　288
(3) 機能を促進させる仕組み　290

(4) 新百貨店モデルの目標指標　293

3. 新百貨店の収益モデル ―― 294
　(1) 新百貨店モデルから創造される収益モデル　294
　(2) 百貨店は複数のビジネスモデルの中から各社が選択できる業態　295
　(3) これまでの百貨店改革の失敗の轍を踏まない　296
　第9章のまとめ　298

|第10章| 新百貨店モデルで変わる店舗戦略 ―― 300

1. 新百貨店モデルに基づく店舗戦略 ―― 300
　(1) マーケティング・コーディネーションで生まれる内容を活かした売場の開発　300
　(2) 出店形態・出店先の多様化による成長　302

2. どのような店舗をつくるのか ―― 303
　(1) 都市百貨店　303
　(2) 地方百貨店　308

3. どのような出店(店舗展開)にするのか ―― 312
　(1) 都市百貨店の店舗展開　312
　(2) 地方百貨店の店舗展開　315
　第10章のまとめ　316

あとがき(内海里香)　317
参考文献・参考資料　320

第 I 部

百貨店の基本を理解する

第1章 百貨店の基本理解

1. 百貨店の業態定義

(1) 百貨店という業態の定義

　百貨店(あるいはデパート)とはどんな業態だろうか？　そう問われて多くの人が普通に抱くイメージとは、街の中心街や駅前の繁華街にあり、7・8階建の「大きな店」で「なんでも揃っている」、そして「店員さんが接客する」小売業ということではないだろうか。(これは店舗の立地、規模、取扱商品分野、販売形態という観点で業態を説明していることになる。)また屋上の遊園地やゲームセンターなどの遊び場、ファミリー食堂やレストラン街、催し会場のイベントや展覧会、海外のグルメや地方の銘菓などが集まった地下の食料品売場(いわゆる「デパ地下」)などを思い浮かべる人もあるだろう。(これは店舗の機能で業態を説明している。)もっとも、これらは、大規模な小売店と言えば百貨店が代表であった時代に、子どもとして百貨店によく行っていた現在の中年以上の消費者が抱くイメージであって、今どきの若い世代では、もう少し違うのだろう。

　その後、大規模な小売店で何でも商品が揃っているといえば、総合スーパー(GMS)がそうであったし、今やショッピングセンター(SC)のほうが大きくなんでも揃う業態の代名詞になっている。また大都市には「ルミネ」「アトレ」など駅ビルもある。「ヤマダ電機」などの家電大型店には、家電以外にブランド衣料、スポーツ用品、おもちゃ、食料品まで百貨店のように揃っている。

　業態が多様化する中で、百貨店が取り扱う商品の構成も変わるし、消費者の百貨店の捉え方も変わってきている。

▶百貨店の語源

　百貨店の語源は、欧米の「デパートメントストア」(Department Store)

である。日本では百貨店と呼ばれるが、「百貨店」という言葉自体は、1909年(明治42年)に当時の経済雑誌『実業界』の編集長であった桑谷定逸氏が命名したもので、それまでは「デパートメントストア」の訳で、「部別営業」とか「百貨商店」とか呼ばれていたという。それを「百貨店」という名称にしたことは、百貨店の歴史の中で大いに画期的なことであった。つまり、百貨店という言葉は、大型の店舗で様々な商品を総合的に品揃えした、百貨店の業態の特徴をまさにうまく言い当てた表現で、その言葉から業態のイメージが広く浸透したからである。(ただ、一方で、ある意味で業態のイメージを固めることにもなり、新たな業態を模索する際の足かせになっている面も否めないのだが。)

ちなみに、1904年に三越が行った歴史的な経営戦略ビジョンの宣言は「デパートメントストア宣言」であり、「百貨店宣言」ではない。1904年当時は「百貨店」という言葉はなかったのである。

▶業態の捉え方

そもそも業態とは、小売業として商品を顧客に販売する、その販売手法で定義される。その考え方に沿うならば、百貨店は、婦人服や紳士服などの衣料品から、化粧品や家庭用品や食料品まで幅広い分野の商品を1カ所(1つの店舗)で取り扱い、また幅広い顧客層を対象に、接客という手法を主体に販売する小売業ということになる。

幅広い商品を1カ所で扱うために、そして接客販売のため従業員を数多く要することから百貨店の店舗は、一般的な専門店(個別の店舗)よりも広い売場、大型の店舗(多くの場合、複数のフロアを持つ店舗)ということになる。さらに多くの消費者のまとまった需要に対応するため、その店舗の多くが都市の中心街や駅前に立地し、そこに店を構えて営業するわけである。

経済産業省の商業統計調査の基準によれば、百貨店とは「衣・食・住の商品群のそれぞれが10%以上70%未満で、従業員数50人以上」で「接客販売のウェイトが高い店舗」という定義になっている。さらに売場面積3,000㎡以上(東京特別区及び政令指定都市は6,000㎡以上)の「大型百貨店」と、3,000㎡未満(同じく東京特別区及び政令指定都市は6,000㎡

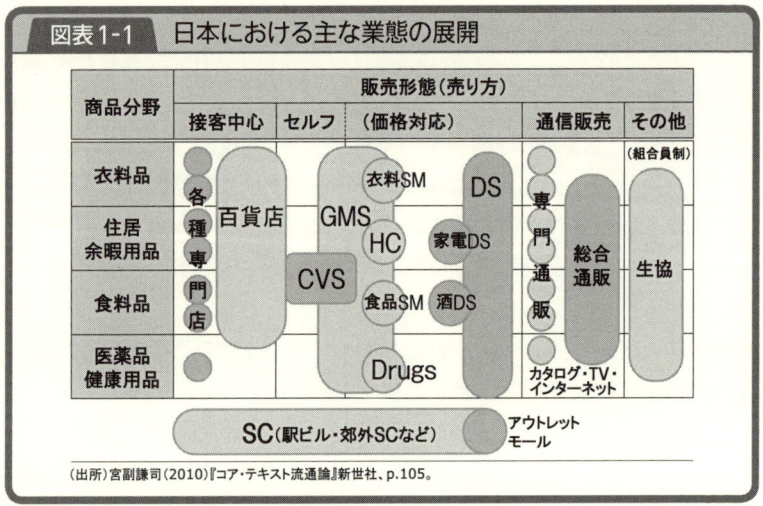

(出所)宮副謙司(2010)『コア・テキスト流通論』新世社、p.105。

未満)の「その他の百貨店」に区分している。すなわち、その取扱商品の構成、また店舗規模がその業態を規定する要素になっている。

百貨店の業界団体である日本百貨店協会は、百貨店の定義を特に明らかに定義していないが、最も社会的通念に近い百貨店の基準としては、百貨店協会に加盟している企業が百貨店であるということにもなる(北島,2009)[*1]。百貨店協会の集計するデータが店舗別、部門別、地域別に長年集計・保管され最もデータの信頼性が高いので、分析するにも活用されることが多い。

また商品取引の実際では、伝票処理において、百貨店は「百貨店共通伝票」を使用し、スーパーマーケットは「チェーンストア統一伝票」を使用するとの違いがあり、百貨店共通伝票を使用するのが百貨店という見方もできる。例えば、丸井は百貨店かどうかよく問われるが、その定義では、丸井は百貨店に当てはまらないということになる。

その定義が明確に規定されていないまま、長年が経ち、消費者の間に浸透したイメージで通説的に捉えられる。百貨店企業も自ら「百貨店ら

[*1] 北島啓嗣(2009)『オープン・インテグラルアーキテクチャ―百貨店・ショッピングセンターの企業戦略』白桃書房。

しさ」という表現を使うが、それがどこにも明文化されていないのに、共通に信じられているイメージのままで、今日まで実際の運営が行われてきたというのも百貨店の業態特性なのかもしれない。

さらに坂田(2007)[*2]が言うように、業態の定義は他の業態との差異を説明するために時代に応じて強調、付加されていくものと見れば、現在は、展開される商品の総合性、店舗規模よりもSCとの違いから百貨店を説明することが多い。SCはJR東日本が運営する「ルミネ」「アトレ」などの駅ビルやイオンモールのように多数の専門店など複数の経営主体がデベロッパーのもとに集合して運営される商業施設であるが、百貨店は1つの経営主体のもとで運営される大型店であるという違いを業態の定義に加えることもできるだろう。

百貨店とは何か、百貨店の業態の定義をどう捉えるか…(いまだに)様々な議論があるテーマであるし、存続の危機が言われ、存在意義が問われる今こそ、重要な議論テーマでもあると言える。新しい時代の経営環境、経営技術の導入の可能性、消費者の購買意識や行動から考えられる新しい百貨店のあり方は後段で検討することとする。

(2) 百貨店の売上規模と成長性

日本の百貨店は、全国に91社261店舗(2010年末現在、日本百貨店協会数値)あり、その売上高は2010年には6兆2,921億円(日本百貨店協会加盟店合計)となっている。小売業全体の販売額(経済産業省商業統計)が約135兆円(2007年調査)なので、小売業の中に占める百貨店の業態シェアは5.7%(2007年時点での売上高での試算)という位置づけになる。

かつて大型店と言えば百貨店しかなかった「百貨店の黄金時代」の1960年代の最高シェア8.7%からすれば、そのシェアは低下しているが、GMSやコンビニエンスストア(CVS)、100円ショップ、さらにテレビ通販やインターネットショッピングなど様々な業態が生まれては消え、栄枯盛衰を繰り広げている中で、日本の小売業において長年にわたって

---

*2　坂田隆文(2007)「スーパーマーケット誕生期における百貨店の業態変容」『中京商学論叢』第53巻。

存在し、一定の比率を占めているのは貴重な存在とも言える。

また現在のシェア約5%というのも、これは全国平均での指数であって、百貨店の所在都市における百貨店の位置づけはそのシェア指標以上であり、消費者にとって業態としての百貨店の存在感は、依然として高いのである。

▶消費全体のトレンドと百貨店の売上伸率

バブル経済の活況期である1990年から2009年までの約20年間の百貨店の売上伸率トレンド(日本百貨店協会数値)を見てみよう。

図表1-2にあるように、家計調査消費支出の伸率(勤労者世帯、実質)と全国百貨店の売上伸率(店舗調整後)の推移を見ると、消費支出の伸び以上に百貨店が伸びた時期もあり、消費支出の落ち込み以上に百貨店の方が下降した時期もあることが分かる。

1990年代初頭は、1990年の伸率7.7%など80年代後半からのバブル景気に支えられ高い伸びを示した。しかしバブル経済が崩壊し、1992年以降の数年間、百貨店の売上は大きく落ち込んだ。その後、百貨店の売上伸率は、数年かかって盛り返し、1996年には1.8%増と水面に上昇した。長年の懸案だった大型店出店規制が90年代に入り緩和され、百

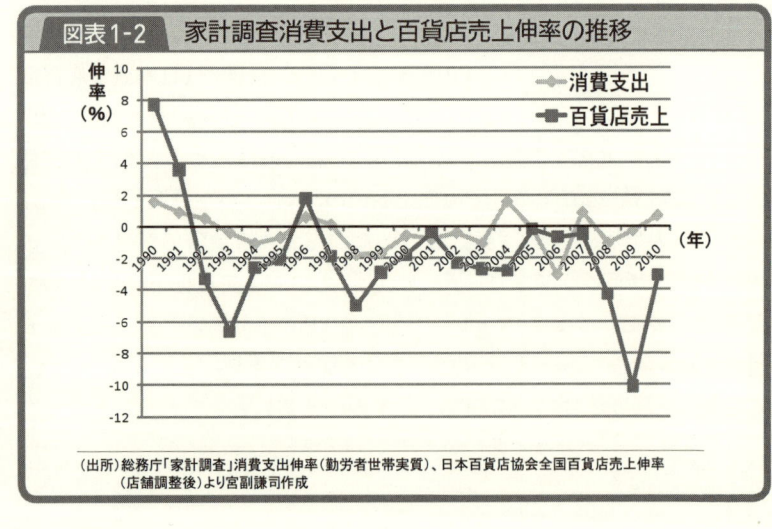

図表1-2　家計調査消費支出と百貨店売上伸率の推移

(出所) 総務庁「家計調査」消費支出伸率(勤労者世帯実質)、日本百貨店協会全国百貨店売上伸率(店舗調整後等)より宮副謙司作成

貨店の新規出店も96年から97年にかけてぐっと増加したためである。(髙島屋新宿店の開店が1996年である。)新店舗の開店増は、既存店の増床や販促強化を呼び、96年、97年の消費回復期には百貨店の売上を押し上げることになったのである。

1998年から消費環境が再び厳しくなると、消費支出も1998年以降、同様に5年連続してマイナスという状況となった。この時期はマクロの消費が伸びないのに、百貨店は京都・福岡・名古屋などで新規に駅ビル百貨店の開店が相次ぐなど増加傾向にあり、さらに新店舗に対抗した既存店の増床も含め店舗面積は増加の一途をたどった。すると当然のことながら面積当たりの生産性は低下する。その結果、投資回収も遅れがちになった。新規店への対抗の必要から巨額を投資して増床や大型リニューアルを行ったことが、効果を上げきれずかえって企業経営にとって重い負担になるという暗転したパターンに陥った百貨店も数多く出てきた。特に量販店の大型SCが地方都市の郊外に相次いで出店することも重なって、経営危機が深刻になった地方百貨店が一気に増加した。

2000年代に入ってからは、景気は小幅ながら上向き、個人消費も上昇傾向となった。家計調査の消費支出の伸び(勤労者世帯、実質)も2004年にはプラスとなり、百貨店の売上伸率は、2005年から2007年にかけて前年割れが小幅になった。

しかし2008年秋の米国経済のリーマン・ショック以降の世界的な不況、100年に一度とも言われる深刻な不況に陥り、せっかくのマイナス幅の減少というトレンドは一転し、再び厳しい商況となった。2009年の百貨店売上伸率はマイナス10%を超える大幅な落ち込みに至ったのである。

▶百貨店と他の業態の売上伸率の変化

次に、GMSやスーパーマーケット(SM)など量販店が加盟するチェーンストア協会が発表する売上数値と、CVSの売上数値(日本フランチャイズチェーン協会が発表)との比較から百貨店の伸率トレンドを見てみよう。

それによると、2005年から2007年にかけては、百貨店の売上伸率が、チェーンストアやCVSの売上伸率より良かった時期もあった。しかし、

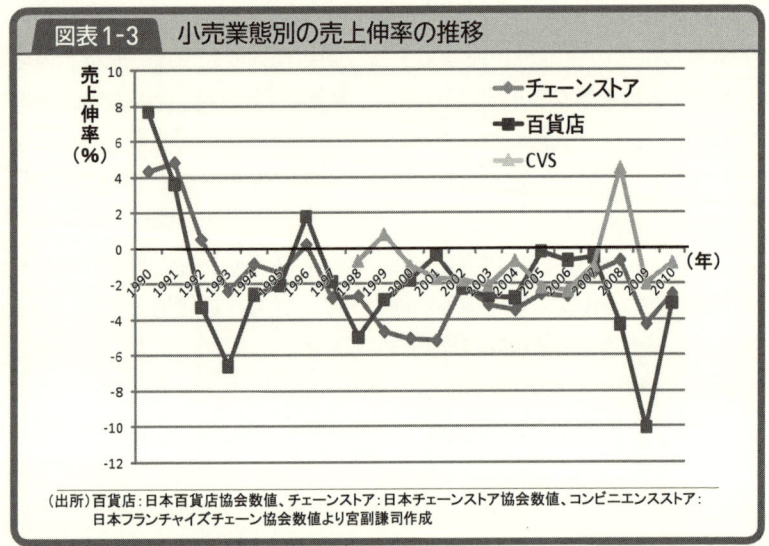

図表1-3　小売業態別の売上伸率の推移

(出所)百貨店：日本百貨店協会数値、チェーンストア：日本チェーンストア協会数値、コンビニエンスストア：日本フランチャイズチェーン協会数値より宮副謙司作成

2008年からの百貨店の落ち込みは他の2業態の落ち込みより大きく、その低迷の深刻さを表している。

2. 百貨店の業態特性

(1) 商品別売上の特徴

　百貨店が取り扱う商品分野は、衣料品、家庭用品、インテリア、雑貨、食料品などの幅広い分野にわたっている。食堂・喫茶、旅行、文化センターなどサービス分野の提供を行ってもいる。また価格帯も海外のラグジュアリー・ブランドや美術宝飾品など高額品から、手頃な価格の日用品雑貨まで取り扱い、消費者にとってはそれが一か所で購入できるメリットがある大型店舗である。(顧客層別でも、ファミリー層、富裕層、通勤帰りのサラリーマン、OL層など幅広い顧客層を対象にし、それぞれの顧客層にとって、そのニーズも満たす商品やサービスが展開されている。)

▶商品別売上構成比とその変化

実際に、百貨店の商品構成はどのようになっているのだろうか。2010年の百貨店協会発表データでその商品分野別の売上構成比を見ると、大まかには、「衣料品」が35％を占め主力の商品分野である。さらに「食料品」が28％、化粧品、美術・宝飾・貴金属、その他雑貨（スポーツや文具・玩具など）からなる「雑貨」が14％、「身の回り品」（ハンドバッグや服飾雑貨など）が12％、「家庭用品」（家電、家具、食器など）が5％、「食堂喫茶」が3％などという構成になった。衣料品の内訳では、婦人服が全体の23％を占めている。

▶商品別売上伸率の変化

また百貨店の商品別売上構成は、ここ10年間で大きな変化を見せている。2010年と2000年の売上対比を行うと、約10年間で全国百貨店の売上絶対額が72.8％に減少する中で、10年前よりも売上絶対額を伸ばしたのは、「サービス」「その他」だった。

一方、10年前より構成比を高めたのは、「食料品」（構成比2000年

図表1-4　全国百貨店　商品別売上とその構成比の変化

	2010年			2000年		2010年－2000年	
	実績	伸率	構成比	実績	構成比	構成比差	実績対比
紳士服	431,958	-4.4	6.9	720,691	8.3	-1.4	59.9
婦人服	1,434,653	-4.4	22.8	2,194,251	25.2	-2.4	65.4
子供服	161,854	-4.6	2.6	263,553	3.0	-0.4	61.4
その他衣料品	168,123	-7.9	2.7	319,456	3.7	-1.0	52.6
衣料品(計)	2,196,587	-4.7	34.9	3,497,951	40.3	-5.4	62.8
身回品	769,721	-3.0	12.2	936,248	10.8	1.4	82.2
化粧品	328,957	-1.3	5.2				
美術・宝飾・貴金属	276,610	-3.7	4.4				
その他雑貨	261,342	-5.9	4.2				
雑貨(計)	866,909	-3.5	13.8	1,180,553	13.6	0.2	73.4
家具	82,070	-6.4	1.3	269,339	3.1	-1.8	30.5
家電	20,739	-5.0	0.3	56,406	0.6	-0.3	36.8
その他家庭用品	212,121	0.6	3.4	316,651	3.6	-0.2	67.0
家庭用品(計)	314,929	-1.7	5.0	642,396	7.4	-2.4	49.0
生鮮食品	387,124	-2.0	6.2				
菓子	454,299	-1.4	7.2				
惣菜	362,880	-3.3	5.8				
その他食料品	563,685	-1.5	9.0				
食料品(計)	1,767,988	-2.0	28.1	2,003,301	23.1	5.0	88.3
食堂・喫茶	175,540	-3.6	2.8	234,312	2.7	0.1	74.9
サービス	69,763	-1.1	1.1	64,951	0.7	0.4	107.4
その他	130,685	10.9	2.1	130,537	1.5	0.6	100.1
合計	6,292,122	-3.1	100.0	8,690,248	100.0	-	72.4
	(金額単位:百万)	(％)	(％)	(金額単位:百万)	(％)	(％)	(％)

(出所)日本百貨店協会数値より宮副謙司作成

23.1％→2010年28.1％、5％アップ)、「身の回り品」(同じく10.8％→12.2％、1.4％アップ)、「雑貨」(同じく13.6％→13.8％、0.2％アップ)、「食堂・喫茶」「サービス」「その他」の6部門であった。特に食料品の構成比のアップが顕著である。これは「デパ地下」と呼ばれる食料品売場で、差別化商材としてグルメ食品やスウィーツ(菓子)などの品揃えの充実に各社が取り組んだこと、北海道物産展に代表される物産催事が数多く開催されるようになり、売上も好調であったことなどが要因として考えられる。

長年、戦略的にブランドの投入やフロアの拡大が取り組まれ、営業戦略が強化されてきた婦人服は、2008年・2009年に急速に不振に陥り、かつての部門別売上首位の座を食料品に譲る形になってしまった。

そもそも、消費者の衣料品への支出は、長期トレンドで見ると、確かに大きく低迷する傾向が続いている(図表1-5)。

こんなに支出が減少している衣料品なのに、百貨店が衣料品の売場面積を拡大しているということ自体がおかしなことであった。振り返ってみれば、百貨店の婦人服シフトは、新店舗やそれに対抗する既存店の改装で続いてきた。各社とも、粗利益率の高い衣料、さらに婦人服を厚く

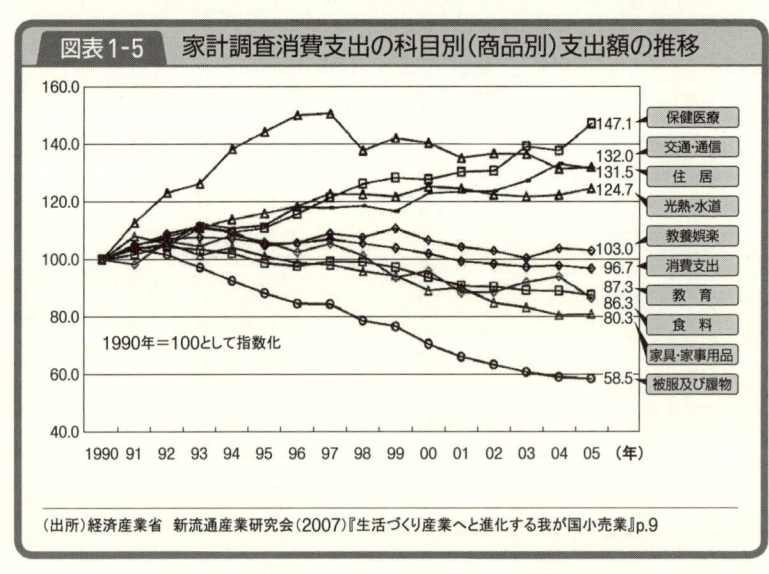

図表1-5　家計調査消費支出の科目別(商品別)支出額の推移

(出所)経済産業省　新流通産業研究会(2007)『生活づくり産業へと進化する我が国小売業』p.9

して競合にも勝ち、収益を上げるという思惑で、婦人服の拡大を続けてきたのである。

しかしながら、こうした政策も、次第に裏目に出るような局面になってきた。すなわち、昨今の天候・気温不順の常態化や、カジュアルファッション衣料業態の台頭、駅ビルやSCのファッション専門店との競争激化の中で、婦人服が順調に推移し、収益に貢献しているという手ごたえは薄れてきている。むしろ、婦人服をはじめとする衣料品は、これまでにない天候要素の変化に遭遇し、実需（プロパー価格販売）と処分（値下げ販売）のタイミングの管理、在庫管理などのMD（マーチャンダイジング）の難度がますます高まっているとも言える。

商品別売上伸率のトレンドを2000年から2010年までの約10年間で見てみると、2000年代前半に「身の回り品」と「家庭用品」が逆のトレンドを示していたが（それだけ良い商品分野はさらに伸びて良くなり、一方、不振商材は一層不振になるというパターン）、2000年代後半からは各商品分野ともに総じて下降トレンドに陥っている。その中で食料品は、マイナスを小幅にとどめ踏ん張っている状況である（図表1-6）。

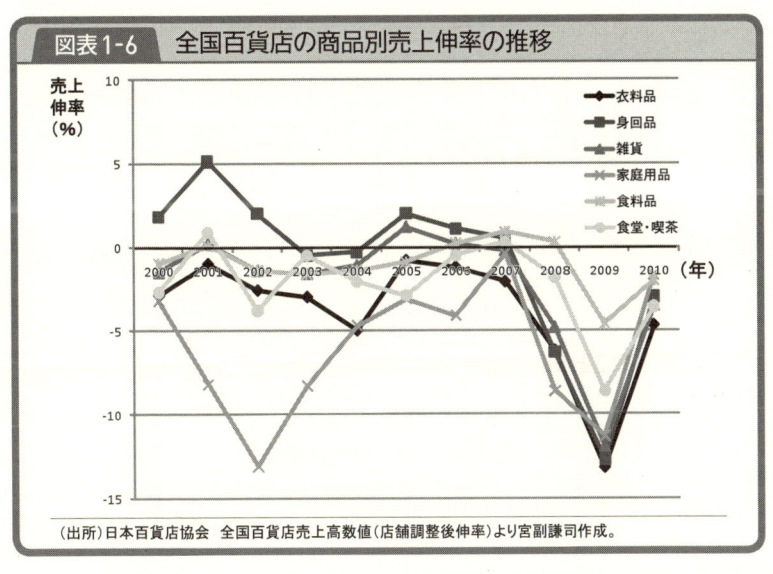

図表1-6　全国百貨店の商品別売上伸率の推移

（出所）日本百貨店協会　全国百貨店売上高数値（店舗調整後伸率）より宮副謙司作成。

(2) 販売形態

百貨店は、他の小売業態にない多様な販売形態（売り方あるいはチャネル）で顧客に商品を販売している。ここでは、百貨店でどのような販売形態が展開されているか、すなわち、百貨店店舗売上がどのように分解できるのか見てみよう。

店舗の販売形態は、大きく分けて「店頭」と「店頭外」に二分される。

▶店頭での販売形態

店頭での販売形態には、通常の売場（プロパー、あるいは常備）での販売と上層階にある催事場での販売がある。

通常の売場では、定価での販売体制である「純プロパー」か、季節商品の処分などの販売形態である「拠点DS（バーゲン）」という形態がある。ある程度の「拠点DS」はMD運営上、季節商品の処分などで必要となるが、「純プロパー」では売れず、ついエスカレーター周りや玄関でのワゴンセールのような「拠点DS」を開催しそれに頼りがちになるのは問題が多い。次第に「拠点DS」のような価格対応でないと売れなくなってしまうからである。プロ野球球団の優勝セールや応援セールを店頭の一般の売

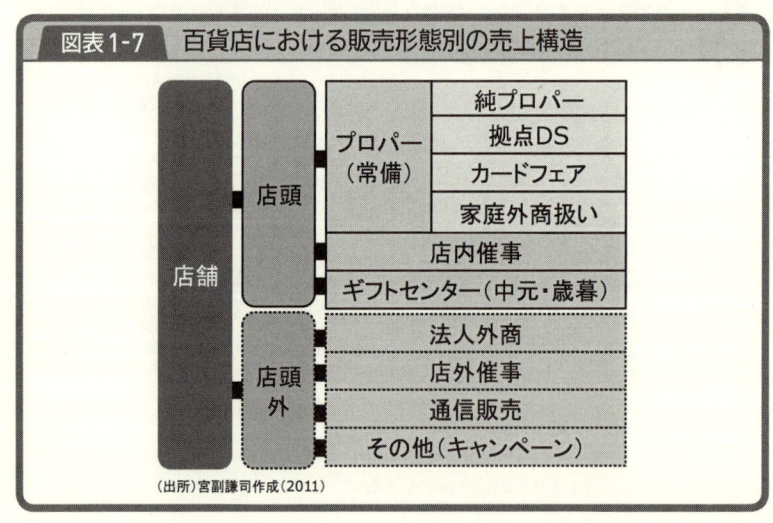

図表1-7　百貨店における販売形態別の売上構造

（出所）宮副謙司作成（2011）

場で展開する場合も「拠点DS」という区分にあてはまる。カード顧客への割引販売である「カードフェア」や「家庭外商の扱い」もプロパー売上の中で区分しておくと、その活動実績、貢献度がつかめるので多くの百貨店がそのようにしている。

　それ以外の店頭での販売形態で売上の比重が大きいのが「店内催事」である。上層階に常設の催事会場を設け、そこでの物産展、バーゲンセールを展開する場合の売上がこれにあたる[*3]。さらに催事場で展開されるものの、別の管理として中元、歳暮期の「ギフトセンター」を店内催事から区分して別の販売形態として捉える場合がある。近年は、中元・歳暮ギフトは、展開規模は小規模になり、展開期間が前倒しになって長期になっている。2月のバレンタインギフトのプロモーション期にチョコレートギフトを催事場で重点的に展開する場合も、ある意味、「ギフトセンター」として捉えなければならないかもしれない。

▶店頭外の販売形態

　店頭以外の販売形態としては、「外商」「店外催事」「通信販売」などがあげられる。「外商」は対象顧客が法人・官公庁・地域団体などの場合は、「法人外商」として店舗の営業組織とは別に営業マンが組織化され、法人・企業・団体のギフトや宣伝広告SP商品などの需要に対応し、店頭商品あるいは店頭では扱わない商品(事務機器、ユニフォームなど)にも対応する。また対象が地域の富裕層の場合は、「家庭外商」あるいは「個人外商」と呼ばれ、その自宅などに営業マンが出向き、店頭商品(衣料、美術・宝飾、ギフトなど)から対応し一括販売し、掛け売りを行う。このような外商ビジネスでは、顧客管理、売掛管理など店頭販売以上のマネジメントが要求される。

　「店外催事」は、ホテルの宴会場などを使ったバーゲン催事で、都内百貨店の場合など2日間の開催で数億円を稼ぐ場合もあり、店舗の売上補填に企画される。ただし運営経費も多額で、費用対効果には課題がある。

　「通信販売」は、以前からあるカタログでの電話受注に加え、インター

＊3　店内催事を主語に見ると、商品販売の売上が立つ「物販催事」、顧客動員に主眼を置いた美術展や子供向け企画などの「動員催事」の2種類がある。

ネットでの受注、携帯電話での受注など、最近の情報通信技術（ICT）の発展に沿って新たな媒体に対応して力を入れている。また最近では、食品や介護用品など特定商品の「宅配」なども注目され、売上を伸ばしている例も多く見られる。

「その他」としては、社員の紹介販売キャンペーン（スーツ、宝石、家電製品などの重点商品を、全社員が参加して売場を超えた販売体制で拡販）があてはまる。

▶販売形態の開発

このように、百貨店は長年の展開の中で、多様な販売形態を揃え、地域の消費者ニーズに対応してきた。また新規の業態の台頭に対抗して、百貨店はその業態の販売形態を取り込んだ店舗を設けて成長してきた。例えば、1960年代のスーパーマーケットの台頭期には、百貨店も実用品のセルフ販売形態の売場を設けた。髙島屋「スピードマート」、大丸「ザ・トック（TOC）」等である。現在でも、佐世保玉屋「SSC」（セルフサービスセンター）など価格についての地域ニーズに対応して、家庭用品・日用雑貨を扱うセルフ売場を通常の売場とは別に設けて継続しているケースもある。

このような多様な販売形態をうまく構成しバランスさせて、長年、時代の変化や業態競争を乗り切って現在に至っているのが百貨店なのである。つまり新たな販売形態の開発・運営は、百貨店のさらなる成長のチャンスでもあるわけだ。

しかし、一方で、このような百貨店の販売形態の多様性は、店舗のマネジメント能力の高度化を意味し、それを運営できない場合、経営効率の低下を招くというデメリットがあるという側面もある。

(3) 仕入形態

さらに百貨店の特徴として仕入形態別の区分がある。仕入形態とは百貨店の店頭で展開される商品が、商品を納入する問屋、メーカーとの取引・仕入の関係としてどのような形態があるかということである。その区分として①買取仕入、②委託仕入、③消化仕入（売上仕入）の3種類が

図表1-8　百貨店における仕入形態別の売場分類

	買取仕入	委託仕入	消化仕入	テナント
契約関係	納入契約	納入契約	出店契約 (百貨店の売上 として計上)	賃貸借 契約
MD政策	百貨店	取引先 (交渉力により 百貨店も関与)	取引先 (交渉力により 百貨店も関与)	取引先
商品在庫	百貨店 (返品特約付きの 場合が多い)	取引先	取引先	取引先
販売員	百貨店	取引先 (派遣店員)	取引先	取引先
売場例	・編集平場 ・百貨店セレクトショップ	・ブランド平場 (ブランドの コーナー展開)	・ブランド インショップ	・ブランド インショップ

(出所)宮副謙司(2010)『コア・テキスト流通論』新世社、p.93。

ある(図表1-8)。

まず、買取仕入は、その名の通りに、百貨店が取引先から商品を買い取って仕入れる形態である。買取仕入の売場では、百貨店が商品のロスや在庫リスクを負うが、その分、百貨店が自主的なMDを行えるので、百貨店の思う通りの店頭企画や陳列、価格政策、販売状況・在庫状況を見た値下げ処分などが可能になる。

次に、委託仕入は、百貨店が商品を取引先に委託して売場に展開するという考え方に立ち、商品が売れた後で、販売手数料として売上の何割かを百貨店が受け取る形態である。百貨店は在庫リスクを負わないという仕入形態である。

また消化仕入は、ブランドなどインショップの形態で売場が形成され、商品が売れると同時に百貨店による仕入が行われる形態である。この方式では、商品在庫は取引先の管理だが、そのショップの売上は百貨店の売上として計上できるところが、見た目では似ているテナントとは違うところである。

このような委託仕入と消化仕入をとるメリットとしては、百貨店が商品の多様化に対応するとともに、百貨店に仕入・販売力のない商品カテ

ゴリーを導入する、あるいは売場を変化させる仕組みとして意義を持った。また流行性の高い人気ブランドやショップを百貨店が導入展開しやすいという特徴を発揮したのである。百貨店の立地や量的販売力を背景に、こうした仕入形態が増加した時代もあった。百貨店側は、商品ロスや在庫リスクを負わず、人件費が少なくて済むというメリットもある。

しかし委託仕入と消化仕入には百貨店にとってのデメリットも多い。売れ残っても百貨店のロスにならないため、仕入が安易に行われ、百貨店の適正な仕入を行う能力が低下していった。また、こうした売場ではアパレルメーカー派遣社員が販売するため、百貨店側の販売力も向上しないという課題を生んだ。長年のそうした慣行によって百貨店のMDについての主導権は次第になくなり、MDの組織能力が大きく後退したのも事実である。

しかし、伊勢丹などのように一部の百貨店では、MD適用を広く捉えて委託や消化の売場まで含め、店舗全体を対象とする百貨店もある。自店仕入以外の売場にどれだけ百貨店としての政策や企画を伝え、店舗で統合的にMDに実現できるかが、百貨店の重要課題となっている。

さらに第四の取引形態として、テナントがある。これは、店舗運営者（テナント専門店）が家主（百貨店）に賃借料を払うもので、売上に比例した金額の場合もある。テナントは自主独立で、百貨店側はMDをはじめ売場運営に関われない。当然、テナントの売上はその企業の売上であり、百貨店の売上には計上できない。この点が消化仕入とは違う点である。

このような仕入形態別売場の売上構成は、テナントを除いた一般的な構成比で、買取仕入は5〜8％、委託仕入が25〜35％、消化仕入が60〜70％と推定される。百貨店のMDの適用範囲も買取仕入の売場のみに限定されるので、MDの適用範囲は厳密には（狭義には）売上全体の10％以下ということになった。

最近の百貨店の動きとしては、大丸心斎橋店が、旧そごう本店の店舗を買収し大丸の北館（新館）として開業した際、従来大丸とは取引のなかった若者向けファッションブランドを低い歩率の契約で導入し、消化売上比率を高め、百貨店としては少人数で運営する店づくりを、当社と

して今後の百貨店のあるべき姿、「新百貨店モデル」として取り組んでいる。今後どのような推移となるか注目される。

3. 店舗での売場展開

(1)「デパートメント」を基本単位とする店舗の売場構成

百貨店の店舗での売場構成の基本単位は「デパートメント」(department)である。欧米でこの業態が「デパートメントストア」(department store)と呼ばれるのは、そこに名前の由来があるからである。百貨店では、その「デパートメント」が、衣料品、食料品、雑貨などの幅広い分野に及び、それを1カ所で統合的に組み合わせ・編集して店舗を構成するという特徴がある。

米国百貨店の部門構成の例を見ると、「デパートメント」を売場単位として、それらを編集し、「ディビジョン」(部門単位)を構成する。一方、「デパートメント」を細かく分類して「クラシフィケーション」、さらに「サブクラス」と、ツリー構造で店舗を構成する仕組みになっている(図表1-9)。

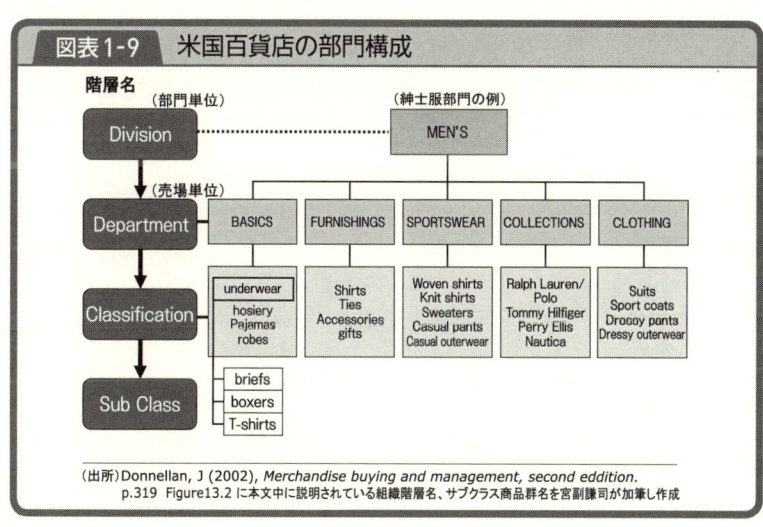

図表1-9 米国百貨店の部門構成

(出所)Donnellan, J (2002), *Merchandise buying and management, second eddition*. p.319 Figure13.2 に本文中に説明されている組織階層名、サブクラス商品群名を宮副謙司が加筆し作成

「デパートメント」での商品品揃えが、ブランドや価格帯、色・柄などの面で地域の消費者ニーズに対応できているかは重要なテーマであるが、さらに複数のデパートメントをどのように組み合わせ・編集し店舗を形成し、その組み合わせ・編集によって、消費者のニーズの全般にいかに最適に対応できるか、その仮説・実行・検証の仕組みを組織としていかに持つかが、まさに百貨店のMDの能力ということになる。

　日本の百貨店の店舗の例を見ていこう。図表1-10のように、婦人服というディビジョンでその売場編成を見ると、デパートメント(小分類)として「ブランドショップ」「フォーマル」「ウィークエンド」「エレガンスウェア」「セーター・ブラウス」などの売場があり、それを、対象別・用途別・関心度別などの分類でくくって「ゾーン」(中分類)が形成されていることが分かる。ちなみに、売場のタイプとして「セーター・ブラウス」の売場は、サイズやカラーなどの分類基準で商品を編集し品揃えする「編集平場」や、ブランドの「インショップ」で成り立っている。(インショップは、その形状から「平場」に対して「箱」の売場とも言われる。)

　百貨店の中でも伊勢丹は、「MD分類」と社内で呼ぶ様々な切り口を基準とした売場づくりを行っている。例えば、対象別(性別・年齢別など)、

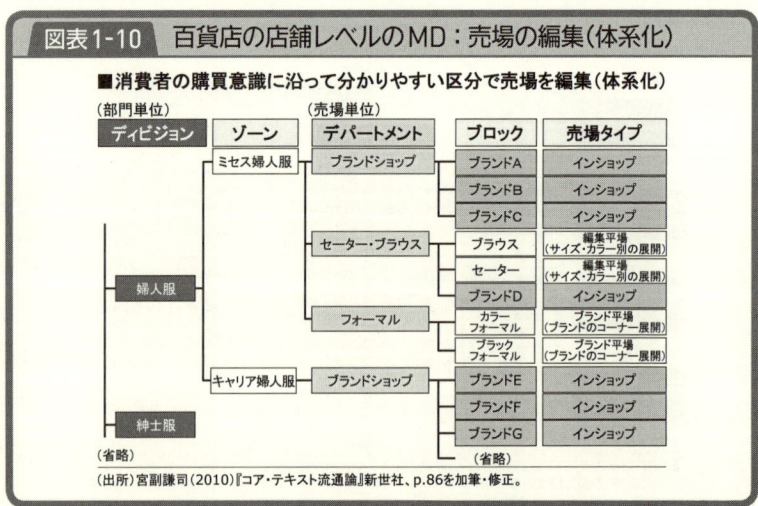

図表1-10　百貨店の店舗レベルのMD：売場の編集(体系化)

(出所)宮副謙司(2010)『コア・テキスト流通論』新世社、p.86を加筆・修正。

用途別（スーツ・ブラウス・セーターなどの機能別や冠婚葬祭などの目的別）、関心度別（ブランドなど）などの一定の分類で商品やブランドを集めて、1つの売場を形成している。さらに伊勢丹は、そのような売場から一定の分類切り口で複数の売場を集め、1つのゾーンとして売場の連なりを考慮して売場の位置関係を決め、店舗の空間を構成する手法を確立しており（例えば、年齢の高い層向けのゾーン、キャリア層向けのゾーンなど）、売場編成の体系化による店づくりに定評がある。

　また百貨店は、消費者の購買意識・行動に沿って分かりやすく、買いやすい位置に売場を配置している。（ゾーニングと言われる活動である。）これによって来店した顧客が、自分の意向に沿って売場を探し、目的の売場にたどりつきやすくしたり、関連する商品のついでの購入を促進したりする効果を狙っているのである（図表1-11）。

(2) 売場の拡大・縮小、導入・改廃

　いったん編成された店舗の売場も、顧客のニーズや競合状況に応じて定期的に見直していくことが求められる。最適な売場の編集とするため、

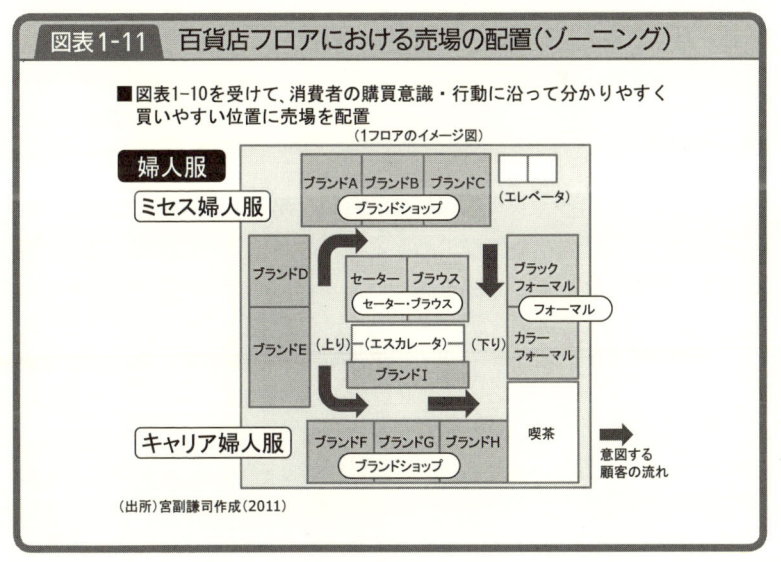

図表1-11　百貨店フロアにおける売場の配置（ゾーニング）

(出所) 宮副謙司作成(2011)

取引先や専門店ショップの開拓や、連動を前提とした売場の拡大・縮小、新規導入や改廃を行っていく、すなわち最適化を図っていくことが重要になる。

具体的には取引先開発による新たなブランドの導入、外部専門店、テナントの導入という業務がそれにあたる。それをスムーズに行うには、中長期の視点で消費トレンドを捉えたブランドやショップなど取引先のリサーチや、関係先との交渉を継続して行うことが求められるのである。

また別の見方をすれば、百貨店が店舗レベルで売場編成を刷新していくことこそが、その時代の消費者に新鮮な価値を与えることにつながり、「買物に行くたびに新しい売場の感じがする」「売場がわくわくする」ということで消費者の支持を高めて、長い時代を経て存続してきた理由になっているとも言えるだろう。

4. 店舗立地と店舗タイプ

百貨店の店舗立地と店舗タイプは、図表1-12のように分類できる。それぞれに店舗の営業戦略、店舗運営の特徴があり、どうやればそこで業績を高めることができるのか、ビジネスモデルや戦略の定石がある。

(1) 都心立地

百貨店は、その多くが呉服店（専門店）から発祥し、呉服から洋服や洋品雑貨、さらに食料品や家庭用品など多くの商品分野の商材を扱うようになり、複数のフロアから成る高層の大型店に成長した。このような発展の経緯からして、そもそもの立地は、自ずと都心、中心商店街ということになる。

例えば、三越の日本橋本店（東京）、大丸の心斎橋店（大阪）など

◆ 写真1-1 日本橋三越本店

図表1-12 店舗立地と店舗タイプによる百貨店の分類

(店舗タイプ) (店舗立地)	都心型百貨店	駅ビル型百貨店	郊外型百貨店
店舗特徴	対象顧客:富裕層・キャリア MD:高質・高額商品 ラグジュアリーブランド	対象顧客:フルターゲット MD:フルライン、 価格帯:ボリュームゾーン	対象顧客:郊外ファミリー MD:フルライン(店舗規模により絞る場合も) 価格帯:ボリュームゾーン
都心立地	三越:日本橋本店 髙島屋:東京店 大丸:大阪心斎橋店 松坂屋:名古屋本店		
ターミナル立地	阪急:大阪梅田本店 伊勢丹:新宿本店 東急:渋谷本店 髙島屋:大阪なんば店	西武:池袋本店 東急:渋谷東横店 京王:新宿店 近鉄:大阪アベノ店	
郊外立地	髙島屋:玉川店	京王:聖蹟桜ヶ丘店 小田急:町田店	三越:多摩センター店 髙島屋:港南台店 髙島屋:洛西店 京阪:くずは店

(出所)宮副謙司作成(2011)

がその代表店舗である(写真1-1)。地方都市でも天満屋(岡山表町)、藤崎(仙台一番町)など中心商店街に立地する百貨店店舗が数多い。

　都心立地の百貨店は、富裕層を顧客に抱え、高級品の需要が高いということもあるが、できるだけ高い客単価で売上を稼ぐ戦略となる。それは単に海外ブランドファッション、美術品、宝飾品などの高級品の購買ということだけでなく、1回の買物の際の、複数の商品の買い回りが高い客単価を実現することでもある。そのような高い客単価をあげるためには商品知識や販売スキルの高い専門人材を配置し、サロンのような売場を含め装飾や什器におカネをかけた環境で販売する特徴をとることになる。(店舗タイプで言うと「都心型百貨店」ということになる。)

　さらに都心で消費者を集客し客数を確保するために、美術展や物産展などの店内催事で動員を図ったり、逆に外商の販売形態をとり、その営業担当者が客先に出向いて商品を販売したりして客数をあげることも仕組みとして持った。

　しかし、この営業戦略は専門人材、サロン的な高級な売場環境(高い地代・家賃ということも加わって)、店内催事などの宣伝費がかかり高

コストとなるので、そのためにも高付加価値商品を売って粗利を稼ぎ、高コストをカバーするようにしなければならない。

(2) ターミナル立地

　大都市の電鉄の始発・終着駅(ターミナル)には、電鉄企業が経営する百貨店が多く存在する。そもそも電鉄企業が駅舎と一体となった百貨店の経営を始めたことが「駅ビル型百貨店」を形成することとなり、立地条件の優位性を最も効果的に活かし、また、その資本力と組織的な運営によって日本独自の百貨店形態として発展した。阪急百貨店が最初の駅ビル型百貨店で、その後、近鉄百貨店、東急百貨店、西武百貨店、小田急百貨店、京王百貨店などが生まれた(写真1-2)。

　駅ビル型百貨店は、以上のような立地条件から、都心型百貨店に比べ、すべての商品にわたって品揃えの仕方も、顧客の購買動機もより実用的であり、より便宜的な性質の占める割合が多い。

　前述の売上形成ロジックの視点では、客数も多く増加していたため、客単価のアップはそれほど意識せずとも、比較的こなれた価格帯の商品が、在庫回転良く売れて、売上を形成するというパターンであった。売上高の月別比重を見ても都心立地の店舗が中元や歳暮の贈答期に大きな季節指数を示すのに対し、ターミナル立地の百貨店ではそれほどの季節変動がなく各月に平均的であるという特徴がある。

　例えば、大阪地区の百貨店の多くが駅ビル型百貨店である。すなわち、大阪キタのターミナルである梅田に、阪急百貨店、阪神百貨店、大丸梅田店があるが、それぞれ鉄道の駅ビルに入居した形になっている。ミナミでは難波に髙島屋大阪店(南海電鉄難波駅)、アベノに近鉄百貨店(近鉄阿倍野橋駅)がある。(ということで、大阪地区でターミナル立地の百貨店でないのは大丸心斎橋店だけである。)

◆写真1-2　小田急百貨店(左)と京王百貨店(右)

▶駅ビル型百貨店から始まった90年代の新しい百貨店

　1990年代に入りJRなどが主要駅に駅ビルを建設し駅の商業機能を増やし、そこに呉服店系百貨店企業と提携し百貨店を開発したことで、三越や伊勢丹など従来都心立地だった呉服店系百貨店が立地戦略を変更し、駅ビル型百貨店として出店することになった。これは、従来の「呉服店系百貨店は都心立地、電鉄系百貨店がターミナル立地」という店舗展開パターンから大きく転換した動きとなった。

　バブル経済崩壊後の新しい百貨店の動きのスタートは、日本最大のターミナルに開店した髙島屋新宿店（1996年開店）からだったと言っても過言でない。髙島屋新宿店は、百貨店部分も57,000㎡と大型であるが、百貨店以外にアミューズメントパークや映画館などのエンターテイメント機能や、東急ハンズ、紀伊国屋書店等の専門業態をテナントとして導入し、都市型ショッピングセンターとしての魅力を高めた（全体の店舗面積は73,600㎡）。

　これに次いで伊勢丹は、JR西日本と組んで1997年にJR京都駅ビルに店舗面積32,000㎡の規模の駅ビル型百貨店として進出した。三越は、同じく1997年に九州最大のターミナルである福岡市天神の西鉄福岡駅ビルに店舗面積38,000㎡で開店した。福岡三越は三越にとって初めての駅ビル型百貨店となったが、それに象徴されるように、呉服店系百貨店のターミナル進出も新しい動きとなった。

　この動きは、2000年JR名古屋駅に開店したJR名古屋髙島屋、2003年JR札幌駅の大丸札幌店、2007年JR東京駅の大丸東京店新店舗の開店まで継続している。さらに2011年3月にJR九州、博多駅に博多阪急が、5月にJR西日本大阪駅にJR大阪三越伊勢丹が開店する。

　このように、百貨店のタイプとして駅ビル型百貨店が相次いで開店し、それがリードする形で百貨店業界が活性化したことは最近の特徴として明確に言えることだ。

▶日本の百貨店企業が最も得意とする駅ビル型百貨店

　百貨店業態の成長ロジックは、多くの客数により売上を形成し、商品回転率や施設効率を高めるということである。それは駅ビル型百貨店で

最も端的に発揮されると言ってよいだろう。すなわち、駅ビル型百貨店は、鉄道が運んでくる数多くの顧客、また幅広い客層(家族連れ、通勤客、学生層など)に対応し取扱商品が拡大、店舗規模も巨大化していった。そこでは「規模」と「総合性」が競争優位条件として発揮されるのである。

こうした駅ビル型百貨店は、欧米にはほとんど例を見ない日本独特の百貨店形態である。従来多くの日本の百貨店が、不特定多数を顧客対象としており、MDも総合的である。よって、多くの利用客を集めるターミナル立地で最もその強みを発揮するとも言ってよい。百貨店企業がこぞって都心立地からターミナル立地へ立地志向を変えはじめたのも当然の成りゆきだ。

(3) 郊外SC立地

1990年代以降、イオンなどの量販店チェーンが郊外に大型のショッピングセンター(SC)を開発し成長したが、そのアンカーテナントとして、百貨店が進出し、郊外SC立地の百貨店も増加し注目された。

▶新たな業態タイプを創造しての百貨店のSC出店

SCのテナントとして百貨店が入る例はこれまでもあった。そもそも日本で最初のSCは量販店ではなく百貨店が開発したものだ。1969年に開業した玉川髙島屋SC(東京都世田谷区)である(写真1-3)。

本格的百貨店としてのSC出店には、玉川髙島屋SCに出店した髙島屋や、地方都市でも広島アルパーク天満屋(広島市西区)、下関シーモール大丸(JR下関駅前)などの例がある。

次に、ニュータウンなどの郊外型SCへの中規模で日用品寄りのMDを強化した百貨店での出店がある。髙島屋の港南台店(横浜)・泉北店(堺)、東急百貨店たまプラーザ店(横浜)などがその代表例である。

日本に現在ある郊外型SCは、立地としては郊外であってもそのほとんどが私鉄駅やバスターミナ

◆写真1-3 玉川髙島屋SC

ルと隣接しており、純粋な意味で(米国的な意味で)郊外型SC立地の百貨店は、1997年にイオン秋田SCの核テナントとして開店した中三秋田店、2000年開業で同じくイオンのSCに入った西武岡崎店や井上アイシティ21店(松本郊外)、2006年開業の武蔵村山三越などわずかである。(中三秋田店は2008年に、武蔵村山三越は2009年にそれぞれのSCから撤退した。)

大都市で多数の顧客の来店で成り立つ従来型百貨店タイプから転換し、郊外店舗で成り立つ経営構造や多店舗をチェーン展開する店舗運営ノウハウを確立することは容易ではない。

▶地方百貨店の生き残りとして活発化したSC出店

地方百貨店では、郊外SCにテナントとして出店したり、あるいは百貨店自らがSCを開発したりする動きも出てきた。関東地区では、宇都宮市中心街に立地していた福田屋が郊外のSCに移転し、中心街に立地した老舗の上野百貨店や西武宇都宮店が苦境に陥るのを尻目に好調な業績を上げている。(上野百貨店も西武百貨店も現在では閉店している。)中国地区の天満屋は、広島市西部郊外に広島アルパーク店、北部郊外に広島緑井店を出店し、中心街の広島八丁堀店を支える店舗戦略を構築した。また福山市でも駅前中心街元町の福山店に加え、1999年に市内の「ポートプラザ」SCに天満屋ストアが出店した際、百貨店もギフトやファッションなど百貨店型MDを揃えた小型店舗を出店した。

九州地区ではトキハ(大分)が、2000年12月に郊外SC出店に対抗して大分市の郊外に郊外型百貨店(トキハわさだ店)を核とする自社SC「わさだタウン」を開店した。

また井筒屋は中津(大分県)や大牟田(福岡県)の支店を閉鎖した後、小型の継承店舗を量販店イズミのSC「ゆめタウン」のテナントとして出店している。このような新たな店舗展開は、今後の地方百貨店の店舗戦略のあり方として注目される。

SCへの出店パターンとして、最近では、核テナントとして大型店舗で出店するのでなく、小型店で専門店街に出店するパターンも見られる。京王百貨店の新三郷SC(埼玉)出店、藤崎(仙台)の市内SCへの出店等

が2009年に話題となった。

▶郊外SC立地の百貨店のビジネスモデルは難しい

郊外SC立地の百貨店のビジネスモデルは、客数も少なく、客単価も上がらない中で、いかにコストを抑えて利益を出すかである。多くの例にあるような1企業が都心店舗を母店とし、その郊外に1SC立地百貨店をつくってもその後方機能を母店が補完する、つまり後方コストをSC立地店舗に負担させないような工夫がされている。(大丸京都店を母店とする山科店、髙島屋京都店を母店とする洛西店、髙島屋横浜店を母店とする港南台店などがその例である。)

ただし、米国の百貨店のように標準的なSC立地店舗を数多く(50店舗、100店舗と)展開することで、運営コストの比率を下げて利益を確保する、いわゆる「チェーンオペレーション」的に展開する百貨店企業が日本には存在しない。そのような店舗運営の仕組みが構築できないと、SC立地の百貨店は、その成功が覚束ない。

またSC立地の百貨店は、MDも課題を抱える。しばらくは、郊外は都心型百貨店の補完機能であったり、若いファミリー向けのカジュアル、実用品の品揃えにしたりして通用したが、最近では、SC内のGMS、専門店が感度や品質を上げてファミリー需要に支持される一方、SC内の百貨店にはより本格的なMD、都心型百貨店と同じ感性や売場イメージが期待されるようになった。そのような中で、髙島屋泉北店(堺市)や西宮阪急などはそういった意味で、食品や化粧品などで都心型百貨店並みの本格化MDにして健闘していると見てよいだろう。しかし、多くのSC立地の百貨店は苦戦している。三越は、武蔵村山(東京都)、名取(宮城県)の2店を他社にかなり遅れて出店したが、MDで失敗し業績不振から短期間で撤退した。

(4) その他の立地への対応

ある程度の店舗規模での百貨店業態としての出店のケースは上記の3つのケースとなるが、百貨店が新しい業態を開発して展開する場合、その出店先の立地は従来の百貨店の立地でなく選択肢が広がっている。

▶専門業態館

　百貨店の取扱商品の中で領域を絞る、あるいは対象顧客を一定のセグメントに絞ることで店舗のコンセプトを明確に、その専門的なMDを集積し、関連するサービスや情報の提供を深めた業態を専門業態という。店舗面積も小型に展開できることから、百貨店として出店できない地域や開発物件に出店し、成長機会を増やすことができる。

　最近の例では、髙島屋や大丸が「食品館」を開発し、SCのテナントとして出店している。（髙島屋「フードメゾン」：おおたかの森SC、新横浜駅ビル、大丸「ほっぺタウン」浦和パルコ、横浜ららぽーとSC）

　1980年代には西武百貨店が「スポーツ館」、「LOFT」（生活雑貨、コミュニケーション雑貨）、「WAVE」（音と映像）、「SEED」（ファッション）、「こども館」、「PISA」（高級雑貨）、「プライム」（飲食）などを相次いで業態開発して、専門業態の時代を築いたが、今では独立した事業体になったものもあれば、廃止されたものもある。

　大都市では業務・商業・ホテルなどを一体化した大型の複合開発プロジェクトが、2000年代に相次いでいる（東京：丸ビル、六本木ヒルズ、ミッドタウン、大阪：なんばパークス、名古屋：ミッドランドスクエアなど）。このように都市部での出店機会が増加しているにもかかわらず、百貨店企業の都心型新業態の開発による新規出店は皆無である。

▶地方都市の小型店舗

　1980年代から1990年代にかけては、百貨店の外商拠点を発展させてギフトショップにしたり、さらに婦人ファッション・雑貨なども含めて取り揃えた小型店舗（サテライトショップ）として出店したりする店舗戦略が多く見られた。

　しかし、90年代後半から百貨店各社は経営合理化の中で、それらを相次いで閉鎖し、現在では三越が、「小型売店」という名称で関東圏を中心に5店舗を展開するに留まっている。

第1章のまとめ

　本章では、百貨店とはどのような業態か、業態を特徴づける要素別にその現状を見てきた。本書のテーマは百貨店の店舗戦略であるが、百貨店店舗の競争力は、店舗の「立地」「形状」「顧客資産」「MD力」「販売力」の5つの要素で決まると考えられる(図表1-13)。

　まず店舗の立地は顧客の集客力に直結するものであり、客数・客単価の戦略の違い(すなわち営業戦略の違い)に影響する。(この点は第2章で詳しく述べる。)

　店舗の形状は、それが正方形であれば、図表1-11のようにエスカレーターの配置や売場ゾーニングが理想通り展開できる。さらにそれが顧客の回遊性、売場の生産性・コストにも大きく影響することになる。

　顧客資産は、単にカード顧客数が多いということでなく、百貨店が提案・提供する価値を受け止めて、それを生活の活性化につなげていこうとする顧客がいかに数多いかが重要である(第6章参照)。その百貨店店舗にどのような顧客層が数多く来店し購買しているかを実際に見て把握するとともに、戦略対象の顧客を維持・育成する仕掛けが店内にどのようにあるのかも見ていく必要がある。

　MD力は、品揃えや売場揃えの体系づくりを行い、それを基本に顧客ニーズの変化に応じて的確に調整する(最適化する)ことであるが、企業として商品や売場について投資をし、その価値を顧客に発信することとも捉えられる。これはアパレルメーカーなど取引相手との交渉力によって規定されることになる。(この点はさらに第7章で検討する。)

　販売力は、現場販売員の接客販売能力、販売責任者の販売計画・管理力、さらに催事・外商など多様な販売形態(チャネル)活用力ということであるが、顧客に様々な手法で接し、提供価値を顧客に認めてもらい、購買してもらうことである(第8章参照)。言い換えれば、売上というリターンを得ていく、MDの投資を回収する力ということになる。

　これら5つの要素は、相互につながり、相互に影響し合うものであるが、全国百貨店の店舗の特徴や、競争力を見ていく際の重要な要素であ

る。したがって、この視点を掲げて、これから様々な百貨店を見ていこう。

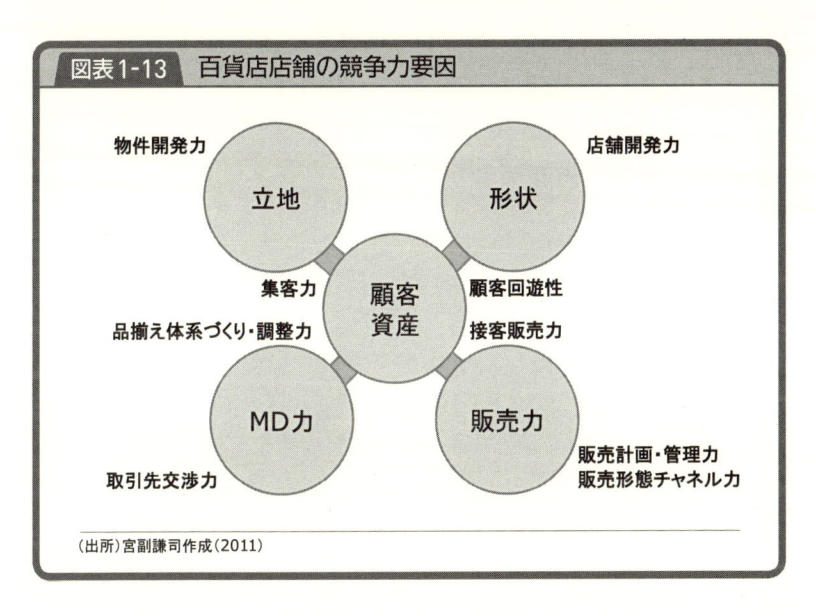

図表1-13　百貨店店舗の競争力要因

物件開発力　　　　　　　　　　　　店舗開発力

　　　　立地　　　　　　　形状

　　　　　　顧客
　　　集客力　資産　顧客回遊性
　品揃え体系づくり・調整力　　　接客販売力

　　　　MD力　　　　　　販売力

　　　　　　　　　　　　販売計画・管理力
取引先交渉力　　　　　　販売形態チャネル力

（出所）宮副謙司作成（2011）

第2章 百貨店の経営

1. 百貨店の経営特性

　日本の百貨店はどのような経営特性があるだろうか。①売上実現の定式（客数×客単価）、②PL（利益・経費構造）、③BS（商品・施設・人材など資産の効率）といった3つの経営ロジックで見てみるとその基本をつかみやすい。

　そしてその経営特性は、長年、業態運営の歴史を経る中で、消費者ニーズへの対応や他業態の台頭への対抗もあり次第に変化してきていること、さらにその変化は基本と矛盾している部分も顕在化していることは明らかだ。

（1）百貨店経営のロジック

▶売上＝客数×客単価

　小売業の売上は、客数×客単価の掛け算で形成される。小売業の1つの業態である百貨店も当然この算式の視点で、経営の特徴を見ることができる。すなわち、百貨店は、客数を確保するために、都市の人通りの多い繁華街に大きな店舗を構え、催事イベントや、新聞やチラシなどの広告をうち、多くの顧客を集めようとする。対象顧客も老若男女、幅広い世代を捉え、その生活全般の需要に応えて、商品品揃えを広げ、販売機会をより多く持つ戦略をとって発展してきた。できるだけ多くの顧客を店舗に取り込み客数の増加によって売上を上げる戦略ということになる。（さらに百貨店の発展の歴史の中で、外商や通販などの店舗以外の販売形態を拡大したことも客数の確保のためと理解できる。）（図表2-1）

　一方、客単価については、客単価＝1品単価×1客当たりの買上点数にさらに因数分解してみると捉えやすい。1品単価を高額にはせず、家

族の生活需要を全般にワンストップで購入してもらう、すなわち、関連購買を促すことで買上点数を上げて客単価を確保する構図が基本特性である。それにより多くの客数を獲得することにもつながると考えられる。

1970年代の大店法の規制強化によって新たな出店や増床が難しくなった時代に、客単価を上げる戦略をとり、海外ブランドの導入や宝飾・美術品・ギフト商品などの取扱い拡大により「高級化」を図った。これは販売形態として外商の強化ともリンクするし、百貨店＝高級という業態イメージにもつながったと見られる。

この戦略が80年代のバブル期に全盛を迎えるが、しかしながら90年代バブル経済の崩壊以降、合理的な購買意識と価格志向に転じ、それ以降、約20年間も継続している。またOL層をはじめとして生活者の情報化、海外旅行体験を通じて体得した国際的な商品品質と価格差を実感するといった消費者の成熟もあるだろう。価格を武器とするディスカウンター業態が、様々な商品分野で台頭し、それには百貨店はカード割引やバーゲンで対抗せざるを得なくなり、さらに価格を下げる方向になった。

今後の百貨店は、客数が伸びない状況下では、1客当たりの買上点数を上げるほうに重点化せざるを得なくなる。そこで売場の販売員による

図表2-1 客数・客単価視点での百貨店経営の特性と変化

		基本特性	1970年代〜 出店・増床規制	1990年代〜 消費者価格志向	今後
客数		多くの客数で成り立つ経営 ・繁華街立地 ・集客戦略	既存店改装・催事での集客 外商・通販など販路多角化	競合となる業態の増加→客数減 少子高齢化	優良顧客の維持・育成 買上率UP
客単価	1品単価	定価・正札販売	高級化＝海外ブランド衣料・宝飾・美術	価格対応 DS・割引販売の増加	1品単価UPは難しい？ 高い専門性・情報性で販売
	買上点数	多様な商品分野を品揃え、顧客の買回りを促進	ギフト強化	消費者節約志向 ついで買い減少	コーディネート販売の強化

(出所)宮副謙司作成(2011)

コーディネート販売を促進したり、VMD（ビジュアルマーチャンダイジング）と言われる商品を顧客に見やすくしたり、さらにCRM（カスタマーリレーションシップマネジメント）と言われるカードでの購買分析を行って顧客の購買を促進する方向に舵を切ることになるだろう。ただ、不特定多数の客数は伸びないとしても、来店顧客の買上率を確実に上げ、またカードなどの優良顧客の維持・育成を丹念に行い、買上客数の確実なアップも欠かせないことである。

▶利益＝売上－原価－コスト（販売コスト＋後方コスト）

次にPL（損益）の視点では、百貨店の利益とは、売上－原価で粗利益、さらに経費を引いて営業利益を得る構図である。

この中で粗利益を確保するには、取引先との仕入交渉時に仕入原価を下げる（値入率を上げる）、販売時は、需要の予測、販売力を高めて値下げすることを極力抑えることが重要となる。しかし、取引先への交渉力も低下し、実売期であるはずの6月や12月に、すでに全館バーゲンを実施し値下げをするような販売実態では、一定の粗利益を確保することは一層困難になっている。

そこで利益を上げるには経費を抑えるということになる。経費は、人件費、広告宣伝、施設費などである。客数を増加させるには宣伝費をかけたいところだが、難しいというジレンマがある。経費管理で最も用いられるのが人件費の抑制・削減である。現在の百貨店の売場の売上の多くが、百貨店社員でない派遣社員によって成り立っているが（百貨店は人件費を抑えている）が、さらに、大丸心斎橋店の新百貨店モデルなど、売場要員も少数で済む運営体制に移行する百貨店も多い。また後方コストも業務の集中化（事務センター化）や外注化で抑制に取り組んでいる。

▶経営資産：商品・施設・人材の資産回転率

第三にBS（資産効率）の視点である。百貨店が経営していくための重要な経営資源・経営要素である商品、施設、人材をいかに有効に活用して、それらの生産性をいかに高めていくかは、まさに百貨店経営の根幹である。

①商品財務視点

　商品仕入から販売までの資金の流れを考えると、商品仕入先(取引先)への買掛債務の支払日数以前に、仕入れた商品を販売し在庫期間をできるだけ短縮すること、つまり商品回転率を向上させ、回転差資金を次の投資につなげていくことが小売の基本構造である。

　百貨店の取扱商品は、衣料品から生鮮食品まで幅広く、その商品仕入特性も異なる。さらに店頭物販以外に外商といった販売形態もあり、百貨店は「複数の異なる資金回転構図の総合」から成り立っていると言える。

　例えば、特定顧客と個別契約を結ぶ外商においては、取引毎に契約条件の設定を行うため、在庫を持たずに売掛債権の回収日数と買掛債務の支払日数をコントロールすることで回転差資金を生み出すことが可能となる。

　しかし近年、美術や高級品といった商品回転率が特に低い在庫が増え、効率を悪化させている。一方、売掛債権も外商売掛にクレジットカード売掛が加わって、両側面から運転資金の効率悪化を招いている。こうして百貨店が販売形態を変えてきた結果、誕生期の「現金販売・掛値なし」とは大幅に異なった形に変化したと言っていいだろう。

②店舗施設生産性の課題

　百貨店は、1つの経営の意思のもとで複数の商品系統を複合させることで、商品間の需要期間の差異を超えて収益性の面で相互補完し、店舗全体としての粗利益率の高さを確保する。またその結果として、店舗の売場面積の利用(utilization)を高めることにもなる。例えば、年間の季節商品の展開を確実に行い、常に需要の高い商品を順次手厚く販売していく売場体制とする(水着や季節電化製品等シーズン型の重点売場展開等)。

③人的資源の生産性の課題

　百貨店は、1つの経営体であることから、様々な商品の需要ピークの差異を踏まえ、需要の多い売場(混む売場)にそれ以外の売場から、あるいは店舗後方の通常は販売に携わらない部門からも人材を出して、必要な売場に配置するという調整が可能である。例えば、クリスマスギフトシーズン(日本の百貨店では中元・歳暮期)に当該需要が集中する売場に、

特定期間、販売人材を集中して配置する販売体制がこれにあたるだろう。そのような販売人員の調整によって販売機会ロスを最小限にし、人件費を有効に活用するものである。

また百貨店は多岐にわたる商品分野(専門性のある商品を含む)の販売員を多く抱えて運営される。そのため、百貨店自社のフルタイム社員だけでなく、パートタイマー、アルバイトなどの就業形態を工夫し制度を開発して運営してきた。仕入形態別の条件でも触れたが、取引先から販売員を派遣してもらって売場販売するケースも長年の間に一般化してしまった。実際の店頭販売は、百貨店社員というより取引先社員で運営されるということが百貨店の現状である。

(2) 多くの変数を計画・管理する経営

これまで見てきたように、百貨店は、取扱商品分野、仕入形態、販売形態などの面で多様性を持っている。コスト、回転率などそれぞれの経営要素の変数をうまく調整して、顧客に対して最適な価値を確実に提供する業態であると言うことができる。

近年は消費者の商品や買い方のニーズが多様化しており、それに合わせて品揃えを広げ、数多くの販売手法からどれが最適なのか選択することは大変難しくなっている。例えば、ファッションの流行に敏感な顧客には、満足してもらうための情報発信をいち早く個別にしなければならない。また価格訴求が購買動機となる顧客にはバーゲンを企画することになる。その構成をどうするか、いつからその販売手法をとるかなど、市場変化や競合対策から経営変数をいかにうまく調整するか、その経営手腕への要求度は高まっており、百貨店経営は難しさを増しているとも考えられる。

その意味で、百貨店の運営は参入障壁が高いということができる。実際、かつて(70・80年代に)量販店企業が百貨店業態を開発して参入したが、すべての企業がことごとくその経営に失敗した。ダイエーの「プランタン」、イトーヨーカ堂の「エスパ」や「ロビンソン」、イオンの「ボンベルタ」、マイカルの「ダックシティ」などがその例であった。販売形

態も仕入形態も単一で、売場レベルのMDを主体に運営することに慣れた量販店企業には、これほど経営変数の多い百貨店業態の経営は難しかったということが改めて認識される。

また現在、業績好調と言われるファーストリテイリングも、ユニクロのように限られた商品分野をシンプルな販売形態で運営する専門店業態であって、商品開発・商品製造の過程は別として、小売経営に関係する変数は百貨店の経営に比べ大幅に少ない。そういう経営を行っているのである。

一方で、日本の百貨店は、管理すべき経営変数が多いという特性について、1990年代以降、取扱商品分野の拡大をやめ、その選択と集中を進め、店頭の売場では買取仕入の売場を少なくし委託・消化取引の売場（いわゆる取引先に運営を任せる売場）を拡大することを主体に統合管理の対象範囲を狭めて対応した。一方、米国の百貨店は自主買取取引を保持しながら、取扱商品を衣料品や家庭用品に集約し対応した。経営変数の計画・管理の視点でも日米の百貨店でマネジメントの差異が見られたのである。

今後、日本の百貨店企業が、経営の変数が多く、高い経営能力を要求される百貨店運営をあきらめ放棄するということにならないように望まれるのだが。

(3) 市場対応のための組織の分化と企業としての一体的経営のための内部統合

日本の百貨店は、欧米の百貨店よりも市場対応のための商品対応や販売形態対応のための多様化、すなわち組織の分化が進んで行われたという歴史的な特徴がある。その一方で、企業としての一体感を出すために様々な内部統合化の仕組みを持っているというのも顕著な特徴である。

ここで、パスダーマジャンの『百貨店論』（1954年、邦訳1957年）を参考に百貨店の経営戦略を検討していこう。パスダーマジャンという人は国際百貨店協会の事務局長で、スイス・ジュネーブ大学の教授でもあった人物である。その文献では、百貨店とは1つの経営意思のもとで運営

される店舗であるとした上で、百貨店が複数の商品系統を複合し最適に配置し、さらに季節や市場の変化に応じて商品系統の展開(実際には売場スペース)を拡張・縮小し最適化を図る機能、また繁閑に応じて販売人材や非販売人材を配置調整する機能に注目した。

そこで筆者は、パスダーマジャンの基本的考え方を踏まえ、店舗における利益管理の基本単位を売場として、店舗全体の利益の最大化のために、①売場を組み合わせ編集する機能と、②売場業務の繁閑に応じて販売人員の配置を調整する機能の2つを合わせて「統合管理機能」と定義する。

筆者は、パスダーマジャンの主張をもとに、百貨店の統合管理機能について図表2-2のように整理した。

このような観点で、百貨店の組織マネジメントを見た場合、統合管理機能は、ますます百貨店の経営に求められており、それをいかに組織能力として形成するかが、現代の日本の百貨店企業にとっての重要な課題であることが認識される。

戦後の百貨店の歴史を見ても、百貨店の店舗規模の拡大、店舗数の増加、さらに、取扱商品の拡大(事業の多角化)、販売形態の多様化など機能分化に伴って百貨店の経営に求められるマネジメント要素(統合機能)

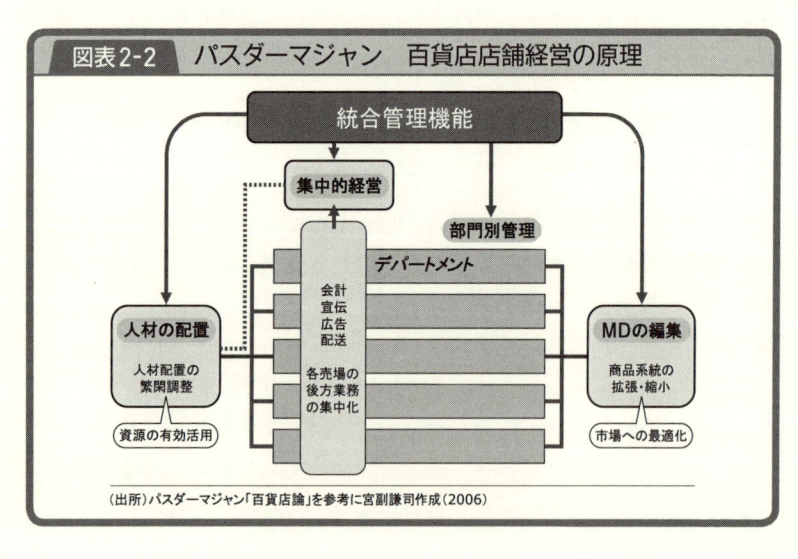

図表2-2 パスダーマジャン 百貨店店舗経営の原理

統合管理機能
- 集中的経営
  - 会計
  - 宣伝
  - 広告
  - 配送
  - 各売場の後方業務の集中化
- 部門別管理
  - デパートメント
- 人材の配置
  - 人材配置の繁閑調整
  - 資源の有効活用
- MDの編集
  - 商品系統の拡張・縮小
  - 市場への最適化

(出所)パスダーマジャン「百貨店論」を参考に宮副謙司作成(2006)

は急速に拡大した。

　組織の分化が進むにつれて統合も求められたわけであるが、日本の百貨店は季節商品や生活歳時記的な全館テーマ型の催事企画（中元・歳暮、クリスマス、新入学など）によって商品の文化性・話題性を訴求し、それによる統合などを行った。しかし、それでも「（同一の百貨店企業でも店舗によって仕入先や取扱商品が異なり）多数の店舗を統合できない」「多角化しすぎた事業部門を統合できない」など、百貨店の本来的な業態特性である統合管理機能をどこまで発揮できるかが継続的な課題として残った（ますます高まった）のである。

　百貨店の基本機能が統合管理機能であると認識するなら、経費を絶対額の総額で削減するのは本来的でなく、最適化コントロールを図るべきである。しかし、百貨店経営陣はその基本の認識に乏しく、それを管理することが困難なことから、短期での利益改善施策を図るほうに目が行って、単に店舗閉鎖、人員削減などの施策をリストラと称して進めてしまった。こうして10年以上もリストラを行っても安定した経営業績、利益構造に至らないのは、誤った施策であったとしか言いようがない。改善施策どころか百貨店本来の持つべき統合力、そのコントロール力をさらに一層失ってしまう施策を長年とってきたということになる。

2. 経営主体の出自の違い

　日本の百貨店を運営する企業は、その出自から大きく分けて、呉服店を起源とする呉服店系と、電鉄企業が運営する電鉄系の2つの種類がある。この出自の違いが、店舗立地、店舗展開や、経営体質（企業風土）などの面で現れることがある。

(1) 呉服店系

　まず、江戸時代から続く呉服店が、明治期に百貨店化した企業が1つのタイプである。その代表例が三越である。三越は、1904年に「デパー

トメントストア宣言」を行い、日本において初めての近代的な百貨店づくりを開始した。これが日本における百貨店の歴史の開始とされる。その後1920年前後には、白木屋、髙島屋、松屋、松坂屋、そごうの各呉服店が次々と株式会社へ組織変更し、百貨店化が進展した。

(2) 電鉄系

　また阪急など電鉄会社が沿線事業の一環として鉄道のターミナルに大衆向けの駅ビル型百貨店を創業した。(1929年阪急百貨店、1934年東横百貨店、1935年大軌百貨店(近鉄百貨店の前身)などが開店した。)

　電鉄系百貨店の誕生は戦後も継続した。すなわち、小田急百貨店、東武百貨店、京王百貨店などが東京オリンピック(1964年)前後に開業した。その後も1990年代の京急百貨店やJR系百貨店(JR西日本伊勢丹、JR東海髙島屋)など最近まで事例がある。

(3) その他の経営母体

　百貨店の経営主体の出自にはこの2つ以外のものもある。すなわち地元企業の有志により出資された企業で、百貨店法が制定される間際に開店したケースである。例えば、1924年広島福屋、1935年大分トキハ、1939年長崎浜屋などがそれである。

　戦後では、鳥取大丸(地元のバス会社日の丸バスと大丸の共同出資)、下関大丸(地元の有力企業であるマルハと大丸の共同出資)など地域の有力企業と大手百貨店の合弁での新しい百貨店づくりが進んだ。

　最近の例では、熊本の県民百貨店があげられる。同社は熊本岩田屋が撤退した後の百貨店店舗を継承すべく、熊本県の地元企業が中心となって設立され(2002年10月)、阪神百貨店(当時)の営業支援を受け「くまもと阪神」という名称で百貨店を開店した。その後、営業支援契約の終了を受け、店名を同社名に変更することになった(2010年12月22日発表)。

3. 百貨店の経営組織と内部関係

百貨店はこれまで、変化する市場動向に対して取扱商品を広げ、すなわち組織を細分化、「分化」して対応するとともに、部門を横断した企画、人事、管理の仕組みを整備して「統合化」も忘れないという、組織の「分化と統合」を実践して約100年間、業態として存続してきた。

(1) 店舗経営の原則

第一に、部門別管理と集中的経営という点があげられる。百貨店は非常に多くの様々な商品系統で構成されるが、各々の商品系統は店舗内に独立した売場を持ち、それぞれ専門の仕入係と販売要員を擁し、独立した会計がなされた(「部門別管理」の導入)。またさらに販売に関連する補助業務(広告、陳列、現金処理、経理、配達、用度品など)は、後方部門に機能を持たせる組織体制とした。これは、近代経営の特徴とされる「集中的経営」であり、小売業では百貨店が初めて導入した。経営面で「範囲の経済」を追求したものとも見ることができる(図表2-2参照)。

第二に、業務の標準化という点である。販売・事務作業が組織化、標準化されたために高度な専門的な業務知識がない無資格の労働者でも活用でき、人件費を節約できた。

(2) 大企業としての組織

百貨店は衣食住をわたる多種類の商品を合理的な組織のもとに部門別に統一管理して小売する大規模な経営体である(松田・坂倉,1960)。そして百貨店には、①物理的な条件として店舗、②店舗で陳列される商品、③運営する人材といった3つの要素が必要である。ごく小規模な小売店を考えた場合、営業主は支配人として行動するのみならず、自ら仕入・販売に従事し、あるいは広告宣伝・顧客管理・従業員教育など事務的ないろいろの関連した仕事をしなければならない。規模が大きくなるに従って、一定の仕事の遂行がより多くの個人の間に専門化されて分担

されてくる。このような仕事の専門化の程度の相違は、小規模店舗と大規模店舗との組織上の1つの特徴である[*1]。

百貨店の企業組織は、以下の5つの機能で組織される。
①商品部門：商品計画と予算、商品管理、商品仕入、流行の研究、商品試験、販売価格の比較調査(仕入機能)
②販売部門：店舗、外商、通信販売などの販売形態別に組織が構成される。(店舗においてどのような商品分類を基本に売場が構成されるかは、第1章を参照のこと)
③宣伝部門：一切の宣伝活動、ファッションショーや文化催物の企画、販売催物の企画、店内装飾、ショーウィンドウ装飾　(販売促進機能)
④運営管理部門：店舗施設の維持管理、商品配送、顧客サービス、人事、労務、教育、厚生　(仕入・販売機能以外の一切の運営機能)
⑤経理統制部門：商品管理と統制、経費の予算と統制、経理　(経理統制機能)

(3) 組織間の関係

▶商販の関係

　商品仕入機能と販売機能が分離している場合、両者の関係を商販の関係と言う。商品仕入機能が「商品部」「MD統括部」などの名称で本社に置かれた場合、販売機能は店舗になるので、商販の関係は本社と店舗で物理的に分かれて対峙する関係ともなる。商品部が企業としての全体の商品戦略、年度・半期の商品政策を策定し、それに基づいて取引先と交渉(あるいは取引先を新規開拓)し、発注を行う。店舗の販売員は店舗に納品された商品を売場に品揃えし顧客に販売し、売上管理、在庫管理を行う。この一連の流れが本社商品部主導で行われるか、店舗の販売部門と共同の分野を多く持ち進められるのかは企業によって(店舗数や、本店の位置づけの大小などによって)個別である。

[*1]　この項は、松田・坂倉(1960)を参考に、その引用に一部加筆して百貨店組織運営の解説とした。

▶業販の関係

　また販売部門と、それを支える後方の業務系(人事・総務・経理・情報システムなど)の関係は、業販の関係と呼ばれる。業務系は、さらに本社の機能と、店舗の機能に分かれ、それぞれの業務領域で本社は戦略・政策立案や全社の事務処理を、店舗ではより売場に近く販売を支援する日常業務を行う形になっている。本社の人事・会計・総務の事務機能は、全店舗、あるいは関連会社の事務も含めて事務センターとして機能し、「シェアードサービスセンター」として独立した運営が行われる場合がある(例えば、伊勢丹、東急百貨店など)。あるいは、外部に業務委託(アウトソース)される場合もある(図表2-3)。

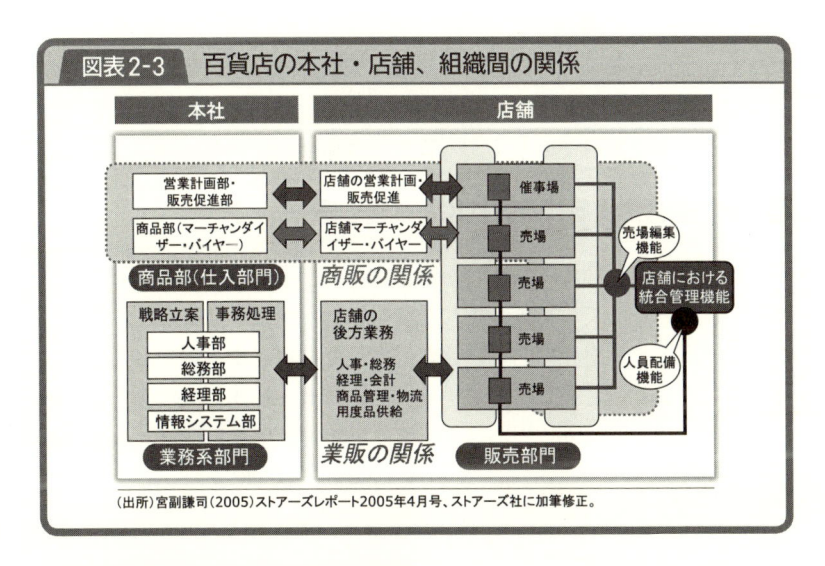

図表2-3　百貨店の本社・店舗、組織間の関係

(出所)宮副謙司(2005)ストアーズレポート2005年4月号、ストアーズ社に加筆修正。

(4) 事業多角化から生まれた組織

　百貨店の本業と言われる店舗の販売事業以外に、販売形態を広げた経緯から外商、通販などを始め、別に事業部を設けていく場合が多い。これは百貨店の最も典型的な(多く見る)多角化事業戦略と言うことができる。それ以外では、生活領域に対応し、飲食事業、スポーツ事業、文化・スクール事業などが生み出されてきた。1970年代以降1980年代までは

特にその多角化が活発であったが、90年代以降のリストラでほとんどの多角化事業が売却や中止を余儀なくされ、百貨店の事業領域は店舗販売の部分に戻ってしまった。振り返ってみると事業能力が未整備なままでの事業参入など課題も多かったが、獲得した顧客や事業ネットワークなども多かっただけに、その蓄積を失ったことは大きなマイナスではないだろうか。

戦前は、百貨店を運営するにあたって必要な機能を担う業界が日本で未整備であったため、百貨店が自ら事業創造するケースも数多かった。経営調査(シンクタンク機能)、商品輸入(商社機能)、広告企画・宣伝制作・什器環境(広告代理店機能)、販売員教育(スクール機能)、店内の食堂・喫茶(レストラン機能)などが百貨店から生まれたのであった。特に地方ではその傾向も強く、地方百貨店はその機能を多く子会社として持って大きな企業集団になっていた。その点も百貨店が地方に貢献してきた点であるが、現在ではその多くが一般には認識されていない。

(5) 経営統合による持株会社化と経営管理

ここ数年、百貨店の経営統合が複数行われ、多くの場合、持株会社制が採られた。そして、持株会社に戦略的本社が誕生したことは、事業会社と分かれて経営を戦略的に、比較的中長期の視点で策定することになると期待された。しかし、持株会社参加の事業会社は、数年後には合体するという変化を見せ、今のところ戦略的本社の機能発揮には至っていない。

第2章のまとめ

日本の百貨店は、ヨーロッパで誕生した百貨店の経営の基本を踏襲しつつ、長年の市場への対応を経て、取扱商品、販売形態、仕入形態などを多様化させ発展してきた。その結果、多数の経営変数を持ち、それを統合管理する高度な経営になっている。

また、日本の百貨店が現状の課題を克服し、さらに新しい時代へ向け

変革していくことは、世界の百貨店に先んじた取り組みであるし、そのいくつかが将来的に世界の百貨店にも適用されていくだろう。その意味でも日本の百貨店経営は、世界の百貨店経営の最先端にあると言えるのではないだろうか。

第3章
百貨店の店舗戦略

1. 全国百貨店の地区別動向

(1) 都市百貨店と地方百貨店

　百貨店の店舗を分類して、都市百貨店と地方百貨店とよく言われるが、それはどのような基準で、分類されたものであろうか。また同じようによく言われる店舗タイプの用語に「都市型百貨店」という言葉があるが、それはどのような店舗のことを指すのだろうか。

　日本百貨店協会は従来、東京他6大都市とそれ以外の地域で地域別区分をしていたため、6大都市に本社が所在する百貨店を都市百貨店、それ以外を地方百貨店と捉えることが定説であった。しかし、日本百貨店協会は2006年からその区分を変え、札幌・仙台・広島・福岡を加えて10大都市という区分と、それ以外の地区に区分したことで、前述の用語にあまり意味はなくなってきている。

　むしろ、MD・施設の特性から「都市型百貨店」という言葉が使われることが多い。例えば、ラグジュアリーブランドや有力アパレルブランドが揃い、都市生活者を対象にしたデザイン性の高いインテリアやリビング用品、海外・国内のグルメ食料品が揃っていること、本格的な文化情報発信をする催事場やギャラリー、さらに吹抜けなどの空間やアメニティ施設が整った店舗を「都市型百貨店」と捉えるようだ。地方都市にこのようなタイプの店舗ができた場合に、この用語を用いて語ることが多いと思われる。

(2) 地域別の百貨店売上動向

　ここで、全国百貨店の地域別の店舗展開状況を見てみよう。2010年の全国百貨店の売上高を地域別に見ると（日本百貨店協会数値・区分）、

図表3-1　全国百貨店の地区別売上構成比(2010年)

		2010年 実績	伸率	構成比
	札幌	156,203	-1.9	2.5
	仙台	82,760	-5.9	1.3
	東京	1,558,253	-3.0	24.8
	横浜	358,428	-1.6	5.7
	名古屋	375,454	-1.1	6.0
	京都	249,367	-3.4	4.0
	大阪	773,817	-3.2	12.3
	神戸	176,845	-1.7	2.8
	広島	148,472	-3.9	2.4
	福岡	170,716	-3.5	2.7
10都市(計)		4,050,316	-2.8	64.4
	北海道	37,850	3.7	0.6
	東北	124,135	-4.2	2.0
	関東	1,075,603	-3.2	17.1
	中部	175,800	-4.0	2.8
	近畿	208,935	-3.5	3.3
	中国	154,968	-4.4	2.5
	四国	117,106	-5.8	1.9
	九州	347,408	-3.8	5.5
10都市以外の地区(計)		2,241,806	-3.5	35.6
合計		6,292,122	-3.1	100
		〈金額単位:百万〉	(%)	(%)

(出所)日本百貨店協会発表数値(2011)

図表3-1のようになっている。

▶地区別の構成比

　東京などの10都市計(大都市部)が64.4％で、それ以外の地区計(地方部)が35.6％という構成になっている。さらに具体的な地区別では、東京地区が全国百貨店売上の24.8％を占め最大の構成比になっている。また関東地区も17.1％を占めており、東京・関東を合計した場合、41.9％を占めることになり、東京を中心とした地域がいかに大きな百貨店市場であるかが分かる。

　一方、地方では、北海道地区は0.6％と地区別で最小の構成比になっている。これは2000年以降の地場の有力百貨店である丸井今井の支店などの店舗閉鎖が相次いだためである。札幌地区と合わせて北海道にある百貨店の店舗数は2000年に18店舗であったが、2011年1月現在で

は10店舗と大幅に減少している。また札幌地区と北海道地区合計の百貨店市場規模も1,941億円（2010年）で、東京・新宿地区の伊勢丹新宿店（2,234億円）1店舗の売上高を下回る状況である。（これは伊勢丹新宿店がいかに高い売上をあげ、百貨店業界において大きな位置づけにあるかということを示すことにもなるのであるが。）

　また九州地区は5.5％の構成比であり、地方では突出した売上構成比になっている。地方百貨店の中では、九州地区はそれだけ有力な百貨店企業が存在し、また各社が健闘している百貨店市場であると見ることができる。

▶地区別売上伸率トレンドの傾向

　日本百貨店協会が新たな地域区分に変更した後、その売上伸率が発表されている2006年から2010年までの5年間の売上伸率（店舗修正後）を調べてみると、全国百貨店の売上伸率トレンドは2008年、2009年と下降したが、都市（10都市計）とそれ以外の地区で分けた場合、2009年は都市部、とりわけ東京地区の落ち込みが著しかった。2009年の下げ幅はマイナス11.3％と全国で最大であった。

　東京地区の不振は、リーマン・ショック後の高額品・法人外商需要の低迷が原因と見る向きもあるが、OL・キャリア層などの婦人服・ファッションの購買意識や行動が特に変わりつつあり、そのため他の小売業態（駅ビル・ファストファッション専門店）やインターネット（ファッションサイト）利用などが増加し、百貨店の婦人服、ファッションフロアでの購買に変化を与えていることが推測され、構造的な課題もあるようだ。（2010年の東京地区百貨店の婦人服売上高伸率はマイナス6.4％で、全国の婦人服売上高伸率（マイナス4.4％）を下回っている。）

　2006年から2010年にかけての大都市部（10都市）の地区別売上伸率推移では、京都地区が2006年・2007年で比較的高い伸びを見せた。また札幌地区は前年割れの推移であるが、2009年は前年割れの幅が都市部では最も小幅になった。一方、名古屋地区は2008年・2009年と落ち込みが深刻で、都市部で最も大きく低迷している。（地区別の詳細は第4章で述べる。）（図表3-2）

図表3-2　全国百貨店地区別 売上伸率推移（10都市）

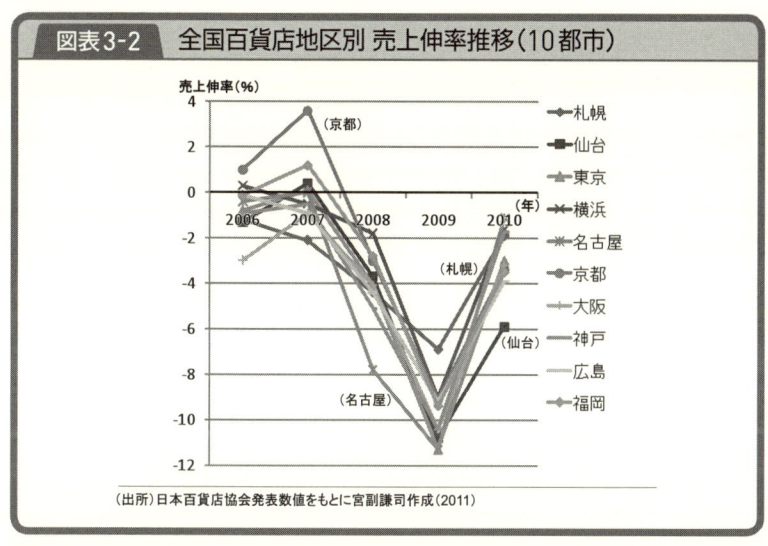

(出所)日本百貨店協会発表数値をもとに宮副謙司作成(2011)

図表3-3　全国百貨店地区別 売上伸率推移（10都市以外の地区）

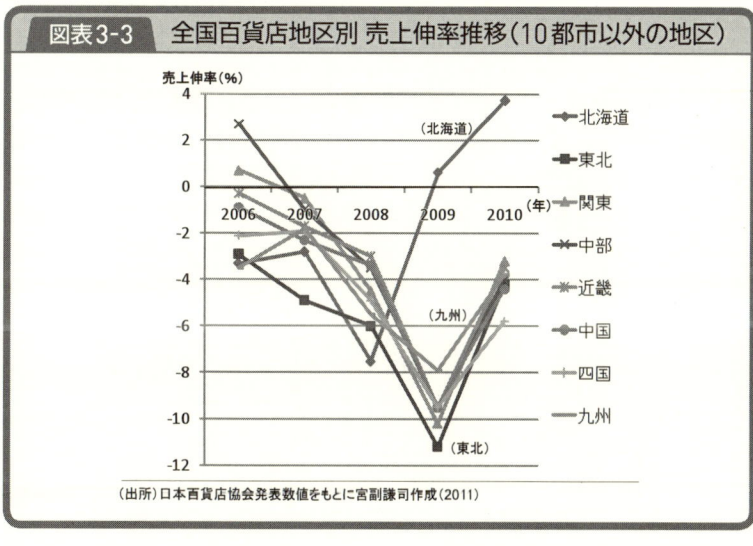

(出所)日本百貨店協会発表数値をもとに宮副謙司作成(2011)

　また、10都市以外の地区（地方）は、10都市に比べ、地区別に伸率の幅にばらつきがあるが、低迷していた北海道地区が2009年はプラスに転じた。これは、同地区の地方百貨店の閉店が相次ぎ、不振店舗が淘汰

され、残った既存店が健闘していると見ることができるのではないだろうか。それに代わり東北地区はマイナス幅を年々拡大しており、低迷が一段と深刻になっている。一方で九州地区百貨店は地方百貨店の中では比較的小幅なマイナスになっている(図表3-3)。

2. 店舗運営のパターン

(1) 個店型運営とチェーンオペレーション

百貨店企業が多店舗展開を進めた場合、その複数の店舗運営形態としては、2つの運営パターンに大別される。すなわち「チェーンオペレーション」と「個店型運営」である。前者の場合は、本社(本部)の権限が強い中央集権型の経営になり、後者の場合は、個々の店舗分権型の経営になる。

▶チェーンオペレーション

「チェーンオペレーション」とは、店舗、売場の構成、品揃えを標準化し、本部が主導で商品政策を決め、仕入れた商品を店舗に供給し、店舗が販売していく店舗運営方式である。本部が企業レベルの商品仕入量と情報を武器とした取引先交渉力を持ち、立地や店舗サイズに応じて標準化さ

図表3-4　百貨店企業別の店舗運営タイプ分類

	個店型運営	店舗共通化からチェーン型へ	チェーン型運営
都市百貨店	三越伊勢丹 東急百貨店 東武百貨店 小田急百貨店	髙島屋 大丸松坂屋	そごう西武
地方百貨店	山形屋 (井筒屋)	天満屋 中合 (大和)	さくら野

(出所)宮副謙司作成(2011)　＊地方百貨店は5店舗以上を展開する企業を記載。(井筒屋・大和は店舗閉鎖が相次ぎ、運営特性が薄れてきている)

れた店舗の売場で地域ニーズに対応する仕組みである。仕組みが全社共通なので、店舗後方業務や制度も標準化され収益が向上するという仕組みでもある。

　例えば西武百貨店(現在のそごう西武)は、戦後の早い時期から店舗戦略として、東京・池袋店を「基幹店」とし、地方の20数店を「標準店」としていたが、さらに1980年代後半からの経営改革にあたって米国百貨店型のチェーンオペレーションを志向した。「システム化による構造改革」と呼ばれる動きである。

　しかし西武百貨店の店舗は、立地する都市の規模も店舗の形状もばらばらで、既存店の標準化は難しく、この運営方式の導入は困難であった。その後、その改革の道半ばで、今度は伊勢丹から経営者を登用したことで、伊勢丹流に池袋店を池袋本店と改めて本店中心の運営に加え、また本部商品部バイヤー主導であったものに店舗バイヤー制度を取り入れるなど転換し混乱した。現在ではそごうと一体化し「そごう・西武」としてイトーヨーカ堂やセブン-イレブン・ジャパンを経営するセブン&アイグループ傘下となり、池袋本店だけでも業績を浮揚させようと努力している。

　しかし考えてみれば、「そごう・西武」としてはせっかくセブン&アイグループの一企業になったわけだから、「西武」が90年代に試行し一定のレベルに到達していたチェーンオペレーションの仕組み・制度を、セブン&アイグループのチェーンオペレーションのノウハウで一気に仕上げ、「西武」よりも立地や規模が共通で店舗標準化しやすい「そごう」を主軸にした日本の百貨店で初めての本格的なチェーンオペレーションを展開できそうなものである。2010年時点では「セブンプレミアム」などのコモディティのPB商品を百貨店食料品売場に導入したり、同グループの「ヨークベニマル」運営手法で食料品売場を改善したりといった程度であるが、今後の店舗運営改革への発展を見守りたい。

▶中央集権(本社主導)型と店舗分権型

　三越、髙島屋、西武百貨店などの多店舗を運営する大手百貨店は、1960年代の店舗拡大期には、欧米の百貨店の企業連合に学び、本社主導・

中央集権型の店舗運営を採用していた[*1]。しかし、取引先との関係での欧米との違いもあり、多くの企業で、店舗の地域特性や競合環境に合わせたMD、政策、制度、人事などに営業面、経営面で権限を店長に任せ、仕入れも店舗独自で行う運営に変化した。

　店舗分権型の場合は、地域ニーズや特性を踏まえた経営や営業展開が可能というメリットがあるものの、仕入交渉力は本社主導・全社一本型の企業のそれには劣り、政策も各店バラバラになって企業としての統一性はなくなる。大手百貨店の支店といえども、売上が地域で二番手、三番手では、アパレルなどの取引先に交渉力が弱く、売れ筋のブランドや商品が確保しにくいという状況にもなった。

　かつての三越は、日本橋本店に対し、その他を銀座支店、新宿支店などと呼ぶ完全な本支店経営であったが（1970年代以降、千葉、新潟、名古屋、鹿児島などの地方百貨店を三越化した店舗もあったが）、近年は銀座三越、新宿三越など独立運営的な店舗運営となり、本社中央によるコントロールの求心力は大きく低下した。また店長が交代するごとに新しい人事体制や制度が組まれ、各店バラバラの役職や仕組みがはびこったようである。伊勢丹との経営統合後は、さらに進んで地方の店舗は分社化され、それぞれ「地方百貨店」として独立した。（奇しくも、近年の三越の店舗運営政策が、この分離・独立化で決定的に完結することになったわけである。）

▶店舗タイプ共通化による「チェーン型」運営への発展

　髙島屋、大丸は、大阪の基幹店であっても本店という表現はせず、複数の基幹店を中心とした店舗展開を行っている。髙島屋は、東京、新宿、横浜、京都、大阪、名古屋（JR名古屋髙島屋）の大型6店舗を展開し、また大丸も神戸、心斎橋、梅田、京都、東京、札幌、福岡（博多大丸福岡天神店）の7店舗の大型店を展開しており、これら大型店共通のMD、販促宣伝戦略の展開によって効率経営を行い、業績をあげてきた。

---

*1　この百貨店の欧米百貨店の研究活動、知識導入については、宮副謙司（2006）「百貨店経営における海外からの知識導入―1950・60年代百貨店戦後再興期の活動を中心に」『日本経営学会誌』17号、千倉書房、に詳しい記述がある。

両社とも本社主導の商品仕入統括を志向し運営されている。店舗の標準型を先に決めて多店舗展開をする米国百貨店型のチェーンオペレーションではなく、店舗共通からその企業の標準型を見出していった日本型のチェーンオペレーションとも言えるのではないだろうか。

(2)日本の百貨店の店舗展開の特徴

百貨店の店舗展開は、単独店舗展開型、本店(母店)＋複数の支店展開型、多店舗展開型の3パターンに分類できる。中でも、本店＋1、2の支店展開型が日本の百貨店に多い運営パターンである。

日本百貨店協会資料によると、日本の百貨店の企業数・店舗数は、全国で91社、261店となっている(2010年末現在)。単純に言えば、1社2.9店舗での企業規模ということになる。米国の百貨店が2桁、3桁の店舗数を展開するのに比べれば、まさに少数店舗運営が日本の百貨店の特徴と言える。

大手百貨店は、髙島屋の20店舗をはじめ各社が10数店舗を運営しており、それを除く地方百貨店では、本店プラス支店1店舗で合計2店舗体制というくらいの店舗展開ということになる。例えば、九州地方の浜屋(長崎)は長崎本店に加え同じく長崎県内に大村店を展開している。東北地方の大沼(山形)は、山形本店と米沢店の2店を展開するなど、県庁所在地の都市の本店、同じ県内に支店を配置するという店舗展開が多く見られる。これらの事例からしても、全国の百貨店1企業当たりの店舗数がうなずけることだろう。

①本店・支店の展開

伊勢丹、三越、松坂屋、そごう、阪急百貨店などが、本店(母店)を中心に複数の支店が展開されるパターンである。本店がその販売力・仕入力を持って取引先への交渉力を発揮し、それでブランド導入、売れ筋商品やバーゲン適品を確保し、支店に供給するという運営を行う。

②基幹店と地方店の展開

大丸、髙島屋など大手百貨店は、大都市の基幹店以外に複数の地方店を持っている。しかしその出店経緯の違いに起因して店舗の位置づけや

マネジメント手法は異なっている。すなわち、大丸は下関、高知、鳥取などに地方店を持つが、これらは戦後地元資本と合弁で地方百貨店として創設し、傍系百貨店という位置づけで運営してきたものである。大丸の全国戦略のもとに出店したというより、地方百貨店を傘下に統合した感がある。一方、髙島屋は、高崎、岐阜、岡山、米子などに地方店を持つが、髙島屋の全国戦略のもと出店したケースが多いものの、地域法人として設立し、その後、支店化したり変化している。近年では、地域の水準に合わせた給与体系など人件費コントロールのメリットから再び分社化が行われている。岡山髙島屋については、より地域化が進められ、地域の有力企業である両備バスが資本参加することになった(2010年)。

　2000年代に入り西武百貨店とそごうの経営統合を皮切りに、大丸・松坂屋、三越・伊勢丹、阪急・阪神といった百貨店同士の経営統合で、「メガ百貨店」と呼ばれる多店舗を抱える大型百貨店企業が誕生した。統合当初の店舗数(国内)は、西武・そごうが28店舗、大丸・松坂屋が23店舗、三越・伊勢丹が22店舗といった具合だ。従来の百貨店で最大店舗数だった髙島屋の20店舗を店舗数では大きく上回る規模である。(その後、統合企業は店舗閉鎖を進めており店舗数は減少している。)

　しかし、これまで数店舗の運営しかやってこなかった日本の百貨店に多店舗運営がはたしてできるのか注目されるところだが、西武・そごう、大丸・松坂屋に関しては当初は本社(持株会社)主導で中央集権的な店舗運営で開始したが、数年たった現在では、その中央集権の動きは当初ほどではないようだ。

　百貨店各社の経営統合は、企業規模が大きくなり、経営力も向上するプラスの経営行動と期待された。しかし現実は、むしろ各企業とも統合後に不採算店舗を閉鎖して、店舗数が減少する動きにある。統合して優良店舗だけを残すというリストラもあるのかもしれない。多店舗運営ができなければ、経営能力のない百貨店企業が、少なくとも能力がある企業に吸収されるような形で一体となり、結果として百貨店企業数が減り、店舗数も減少するという業界縮小の統合ということになっている。

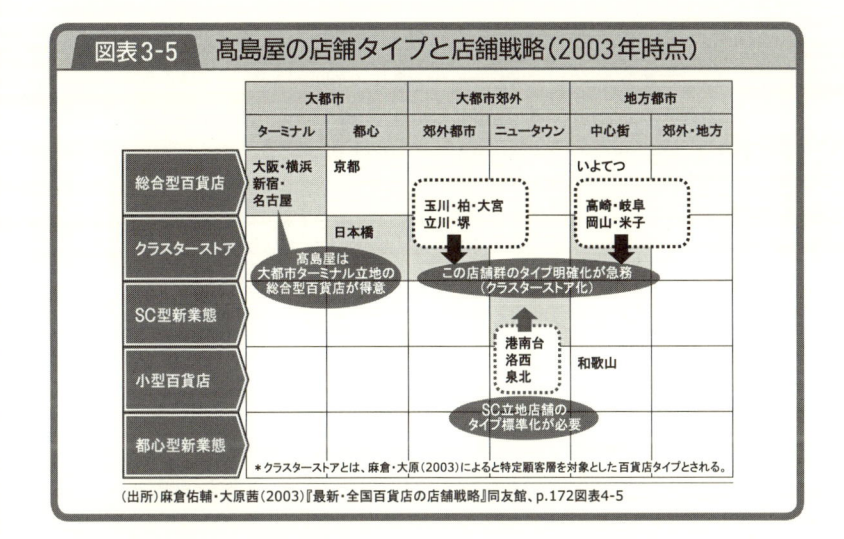

図表3-5　髙島屋の店舗タイプと店舗戦略（2003年時点）

	大都市		大都市郊外		地方都市	
	ターミナル	都心	郊外都市	ニュータウン	中心街	郊外・地方
総合型百貨店	大阪・横浜 新宿・ 名古屋	京都	玉川・柏・大宮 立川・堺		いよてつ 髙崎・岐阜 岡山・米子	
クラスターストア		日本橋				
SC型新業態				港南台 洛西 泉北		
小型百貨店					和歌山	
都心型新業態						

髙島屋は大都市ターミナル立地の総合型百貨店が得意

この店舗群のタイプ明確化が急務（クラスターストア化）

SC立地店舗のタイプ標準化が必要

＊クラスターストアとは、麻倉・大原（2003）によると特定顧客層を対象とした百貨店タイプとされる。

（出所）麻倉佑輔・大原茜（2003）『最新・全国百貨店の店舗戦略』同友館、p.172図表4-5

（3）大手百貨店の店舗戦略

　大手百貨店各社の店舗戦略を見るにあたり、麻倉・大原（2003）にある髙島屋と三越に関する記述を引用する。

　この時点の記述と現在の店舗網を比較して分かることは、店舗戦略がしっかりしていると評されている髙島屋は、その後も店舗閉鎖が1度もなく着実に店舗運営が進められており、一方、店舗戦略が体系的でないと評された三越は、分類不能店舗を中心に相次いで店舗を閉鎖する結果になっていることだ。

▶髙島屋の店舗戦略

　全国展開の百貨店では、髙島屋は、横浜、新宿、名古屋、大阪、京都といった規模50,000㎡クラスの「総合型百貨店」タイプを大都市に展開し、1つの得意な店舗タイプを持っている。この店舗タイプの運営ノウハウは、JR名古屋髙島屋、いよてつ髙島屋にも導入された。ただし、いよてつ髙島屋の場合、ターミナル立地の地域一番店としてとるべき店舗タイプではあるが、松山は四国の中核都市とはいえ、人口50万人の都市であり、購買力に対して過大な店舗規模である点が課題である。

髙島屋の第二の店舗タイプである地方都市等で展開される中規模店舗の店舗ポジショニングは課題である。現在も髙島屋支持の顧客層(イメージ的には中年以上の高質顧客層)へ重点を置いた品揃えで地域の支持を得ていると思われるが、今後は支持顧客層を定量的に明確にした上で、その層に向けてライフスタイルMDを行う「クラスターストア」[*2]への進化が重要と思われる。すなわち、あまりにも一般的な幅広い品揃えの「総合型百貨店」からの転換が求められる。現状はその過渡期、あるいは中間的な位置づけにあるようだ。

　また、髙島屋の業態資産として、他の百貨店に少ない、郊外SC立地の店舗(港南台、洛西)や小型店舗(和歌山)などがある。これらを標準化して多店舗展開が可能な店舗タイプ「SC型新業態」「小型百貨店」へと確立できれば、首都圏や関西圏のGMS撤退跡や郊外拠点都市への出店機会を増やせる業態資産に発展するものと思われる。

▶三越の店舗戦略

　三越の店舗戦略は、図表3-6のように立地と店舗タイプで見ると、店舗の戦略性が不明確な店舗が多い。

　そのような中で、三越は、地方中核都市での「高質クラスターストア」にその店舗戦略の方向性が見出せる。松山三越、仙台三越のように地域二番店というポジショニングと競争環境が、三越の企業イメージやブランド資産を生かした店舗づくりを引き出したようだ。松山三越、仙台三越がそのモデルとなって確立されれば、一層、三越の店舗タイプに強みが出てくるだろう。

　その点で広島三越は、「高質クラスターストア」として、店内のサロン機能やコミュニティ機能として評価できるが、MDがニッチすぎて、広島の都市規模では、額として稼げず、長続きできないと想像される。横浜三越や池袋三越でも繰り返されたように、サロン型百貨店としてリモデルしたものの、売上が低迷し、ワゴンを出したフロアバーゲンが始まり、いつの間にか、バーゲンミセスしか来店しない店に転落する、そ

[*2] クラスターストアとは、麻倉・大原(2003)では、特定顧客層を対象にしたMDを絞りこんだ百貨店タイプと定義している。

図表3-6 三越の店舗タイプと店舗戦略（2003年時点）

	大都市		大都市郊外		地方都市	
	ターミナル	都心	郊外都市	ニュータウン	中心街	郊外・地方
総合型百貨店	（大阪新店）	日本橋 名古屋			倉敷・新潟 鹿児島	
クラスターストア	福岡	銀座・札幌 プランタン銀座			広島・仙台 松山・高松	
SC型新業態				武蔵村山 名取		
小型百貨店			上大岡 枚方		（小型売店）	
都心型新業態		恵比寿 アルタ新宿・札幌	吉祥寺	多摩センター		アルタ新潟
分類不能		新宿・池袋 横浜・大阪	千葉	星が丘		

（図中吹き出し）大都市の店舗タイプを複数持ちすぎて体系化できてない／地方中核都市の支店の店舗タイプは形成しつつある？

（出所）麻倉佑輔・大原茜（2003）『最新・全国百貨店の店舗戦略』同友館、p.172図表4-6.

してまたリモデル…という繰り返しが懸念される。

　そのほかにも三越は、銀座・札幌・福岡の都心立地の店舗では婦人ファッションにかなりシフトした店づくりを展開しているが、これはこれとして三越の店舗立地にしかできない店舗タイプとして標準化していくことができれば将来が楽しみではある。

　ただし、ファッション中心の都心業態として、三越は、専門店業態「アルタ」を新宿、新潟、札幌で展開するほか、「プランタン銀座」の経営権を獲得し新たな店舗タイプ化を図る可能性も持っている。これらの店舗タイプについては、顧客対象を整理し性格を明確化すれば、百貨店立地でない地域への出店や、既存の百貨店店舗を補完し地域でのシェア確保が可能となる。店舗タイプの手駒を多数抱えることで、他の百貨店に比べ格段に店舗戦略を優位に進められる。（以上、麻倉・大原（2003）が指摘していた髙島屋ならびに三越の店舗戦略についての当時の評価である。）

　三越は、このように店舗戦略を体系化できないまま、その後、大量の店舗閉鎖に追い込まれたのは既知の通りである。

3. 店舗の競争戦略とその変化

　百貨店業界の店舗間競争は、百貨店が歴史を経る中で大きく変化してきた。すなわち、従来、百貨店の成長期には、百貨店各店が地域における売上一番店を目指した競争であった。しかし、1990年代以降、百貨店業界規模が拡大しない伸び悩みの時代には、その競争原理は、市場地位別での競争（すみわけの競争）となった。つまり、地位を踏まえた店舗戦略でないと無駄な店舗投資となって競合負けしていく状況となったのである。そして近年は、地域において百貨店を複数必要としない（百貨店需要が減少した）都市も増え、まさに百貨店店舗減少時代を迎え1都市1百貨店での競争（生き残りの競争）の段階へと移ってきた（図表3-7）。

(1) 地域一番店競争

　どの百貨店もその地域における売上首位である「地域一番店」になろうと競争することが多い。なぜ、どの店も地域一番店を目指そうとするのだろうか？

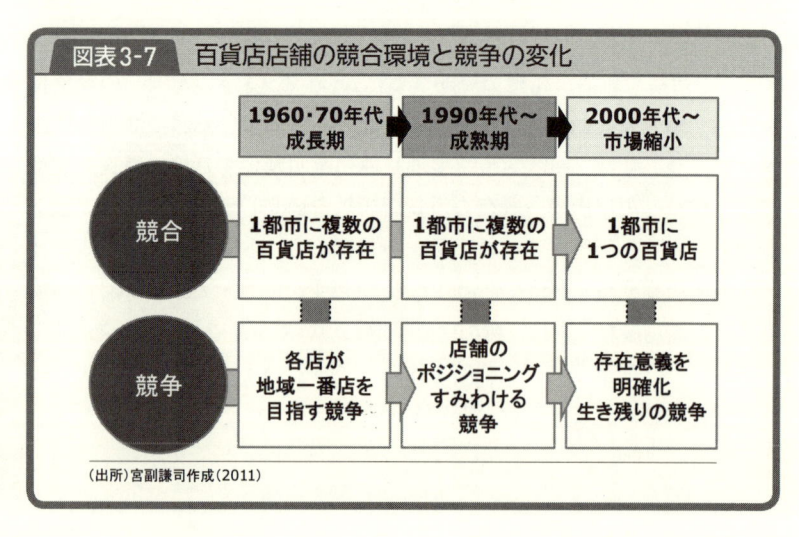

図表3-7　百貨店店舗の競合環境と競争の変化

	1960・70年代 成長期	1990年代〜 成熟期	2000年代〜 市場縮小
競合	1都市に複数の百貨店が存在	1都市に複数の百貨店が存在	1都市に1つの百貨店
競争	各店が地域一番店を目指す競争	店舗のポジショニングすみわける競争	存在意義を明確化 生き残りの競争

（出所）宮副謙司作成（2011）

それは、地域一番店であれば、取引先の取引条件も良くなり、いい商品・ブランドが揃えられ（他の店には入荷しないのでMDの差別化も図られ）、それが顧客の支持につながり、その結果、安定的にその地位を維持し、他店に対する強さを発揮できるという業界での定説があるからだ。

　例えば『日経ビジネス』（2000年6月18日号）は、「地方都市という狭い商圏内で地域一番店とそれ以外の店舗との格差が広がり、優勝劣敗が急速に進んでいる」と述べている。その理由としてアパレルメーカー（百貨店にとっての取引先）などが販売効率を考え、売れる店には売れ筋商品を集中的に卸すが、売れない店舗との取引を絞る傾向にあり、その結果、店舗の品揃えが脆弱になると顧客離れが進み店舗間の格差が顕在化することを指摘している。つまりこの競争は、百貨店の「企業」としての強さではなく、あくまでも「店舗」として「地域でのマーケット・シェア」自体に強さの源泉を求める考え方である。

(2) 市場地位別での競争（すみわけの競争）

　店舗レベルの競争が重要視されるならば、店舗戦略の明確化が競争上、重要になる。百貨店はその店舗のポジショニングを正しく踏まえた、正しい競争を展開しているだろうか。正しい競争の展開でないとどの店も資源を消耗し、成果のない戦いになって、どこも勝たない（業績を伸ばせない）結果になる。

▶企業の市場ポジションと正しい競争戦略

　それでは正しい競争とはどのように考えればよいだろうか。それは、各競争者が競合各社の経営資源を確認し、相対的な経営資源の差異を基礎にした形で競争対応をとることである。

　市場地位とは、コトラー（P.Kotler）の言う、①リーダー、②チャレンジャー、③ニッチャー、④フォロワーの4つの区分で、経営資源の大きさと競争戦略への意欲で決まる分類である。例えば、安定期において最大の経営資源を蓄積した最大手企業（リーダー）は、最大手であるがゆえに限られたパイをめぐって競合他社と同質型競争をしても規模で勝てるから、相変わらずもっともうまみのある市場部分を中心に全方位型のオー

ソドックスな方針をとり、少しでも多くの周辺需要拡大を図ればよい。また経営資源でその次に来る二番手型の企業(チャレンジャー)は、同じうまみのある市場層を狙って差別化方針と戦略を徹底して行使する競争対応がふさわしい。

しかし、これらの上位店舗群に対し、経営資源上はるかに劣る力しかない店舗の場合、もし何らかの独自能力を特定分野で有するなら、そこに経営資源を集中化する方針で競争対応のすみわけを行い(ニッチャー)、独自能力が何もない場合は徹底した模倣で低コスト・低価格を訴求し、生存利潤をマーケットの部分で取ること(フォロアー)を目指すことになる。

このように限られた市場のパイの中では、相対的な自社経営資源を反映させる合理的な競争対応の基本が特に必要とされる。市場での各店舗のポジションが明確になれば戦略もおのずと導き出されるし、競争ポジションが変化すれば、そのポジションがとるべき戦略へ移行するということである。

①地域一番店「リーダー」の戦略

店舗規模も大きく、売上高も最大であるシェアナンバー1の百貨店は、マーケットリーダーとしての戦略をとることになる。

その定石の第一は「全方位戦略」ということがあげられる。すなわち、地域のすべての顧客層に向けて、すべての商品を提供する「マスターゲット・フルマーチャンダイジング」戦略が選択されることになる。また販売実績に裏づけされた商品力や販売員人材、イメージ形成、ノウハウの面で優位なポジションを生かし、さらなる周辺需要拡大型政策をとり、全方位戦略の充実を図る。

第二の定石は「同質化戦略」である。すなわちリーダー企業は、二番手のチャレンジャーが推し進める差別化の新手もそのまま取り入れて、さらに自分の強みとする同質化政策を展開できる。

リーダーの第三の戦略定石は、「非価格対応」である。競合他社の安売り競争に安易に応じないことである。リーダーが安価の提供を行えば、競争他社はそれに追随せざるを得ず、その結果、業界の利潤構造は低下

する。業界の利潤構造が低下したとき、リーダーが最大のシェアを有していているため、結果的にリーダーが最も利益減を被ることになる。またリーダーは廉売により、その名声や高いイメージを損なう可能性もある。それゆえ、リーダーは安売りや割引対応ではなく、付加価値づくりによる相対的な値下げを行い、それによって市場を健全に維持・発展させたほうがよい。

②地域一番店を目指す「チャンレンジャー」の戦略

　チャレンジャー企業は、市場目標としてそのシェア拡大に特化し、そのために徹底して対リーダーの差別化を追求する。従来成長期には、目新しさの差別化でよかったが、今日の厳しい競争圧力のある市場内ではチャレンジャーの成功した市場政策はほぼ例外なく一番手たるリーダーの同質化戦略（追随）を受けることになる。真似のできない本質的な差別化を目指さなければならないことになる。

　リーダーと同様に対象商品もフルライン、対象顧客もマスターゲットという領域での差別化は手札としては厳しい。対象商品や顧客を特定化した戦略は、後述のニッチャー戦略ともなるからだ。商品の性格をより明確にし差別化の軸を打ち出した商品編集や企画力の向上が必要になる。例えば、商品集積性、自主編集性、ブランド確保、情報発信や顧客との交流などの企画性により顧客支持と売場効率を高め経営資源を蓄積して、増床などで一気にリーダーの座を奪取する戦略になるだろう。

③特定領域に資源を集中する「ニッチャー」の戦略

　ニッチャーは、特定ニッチ市場にセグメントを定めて大手と直接競争をしない戦略である。そこでは一種の疑似独占を形成する。このポジションはとりもなおさずミニ市場でのリーダーを意味することから、その戦略定石は、基本的にリーダー戦略の定石を特定ニッチ市場で行使することになる。百貨店の店舗戦略としては、商品領域を特定化した「商品ニッチ」と、対象顧客を特定化した「顧客ニッチ」の2つのニッチ戦略方向が考えられる。

　「商品ニッチ」での専門型業態の開発は80年代の百貨店で活発で、生活雑貨、食品、スポーツ、インテリアなどの専門大店が誕生した。西武

百貨店のスポーツ館やロフト、各社の食品館などが代表例である。しかしその後、家具や書籍などそれぞれの領域の専門店が店舗規模を拡大したり、トイザラス（おもちゃ）、HMV（CD）、スポーツオーソリティ（スポーツ用品）など外資のメガストアも進出するなど大型の店が都市部でも地方でも台頭した。そういう点からすると百貨店が自ら開発する役割はなくなっているように思える。

　また西武百貨店が90年代中盤から推進した衣料品に特化した領域の絞り込みの動き（「構造革新」と呼ばれた）が頓挫してしまったことから判断しても、百貨店としての商品ニッチの戦略は、もはや有効でないと言えるだろう。

　むしろ、顧客を捉え、その層の生活全般を商品、情報、サービスも含めて支援する「顧客ニッチ」の特定化業態が選択されるべきではないだろうか。

　関連した例として2010年12月に閉店した西武有楽町店についてだが、1984年に開店した時の店舗コンセプトは、「都市生活をより豊かにしようと活発に行動するライフデザイナー層」という都市型生活者を戦略ターゲットにし、その層の感性や利便に訴える衣食住と遊休知美（モノとコト）をコンパクトにワンストップで揃えた店舗であった。（「3000坪の大世界」というコピーであった。）それから25年、もしその店舗コンセプトを継続し、当初はつかみにくかった都市のライフデザイナー層を捉え大事に育成していれば、今では東京・日本をリードする顧客層になっており、その層に向けた大型「セレクトショップ」に成長していたと思われる。しかし残念なことに、90年代の西武百貨店の経営者が、その当初のコンセプトを捨て、目先の収益改善を目論んでOL向けのファッション業態に「構造改革」という名の改悪をしたために、プランタン銀座やその後に進出した丸井などとたちまちバッティングすることになり、さらに丸の内に形成されたファッションブランド街や、ユニクロなどのファストファッションの銀座進出の影響で、競争に巻き込まれ閉店という結果になってしまったのである。（商品・ブランドの集積での勝負では店舗面積が課題になるのは当然のことである。）

コトラーのタイプで唯一残る「フォロワー」は市場内のマイナーリーグでのチャレンジャーに位置づけられる。しかし厳しい競争環境において「模倣戦略」は、その模倣対象の品質や差別化技術を短期的に超えるのは難しいため、実際には「低価格戦略」が唯一の戦略対応となりがちである。百貨店の場合、ディスカウントストアのテナント導入などになるわけで、これは業態転換であり、実質的には百貨店業態からの撤退を意味するので、今後の百貨店の競争戦略タイプからは除くことになる。

▶ポジションが変われば、とるべき戦略も変わる

1996年から2003年のように、大都市のJR駅ビルにターミナル型百貨店が相次いで開店した時期は、その新規参入によって各都市の百貨店のポジショニングが大きく変化した。新店舗が大手企業で大型店の場合、一気にリーダーとして参入し、かつてのリーダーが二番手になる事例も複数出てきた。その場合、ポジションが変われば当然とるべき戦略も変わる。

ポジショニングを変えるためのリーダー以外の企業の合併、経営統合も競争行動の1つであり、小売業界でも家電量販店、ドラッグストア、CVSなどで活発だ。しかし、百貨店業界では、それ以前に競争位置を

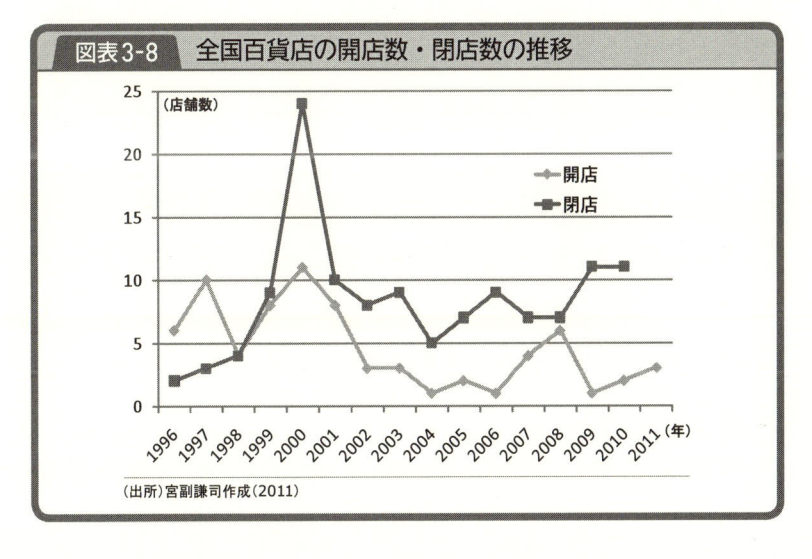

図表3-8 全国百貨店の開店数・閉店数の推移

(出所)宮副謙司作成(2011)

正しく踏まえた戦略対応がなされないと、合併や経営統合が行われても同じことの繰り返しで、経営資源を向上させられない。まずは、店舗レベルにおいてポジショニングを踏まえた正しい競争戦略、店舗戦略が展開されることが望まれる。

(3) 百貨店の開店と閉店の店舗数の推移

　全国百貨店の開店数・閉店数の推移を見ると、1996年・1997年は開店数が閉店数を上回っていた。髙島屋新宿店、京急百貨店、伊勢丹府中店、JR京都伊勢丹、福岡三越などがその時期の新規開店の代表例である。しかしその後は、閉店数がずっと開店数を上回っており、百貨店の店舗数の減少が確実に伺われるのである。

　閉店は、1997～98年は一部の地方百貨店と、リストラ推進中の西武百貨店の支店など数店だったが、1999年には東急百貨店日本橋店、新宿三越南館など都内百貨店も閉店に追い込まれた。そして2000年にはそごうが経営破綻し、一挙15店閉鎖という百貨店店舗のリストラ時代を迎えた。

　その後も、経営不振店舗の個別での閉鎖が続いたが、2009年・2010年には個別店舗の閉鎖だけでなく、大手百貨店でも三越や松坂屋が複数の店舗を一気に閉鎖したほか、有力な地方百貨店(北海道の丸井今井や、北陸地方の大和など)が複数店舗を閉鎖、店舗展開商圏を大きく縮小する動きを見せ、年間10店を超える閉店となった。(地方百貨店では、規制が強化された店舗の耐震基準について、それを満たすための耐震補強工事資金を捻出できない場合、あるいは、投資しても売上の見込みが厳しく回収の目途が立たない場合は、必然的に店舗閉鎖を選択せざるを得ない状況が生まれているのも事実だ。)

(4) 1都市1百貨店化の中での生き残りの競争

▶1都市3百貨店の競争

　1990年代に1都市に3百貨店が店舗を構えていた都市は、全国に12都市あったが、2000年代に入り、様々な要因から業績不振になり、店舗

閉鎖・撤退が続き、店舗数が減少した。最後まで3百貨店を維持した地方都市は長崎であった。長崎の3百貨店は浜屋、大丸(博多大丸長崎店)、玉屋(佐世保玉屋長崎店)であったが、2011年1月に大丸の店舗閉鎖(2011年7月閉店)が

写真3-1 さいか屋川崎店

発表された。(堺は2004年に堺北花田阪急が開店して3百貨店都市になった。)その他、3百貨店から2百貨店となった都市は、静岡、新潟、函館、大宮、青森、弘前、和歌山などである。このような3百貨店所在都市の大幅な減少は、百貨店が成り立つ需要、すなわち百貨店支持派の消費者が急速に減少したことを物語っている。

さらに、店舗数の減少が深刻で、かつての1都市3百貨店都市から一気に1百貨店になった都市もある。川崎(西武百貨店、ダックシティが閉店、さいか屋のみ存続)、浜松(松菱、西武百貨店が閉店、遠鉄百貨店のみ存続)、岐阜(岐阜近鉄、新岐阜百貨店閉店、岐阜髙島屋のみ存続)、武蔵野(近鉄百貨店、伊勢丹が閉店し東急百貨店のみ存続)である。特に川崎、浜松は、人口100万人前後の政令指定都市という大都市でありながら、百貨店が1店舗という状況となった。多数の百貨店派顧客が当該都市以外の大都市へ購買流出しているものと推測される。

▶ 1都市2百貨店の競争

一方、人口20万〜50万人クラスの地方都市では、1都市に2百貨店の競争が展開されてきたが、現在も2百貨店が営業している場合、面積確保・ブランド確保の競争を継続しているためか、地域の需要に対してブランド数や商品取扱数がどう見ても多く、売場が広すぎる(持て余している)ケースがほとんどである。2百貨店が共に生き延びるために、それぞれ強い売場、差別化のできる売場に面積を集約するか、このまま効率の悪いMD構成を続けて、さらに収益の上がらない価格競争・割引競争に陥り、2店とも共倒れとなるかの2つの道をたどることになると思われる。前者を選択した場合でも、例えばファッションでは、どちらか

▶ 写真3-2 中三青森店

がエスタブリッシュ（コンサバ）なMD、他方がアップデート（今日的）なMDかということになるが、人口100万人都市では2つのファッションテイストの百貨店が成り立つ需要があるかもしれないが、人口がそれ以下の地方都市の場合、その両立は厳しいと思われる。

2百貨店都市のなかで、それでも松山（いよてつ髙島屋、三越）、高松（三越、天満屋）、岡山（天満屋、髙島屋）、金沢（大和、エムザ）、那覇（三越、リウボウ）の5都市は地方中核都市であり、周辺都市からの購買流入も多く2百貨店存続の可能性もあるが、その都市や周辺も含めた商圏人口がそれほど多くない8都市、すなわち八戸（さくら野、三春屋）、盛岡（川徳、中三）、山形（大沼、十字屋）、高崎（髙島屋、スズラン）、藤沢（さいか屋、小田急百貨店）、高槻（西武百貨店、松坂屋）、姫路（山陽、ヤマトヤシキ）、米子（髙島屋、天満屋）での2百貨店の営業継続は厳しいだろう。今後どちらかが閉店・撤退した場合、8百貨店が減少する可能性もあるということである。

▶ 1百貨店になった都市

鹿児島、久留米、岡崎、福島、旭川は、ここ1～2年で複数の店舗を抱える大手百貨店、あるいは地方百貨店チェーンの支店が撤退したために、2百貨店都市から1百貨店都市となった。具体的には、鹿児島は三越が撤退し地元百貨店の山形屋のみに、久留米は井筒屋（グループ本社・北九州市）が閉店し久留米岩田屋のみに、岡崎は松坂屋が撤退し西武のみに、福島はさくら野（本社・青森市）が撤退し中合のみに、そして旭川では丸井今井（本社・札幌市）が撤退し、西武旭川店のみとなった。（いずれも地域一番店

▶ 写真3-3 山形屋（鹿児島）

が存続し、二番店が閉店した。)

第3章のまとめ

　百貨店の店舗閉鎖は、企業としての新陳代謝の1つと見ることもできる。閉店の部分だけをクローズアップして騒ぐのはあまりに近視眼的である。2011年以降は、大阪や福岡で新たな百貨店が開業する。今後、百貨店が新たな店舗タイプを開発して地域展開する方法はまだまだあると思うので、現在は業界として店舗戦略の大きな転換期にあると認識することでいいのではないだろうか。

　そもそも百貨店企業の経営としては、従来型の百貨店業態として閉店はあっても、その市場からの撤退はあるべきでない。開店以来培ってきた顧客資産を大事にしなければならないと思う。幸いにも、百貨店は様々な店舗形態を持つ業態である。仮に従来型の百貨店業態が難しければ、専門店業態や小型店舗を開発して、その地域に存続し顧客とのリレーションを継続することをまずは考えるべきと思う。

第 II 部

百貨店の競争を見る

第4章 大都市での百貨店の競争

1. 大都市の百貨店の店舗戦略とその競争

(1) ここ10年の新店舗と既存店舗間の競争

▶新店舗が巻き起こす大都市部の百貨店競争

ここ10年ほどの期間での百貨店業界動向で取り上げるべきことの第一は、大都市のターミナルに大型百貨店が相次いで開店したことである。

その新規開店とそれに対抗する既存の百貨店の増床・改装によりその都市(地区)の百貨店の売場面積が大幅に拡大し、競争が激化した。例えば、髙島屋新宿店の開業(1996年)で東京・新宿地区の百貨店合計売場面積は1.28倍、JR京都伊勢丹(1996年)の開業で京都地区は1.19倍、JR名古屋髙島屋の開業(2000年)で名古屋地区は1.24倍、大丸札幌店の開業(2003年)で札幌地区は1.35倍に拡大した。最も面積が増えたのは、福岡・天神地区で、福岡三越が九州最大のターミナルである西鉄福岡駅ビルに開業し(1997年)、さらにそれに対抗する既存店の増床も含め2.67倍へと急拡大し、激しい百貨店競争を繰り広げた。

その結果として、ターミナル立地で新設された駅ビル型百貨店が好調に売上を伸ばし、既存の地域一番店の地位を揺るがし商圏内の店舗ポジション(競争地位)が変化した。約10年を経た今、百貨店競争の勝者・敗者が明らかになった。

▶ターミナルに開店した駅ビル型百貨店が総じて好調

ターミナル立地の駅ビル型百貨店の新店舗の好調は、集客性の高い店舗立地の良さに加え、日本の百貨店業態が得意とする「幅広い顧客層へ向けた、幅広い品揃え」の店づくりが存分に展開できるためと考えられる[*1]。上記の駅ビル型百貨店の動向については後述するが、2010年以降では、大阪、博多(福岡市)、名古屋、渋谷などの大都市のJR駅の再開

発で大規模な駅ビル型百貨店の建設が進行あるいは計画されている。このような地区では、百貨店間の競争が激化し、商戦が活発化することになる。

さらに、恵まれた店舗立地の駅ビル型店舗の獲得、あるいはそのような店舗を経営資源として保有する企業との統合など、そのような観点からの企業間競争も過熱化するものと予想される。

▶都心立地の百貨店の本店強化（新館増床）の不発

2000年代になると、都心の本店（旗艦店）のリニューアルが行われた。三越日本橋本店（東京）の新館開業（2005年）、そごう心斎橋本店（大阪）の新規建て替え開店（2005年）はともに数字が伸びず、2000年代に入っての新店舗での失敗例と見られている。

それはどこに誤り、課題があったのだろうか。一言で言えば、都心立地の百貨店が、そのポジショニングからしてとるべき店舗戦略は、第3章で述べたように「上流クラスの顧客層を捉えた都市型高質MDに重点化する店舗戦略」が妥当な選択であったのに、その戦略を実現できなかったからということだろう。特にそごう心斎橋本店は、建て直し開店からわずか4年で閉店し、大丸に売却され、その店舗建物は2009年11月に大丸心斎橋店北館として再出発することになった。三越日本橋本店は、伊勢丹との経営統合後、本館は「アッパークラス向け高質MDのストア」（以下、「アッパークラスストア」と略す）の戦略が徹底され売場環境もテコ入れが進みはじめている。しかし新館は依然としてコンセプトが適合しないゾーンが残っている。

伊勢丹は、東京・新宿の本店「男の新館」を「メンズ館」へとリニューアルした際に（2003年）、紳士服・洋品という特定商品領域からであるが、「アッパークラスストア」構築に戦略的に取り組んだ。銀座・日本橋といった都心でなく様々な客層が訪れる新宿地区での取り組みは挑戦的であったが、一定の成果を収めたのは、一定レベルのMD編集と集積が、広域

---

*1 ただしターミナル立地の駅ビル型百貨店の新店舗の好調は、ラグジュアリーブランドも揃った上での総合的な品揃えが徹底された場合の好調であって、そのようなMD展開でない大丸東京店は、これらの好調の法則があてはまっていない。

からも顧客を集客した吸引力の強さということだろう。すでに新宿駅を取り巻く商業環境は競争が激化しており、JR駅ビル「ルミネ」や丸井の店舗拡大を踏まえ、競合との相対的なポジショニング変化を認識した伊勢丹が、従来の大衆向け百貨店ではなく「アッパークラスストア」へ全館的にMDと売場環境を転換する契機となったと分析できる。

(2) セグメントマーケットへの対応

　大都市の百貨店だからこそできることとして、顧客をセグメント化して対応する店舗戦略がある。大都市の百貨店の生き残り競争の動きと見ることがある。

　伊勢丹新宿店は、「メンズ館」に続いて「イセタンガール」を開設した(2008年)。また阪急梅田本店「メンズ館」(大阪)(2008年オープン)、大丸心斎橋店「うふふガールズ」(大阪)(2009年オープン)、髙島屋大阪店「GOKAIガールズ」(2010年オープン)など大阪地区の百貨店で、若い顧客層の取り込む業態づくりに努力が見られる。

　ただし、単に若い顧客層対象に売場を設けることが、戦略的に正しいのかは考える必要がある。第一に、その店舗の顧客戦略が先にありきでなければならない。一番店のリーダーの地位にある店舗がその競争地位別戦略の定石に沿って「総合化戦略」の一環で若い顧客層も対象とするのは納得できるものであるが、二番店のチャレンジャー戦略(差別化)、三番店・四番店のニッチャー戦略(独自化)の場合、若い顧客層を対象にするならば、その取り組みは全館的に展開する戦略でなければならない。しかし、実際は一部で行うことが多く、その場合効果がないまま、むしろ店舗コンセプト、全館的店舗イメージを壊してしまうことが多い。例えば、丸栄(名古屋)のように「SHIBUYA109」系のヤングブランドを低層階にゾーンとして大きく導入した場合、そのゾーンだけは好調であっても、全館に波及しないし、それどころか、従来の主力顧客である中高年向けの売場を上層階に残しても、その層すらも取り逃がしているケースがある。

　第二に、若い顧客層の消費動向はつかみづらく、変化が速く、競合も

多様であるというマーケット特性のあるセグメントをそこまでエネルギーを費やして取り組む意義があるのかどうかである。ヨーロッパの百貨店(フランス・パリの「ギャルリ・ラファイエット」、イタリア・ミラノの「ラ・リナシェンテ」など)は5〜6年前にヤングマーケットを積極的に取り込むフロアや別館づくりを行ったが、現在では売場を廃止し、あるいは存続していても閑散とした状況になっている。

　第三に、若い顧客層向けの売場を展開するとしても、これまでの延長で単に若向きのブランドを導入する売場づくりでいいのかということである。その世代の購買行動を捉えたものでなければ、単に婦人服ブランドを入れるだけでは集客できない。そごう心斎橋本店から衣替えした大丸心斎橋店の北館は、若い顧客向けファッションブランドだけを、地下1・2階に導入し「うふふガールズ」と銘打ったゾーンとした。そこでは、仕入取引条件をファッションビル(ショッピングセンター)に近い形態にして運営することで、「新百貨店モデル」と発表しているが、これは特に新しいビジネスモデルと言うほど業態革新ではない。若い顧客層向けの業態づくりでは、ファッションに限らず雑貨・飲食・サービスについてのMD(テナントミックス、ソフトミックス)の点で、2010年3月開業の福岡パルコが参考になる。地方百貨店でも、中三青森店では2階婦人服売場にティーンズゾーンを設けているが、カジュアルな雑貨や低価格の化粧品や飲食を交えた売場にして小規模ながら健闘している(2009年12月店舗視察時点)。百貨店が他の若い顧客層対象の商業施設に面積的に対抗できない中で、次世代顧客づくりのためという顧客戦略で若い顧客層を対象にするのは苦労がある。

(3) ターミナル立地の百貨店でも閉店・売場縮小する時代へ

　2010年代に入り、ターミナル立地の百貨店でも閉店あるいは売場縮小する動きが出てきた。松坂屋名古屋駅店、四条河原町阪急(京都)、浅草松屋(東京)などである。

　ターミナルは商業の好立地ということで、百貨店以外も含め商業施設がこぞって進出すると、競争環境は厳しくなり、店舗規模、売場面積を

確保できない店舗は、後発の大規模店舗に対して競合負けして苦戦に陥るというパターンである。特に、モノの売場展開（物販）の競合では、その競争パターンがあてはまる。松坂屋名古屋駅店は開店当初は、名古屋駅地区には、名鉄百貨店しか百貨店はなく、松坂屋として名古屋の都心である栄にある本店に対して駅前の支店であり、小型でカジュアルなMDの店舗でよかったが、2000年に大型の名古屋駅ビルとJR名古屋髙島屋が開業すると、その存在が大きく、消費者の店選びから漏れることになり、確実に競合負けしたようだ。この事例を教訓にするならば、今後の百貨店は、店舗規模は小型でも競争に勝てる（顧客支持を得られる）本格的なMDの店舗に強化・転換していく必要がある。

浅草松屋は2010年に4階から7階までの売場を閉鎖し、地下1階から地上3階までの店舗として規模を縮小し、食料品や婦人服・洋品など地域ニーズに絞った店舗となった。浅草の場合は、東武鉄道のターミナルであるが、東武鉄道が地下鉄との相互の乗り入れを増やし、浅草を経由しなくても郊外から都心へ顧客の移動が可能になり、ターミナルそのものの位置づけが変化しているということもあるだろう。（屋上から「東京スカイツリー」が眺められる百貨店であったので、新名所を商機に活用できなかったことが残念である。）

2. 各都市の百貨店競争

(1) 新宿

東京・新宿地区は、日本最大の繁華街として巨大な商圏人口を有し、来街者も多岐にわたる。その中でも南口、新南口は新宿駅南口地区整備事業の進展や東京メトロ副都心線の開通などにより、人の流れが大きく変化している。さらに近年の富裕シニア世代の都心回帰傾向や、北関東から神奈川までを結ぶJRの中距離電車網の整備など、百貨店にとっての新宿地区のポテンシャルは一層高まっている。

髙島屋がJR新宿駅新南口に大型の新店舗を開業したのは1996年10月

であった。これを機に新宿地区の百貨店競争が一気に激化した。本書でも百貨店競争の第一の事例として、新宿地区の動向を取り上げて見ていく*2。

◆写真4-1-1 髙島屋新宿店

▶髙島屋新宿店：1996年から2009年までの店舗戦略（その変化）

髙島屋新宿店は、1996年当初は百貨店部分（売場面積55,000㎡）に加え、東急ハンズ（雑貨）・HMV（CD）・紀伊国屋書店（書籍）などの専門業態や、ソニー・3Dシアターやセガ・ジョイポリスなどのアミューズメント施設を同一施設内に取り込んだ複合商業施設として開店した。（「世界初のマルチエンターテイメントSC（ショッピングセンター）」と自ら名付けた。）SC合計の売場面積は84,150㎡で、その規模は新宿地区の既存の百貨店、すなわち東口の伊勢丹（売場面積61,814㎡・1995年当時）、三越（売場面積34,395㎡）、西口の小田急（売場面積59,858㎡）・京王（売場面積41,294㎡）の4百貨店のそれを上回る大型の商業施設であった。

開店当初の髙島屋新宿店の店づくりの概要を振り返ると、駅ビル型百貨店としての総合性はSCとして追求し、百貨店部分については、婦人服の多層展開や、髙島屋の戦略ゾーン「サロン・ル・シック」など地域一番店の伊勢丹に対してファッション分野で差別化し対抗する特徴が見られた。主力の婦人服では，まず新宿というマーケットを踏まえ伊勢丹・丸井を意識した髙島屋としては新しくヤングからキャリア層狙いの戦略と、ミッシーからミセス層のプレタポルテ等の髙島屋らしいゾーンの確立という2つを柱に展開した。具体的には、ヤングからキャリア層に婦人の40％を割いて4階と3階の大半を充て、3階では特選衣料や雑貨とキャリアファッションを組ませてインポート比率を70％とする一方、5階はミッシーからミセス層、6階はプレタポルテと、髙島屋らしいフロアに編成した。

＊2　2003年時点までの状況については、麻倉佑輔・大原茜（2003）『最新・全国百貨店の店舗戦略』同友館の記述を引用する。

店舗環境でも1階と2階に天井の高いグランドフロアを2つ持つような店舗のつくり、随所に椅子を配置した休憩スペース、展望環境を活かしたレストラン街などアメニティ＆ホスピタリティもかなり重視された空間設計が話題性を集め、幅広い顧客層を集客した。

　一方、店舗環境・空間設計の素晴らしさにもかかわらず、現場の売場運営では、新宿店開店の数年前に開店した立川店の店舗運営の「成功」から、人材配置もパートやアルバイトの比率を高め、売場の什器や環境は高級感を抑えたローコストな運営でスタートした。（この運営手法・売場環境はその約10年後の2007年の全館改装で大きく修正されることになったが、開店当初の髙島屋らしからぬ軽装備の売場環境でのスタートが顧客にMDの本格性の印象を与えず、売上未稼働への影響をあとあとまで及ぼし、10年後の本格的MD・売場環境へ多額の改装投資を追加しても効果を上げない結果になってしまったようだ。）

▶開店以降の動向

　1996年の開店後、SCとしての話題性や集客性ほど、髙島屋の売上は伸びなかった。従来の髙島屋他店に見られるような主要顧客層であるミセス層の来店が新宿店には少なく、ヤング・キャリアが多いが（来店客の平均年齢は39歳と全店平均より9歳も若いとのこと）、その層を満足させるブランドをなかなか導入できなかったこと、またその層を固定客化することが難しかったこと（全売上高に占める自社カードの購入比率も全店平均に比べ、3ポイントも低い30％にとどまっている）などが原因と見られる。

　そこで髙島屋新宿店は、2001年に全館的な売場のリニューアルを実施し、婦人ファッションを4フロア展開に、紳士も1.5フロアに拡大した。婦人服においては40以上の新規ブランドを導入するとともに、この2001年6月からは現金や他社カードを利用した場合でもポイントを付与する新宿店専用の新カードを導入し、若年顧客のニーズを新カードで的確に把握するとともに、固定客に育てていく方策をとった。

　しかし、この改装、テコ入れでも、伊勢丹新宿店に対する売上高シェア（対伊勢丹対抗力）は向上しなかった。伊勢丹対抗力は百貨店合計で

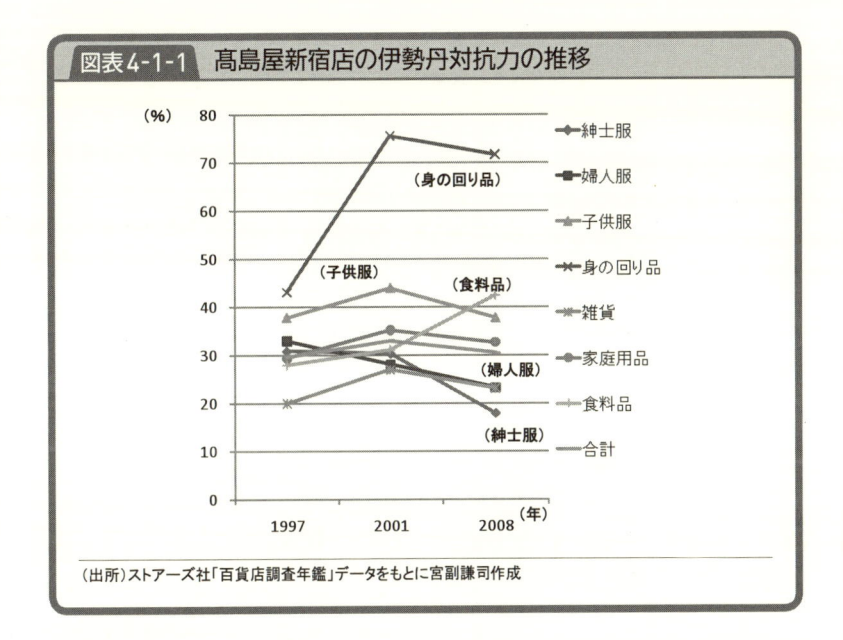

図表4-1-1　髙島屋新宿店の伊勢丹対抗力の推移

凡例：紳士服、婦人服、子供服、身の回り品、雑貨、家庭用品、食料品、合計

（出所）ストアーズ社「百貨店調査年鑑」データをもとに宮副謙司作成

1997年29.5％から2001年32.9％へと若干上昇したが、肝心の婦人服（同32.9％→28.0％）、紳士服（同30.8％→30.3％）ともに比率を落とし、伊勢丹に追い付くどころか引き離された状態であった（図表4-1-1）。

（新宿百貨店競争での最大の関心事は、新参の髙島屋が地域一番店の伊勢丹に追い付くのかということである。本書では、髙島屋の売上が伊勢丹の売上の何％を占めるかという比率を、髙島屋の「伊勢丹対抗力」として分析する。）

▶2007年の改装

髙島屋新宿店は、さらに2007年4月に130億円を投資し、店舗戦略を「上質感と高感度」へと転換し、MD、ゾーニング、売場環境などを全館的に大幅に修正する、開店以来の最大規模の全館的なリニューアルを実施した。

ストアコンセプトは、「時代を超えた老舗：上質モード百貨店」で、多くの顧客が髙島屋に最も期待している髙島屋のブランドバリュー＝文化、伝統に裏打ちされた「本物」「上質」に、新宿店ならではの「トレンド」

「アート」を融合させるというものであった。「本物」「上質」などを基本とした品揃えで、さらに洗練された一流品、時代をリードする高感度なファッションなどをグレード感のある快適な売場環境にて展開するという戦略転換であった。

ターゲットとする顧客像は「本物にこだわり、上質で洗練されたライフスタイルを志向する男女」で、従来の新宿店の主要顧客層であるヤングとヤングアダルトに、団塊世代の富裕層を加えて設定された。

2007年の改装の特徴は、①女性向けの売場「ファムゾン」と男性向けの売場「オムメゾン」というゾーンを形成し店内にはめ込む（ブロックゾーニング）、②「本物」「上質」なMDの強化、③それを提供する売場環境と販売人材への資源投入という3点である。

第一には、「ファムゾン」と「オムメゾン」という大きな括りで服飾・洋品を集積しゾーンを形成、そのゾーンを4階から8階までフロアを縦に配置した。（伊勢丹は「メンズ館」を別館という形で本館とは別に展開するが、髙島屋は同じ店内で館を展開する構造である。）しかもその「メゾン」の中も、「トレンド」「キャラクター」「インターナショナル」といったファッション・テイスト別に商品やブランドを編集し、さらに同じテイストのゾーンを同じフロアで展開するという戦略的なコンセプトの大胆なゾーニングに修正したのであった。これによりフロアの特徴が明確になり、目的を持った顧客が目指す売場に容易に行くことができる、同じファッション・テイストを持つカップルは同じフロアを回遊できる、新宿店の特徴である広大なフロアスペースの使い方を改善しヒューマンスケールの観点から快適に買物ができる、顧客を縦に回遊させ高層の百貨店という課題をカバーできる、などの多くの効果が期待されたゾーニング変更であった。

「メゾン」のMDでは、インターナショナルトレンドゾーンでは、メンズ＆レディスの複合ショップとなる「D＆G」をはじめとするコレクションブランドや、WEBサイト上の人気セレクトショップ「コファーズ」のリアル店舗を導入し、対伊勢丹の面で差別化を図った。東京コレクションをはじめ、海外でも活躍する10の日本人クリエーターブランドを集

めた「ニュークリエーターゾーン」、ミラノ、ニューヨーク、ロサンゼルスそれぞれに拠点を置く4つのセレクトショップを日本初導入し、世界のトレンドをリアルタイムに発信する「ワールドワイドセレクトゾーン」等を設けた。

　また、顧客を迎える空間として「ウェルカムゾーン」を1階から10階までフロア中央のエスカレーターの周囲に配置した。これは、売場案内や買物相談を承るコンシェルジュサービス、レストスペース、こだわりのショップ等で構成し、ゾーンとゾーン、フロアとフロアを結ぶジョイントスペースとして機能させた。JR名古屋髙島屋（2000年開業）がフロア中央に「ローズパティオ」という休憩スペースを設けて好評だったことから、新宿店ではこれを設けたということだろうか。

　第二に、より「本物」「上質」のMDの強化が随所に見られる。例えばファッション分野では、特選フロアは従来の2倍に拡大し、新規導入25ブランドを加え、全43ブランドを1階から3階に展開し、日本有数のラグジュアリー空間とした。1階では「ティファニー」が初登場となり、「ボッテガ・ヴェネタ」や「ルイ・ヴィトン」が移設拡大した。メインエントランスを擁する2階に関東地区最大級の「シャネル」を新規導入した。3階はフロア全体を特選フロアとして拡大展開し、新たに「ドルチェ＆ガッバーナ」「バーバリープローサム」「ロロ・ピアーナ」などを導入した。

　リビング分野は、10階に売場を移動し、暮らしの団欒を形成する3つの商品群（食器、キッチン用品、インテリア）をアイテムやシーン毎に21のルームで構成し、ルームからルームへと買い回る楽しさが体感できる売場に改装した。パティオを中心に広がるリラクゼーション空間「バス＆ベッドルーム」では、タオル・寝具からローブやナイティ、アロマ、照明など安らぎシーンを演出する商品を集積した。サービス面では「インテリアステーションHOW'S」にてリフォームからインテリアファブリック、家具のオーダーや再生まで対応する体制を固めた。

　また髙島屋の強みとされる「文化・伝統」という情報発信機能を強化した。例えば、「美術画廊」の新設、呉服売場のグレードアップ（総桐造りの和室のある呉服売場へ改装）、また催事場の拡大等によって文化・

伝統などの情報発信機能を強化した。中でも、11階「呉服サロン」では、ジャポニズムに浸る・遊ぶ・装う・学ぶをテーマにした、着物の着付けなどのマナーが学べる「和文化倶楽部」、お誂え・直し・加工など着物に関するソリューションに対応する「悉皆（しっかい）コーナー」を配置し専門性やコミュニティ性も高めた。

　食料品では、グロサリーと生鮮で高級スーパーの「紀ノ国屋」を導入した。また「フォション」「ペック」「ダルマイヤー」「ルロア」「タイユヴァン」など本物志向、グルメ志向のニーズに対応するワールドフーズを展開している。11人のパティシエのケーキが一堂に揃う「パティシェリア」や、日本全国の銘店の味を集積した「銘菓百選」「味百選」など髙島屋ならではの厳選された品揃えを充実した。「東京吉兆」「菊乃井」などの老舗料亭の惣菜・弁当も新規導入した。

　第三に、開店当初のパートやバイトを多用し、売場環境投資も抑えた、いわば軽装備の店舗戦略から180度転換し、接客サービスを本格化し、売場環境にも多額を投じ本格性を強化した。接客人材としては、化粧品、紳士服、婦人服、食品（ワイン、チーズ、日本酒、お茶、お魚、フルーツ＆ベジタブル）などでアドバイザーや専門知識を持つ販売員を増員したり、フィッティングルームの大型化や売場にソファを置くなどの高級化を図った。また、化粧品、婦人雑貨、紳士雑貨、リビングなどのアイテム編集が中心の売場では、什器をはじめ髙島屋のテイストで統一した環境により選びやすい買いやすい環境へと切り替えた。

　また百貨店部分以外のSC部分では、東急ハンズを従来の1〜7階の展開から、1フロア上へ移し、2〜8階の展開とした。（1階には「ルイ・ヴィトン」が入り、百貨店1階は特選ブティックを揃えて百貨店の本格性を訴求する売場展開となった。）また、10・11階にあったアミューズメント施設が撤退し、そのあと10階は百貨店の家庭用品・台所用品売場となり、11階には家電専門店「ベスト電器」が入った。

▶伊勢丹新宿店の動向

　伊勢丹新宿店は、2003年9月「メンズ館」の開設に続き、2007年6月に本館地下1階の食料品フロアをリニューアルし、2008年9月には本館

◯写真4-1-2　伊勢丹新宿店

地下2階に女子学生をメインターゲットにしてそのファッションや生活雑貨を集めて編集した「イセタンガール」を開設した。

　伊勢丹のこれらの一連の改装は、伊勢丹の戦略として、第一に「メンズ館」や「イセタンガール」で特定顧客層（セグメント）を確実に押さえ、その市場を深耕する戦略をとる、第二に本館のファッションやフード、リビングなどのフロアは、顧客の関心や購買意識・行動の変化に沿って、MD分類の切り口をこれまでにないものに変える、あるいは優先順位を変えることで、顧客層の需要をさらに掘り起こしていくという2つの店舗戦略と見ることができよう。

　食料品フロアのリニューアルは、顧客の食への関心を伊勢丹として3つの切り口、すなわち、自分で「作る」素材への関心、そのまま「食べる」食（完成品）への関心、「楽しむ」イベントへの関心に分類し、さらに「マーケットスタイル」「和のスタイル」「洋のスタイル」「イベントスタイル」の4つのスタイルに分けてフロアを編集した。例えば、従来和洋酒というアイテムの売場で一緒に扱われていた日本酒とワインは、前述のMD分類の方針から、日本酒は和のスタイルのゾーンに、ワインは洋のスタイルのゾーンに展開することになった。

　新しいゾーンでは、一流シェフのレシピで料理され、食することのできる「キッチンステージ」や、ワイン・チーズ・日本酒など6か所に「テイスティングカウンター」は、商品特性を体験的に理解できる情報交流の拠点として新しい試みである。また本館からメンズ館への顧客導線に「プラド エピスリー」や「グラン アルチザン」という世界から集めた特選食品売場や「ワインカーブ」が配置され、メンズ館の顧客との関連性も考慮されたゾーニングになった。

　売場環境もフロア東側の段差をなくすとともに、什器や床、照明など高質で統一的な環境の売場づくりを行った。さらに各ショップへの専門

家の配置や、パーティやギフトなどの相談に対応する「フードアテンダント」の設置など販売サービスの専門性、個別対応も強化した。そして食の情報誌『ISETAN STYLE』を毎月発行し、食のライフスタイルやグルメ情報、イベントプロモーションを紹介しているが、この情報発信は、他の百貨店にないもので、伊勢丹の食料品に対する意気込みも感じられる質の高い情報提供の活動で評価できる。

この食料品フロアのリニューアルは、2008年の副都心線開通以降の顧客の動向変化への対応であり、地域一番店の足固めをするものでもあった。

▶髙島屋の伊勢丹対抗力

髙島屋の開店以降、これまでの「伊勢丹対抗力」を時系列で振り返ろう。その指標を開店後で最初に年間売上が収集できる1997年、最初の全館リニューアルの2001年、そして最新リニューアル後の2008年の3つの時期についてその変化を分析する（図表4-1-1参照）。

髙島屋の伊勢丹対抗力は、店舗合計では1997年29.5％から2001年に32.9％へと上昇したが、2008年には30.4％へと低下している。2008年は開店期1997年より若干は上回るも、10年を経ても大きな変化なしと見てよいだろう。

商品分野別の伊勢丹対抗力では「身回品」（1997年43.0％→2008年71.6％）、「その他家庭用品（食器・台所用品）」（同31.0％→44.5％）、「食料品」（同27.9％→42.3％）は全体平均を上回り、かつ10年間で上昇し対抗力を高めたと言える。しかしながら、婦人服（同32.9％→23.2％）は髙島屋が自滅し、紳士服（同30.8％→17.8％）は伊勢丹のメンズ館強化によりその格差が拡大した。すなわち、髙島屋の新しい試みであった「ファムメゾン」と「オムメゾン」というゾーニングはまだ稼働していないということだろう。一方で、食料品については伊勢丹が前述のように高質化を図ったものの、現時点ではその成果は上がっていないと読める[*3]。

---

*3 髙島屋「ファムメゾン」「オムメゾン」の導入や伊勢丹「食料品フロア」のリニューアルが売上成果に結びつかないという結果から判断すると、新宿地区での百貨店のMD高質化は、なかなか受け入れられないということだろうか。

図表4-1-2　新宿地区百貨店　店舗別売上シェアの変化

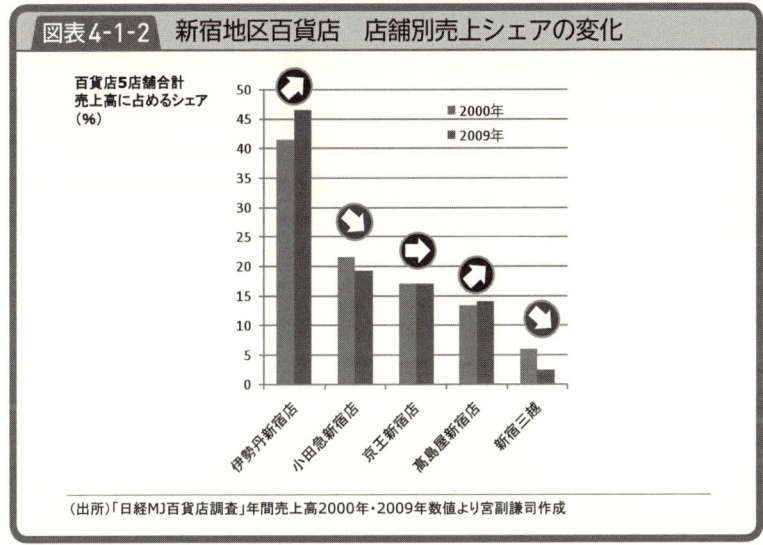

百貨店5店舗合計売上高に占めるシェア（％）

■ 2000年
■ 2009年

（伊勢丹新宿店、小田急新宿店、京王新宿店、髙島屋新宿店、新宿三越）

（出所）「日経MJ百貨店調査」年間売上高2000年・2009年数値より宮副謙司作成

図表4-1-3　新宿地区百貨店　店舗別売上トレンド推移

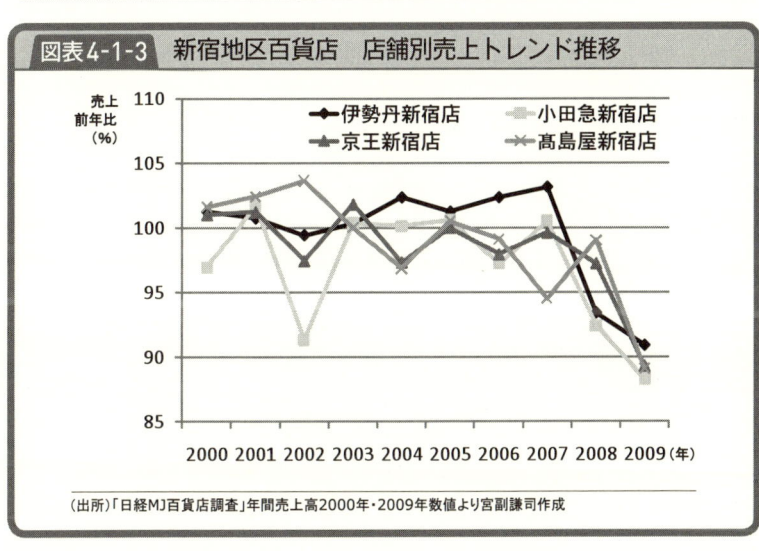

売上前年比（％）

― 伊勢丹新宿店　― 小田急新宿店
― 京王新宿店　― 髙島屋新宿店

2000 2001 2002 2003 2004 2005 2006 2007 2008 2009（年）

（出所）「日経MJ百貨店調査」年間売上高2000年・2009年数値より宮副謙司作成

▶新宿地区百貨店5店舗の市場地位別の変化

　髙島屋開店後、新宿地区の百貨店各社の売上はどのように変化しただ

ろうか。2000年から2009年の10年間の店舗合計レベルでの売上変化を見てみよう。

百貨店競争の結果として、伊勢丹がシェア2000年41.4％→2009年46.5％と百貨店の地域一番店の地位を確保し、そのシェアを一層高めた。また髙島屋は、13.4％→14.1％と0.7％であるがシェアを高めた。他では京王百貨店17.7％→17.7％はシェアを維持したが、小田急百貨店21.5％→19.2％とシェアを下げ、三越に至っては6.0％→2.5％と低迷し地域での存在感を失った。

売上高前年比の推移を見ても、小田急百貨店は百貨店部分を縮小し、家電量販店（ビックカメラ）を別館ハルクに導入したという与件もあるが、MD戦略そのものも伊勢丹OBを責任者として迎えたり、その後は一転して独自で取り組むなど一貫せず、売上伸率も低迷している。三越は業績低迷し、専門店ビルへと業態転換し百貨店戦線から離脱した。

2008年地下鉄副都心線の「新宿三丁目駅」が開業し、東武東上線・西武池袋線から顧客を直接に「新宿三丁目駅」に運んで来るようになった。それは新宿地区の百貨店競争にどのように影響しているだろうか。その効果は、集客効果か流出効果かよく分からない。伊勢丹と髙島屋間は地下道でつながったが、その回遊はどうだろうか。

▶髙島屋新宿店の2011年の課題

髙島屋SCではさらに売場の変化が見られる。特に、上層階のテナントが開業当初と比べ大きく変化してきている。すなわち、11階の映画館が撤退し、アミューズメントセンターが家電量販店の「ベスト電器」に代わり、さらにホビー専門店の「ユザワヤ」へと変わった。12階の音楽CDショップの「HMV」が撤退し、2010年4月には「ユニクロ」が入居した。こうなってくると、髙島屋は開店当初のような多様な施設からなる多目的のSCでなくなってしまい、単に百貨店＋専門店（東急ハンズ・紀伊国屋書店・ユザワヤ・ユニクロ）＋レストラン街の構成という一般的なSCでしかない。またSC全体に占める百貨店部分のウェイトが上がり、さらに専門店の物販の面積が広がった分、「モノ売場の広大さ」がただただ感じられる施設になってしまった。

売場が混んでいるのは「東急ハンズ」と「ユザワヤ」である。しかも「ユザワヤ」はホビー関係のみならず文房具なども品揃えし、髙島屋や東急ハンズとの商品の重複も構わず展開している。レジが少ないためか商品を手に持った顧客が長い行列をつくっている。このようなオペレーションのまずさは、デベロッパーがなんとか指導・調整すべきではないだろうか。また下層部の髙島屋が本物志向・上質志向の売場展開をしているだけに、全館コンセプトとしてどうバランスを整理すればいいのだろうか。

　髙島屋新宿店（売場面積56,100㎡、2009年売上高686億円）の客数は依然として少ない。開店当初は「ターミナル立地の駅ビル型百貨店＝SCとしての総合戦略」でよかったが、JR新宿新南口からの導線の現状を見る限り、髙島屋新宿店はそもそも、本当にターミナル立地で駅ビル型百貨店だったのかと疑うほどである。髙島屋の中でもターミナル立地で駅ビル型百貨店を展開するJR名古屋髙島屋に比べても日中の客数があまりに少なく、JR名古屋髙島屋の売上（売場面積57,328㎡、2009年950億円）に届かないのは、絶対客数の少なさに起因するのだろう。

　そうすると、店舗立地から考える店舗戦略は、駅ビル型百貨店としての総合戦略ではなく、売上地域四番店として、ニッチ戦略をとることが合理的なのかもしれない。

▶顧客セグメント別業態の複合

　東急ハンズという専門業態が確実な集客と売上を達成しているなら、同じく専門業態としての「オムメゾン」「ファムメゾン」「フードメゾン」が構築できるはずである。テイスト別のゾーニングにした割に、顧客層別の情報発信も乏しいし、顧客コミュティのたまりがないのが現状である。今後は「メゾン」という業態ブランドの定義を明確化、それを踏まえた企画構築を本格化し、当該顧客層への情報発信を強めることが望まれる。「ファッション×カルチャー」「ファッション×リビング」など、同じテイストで異なる領域の情報を掛け合わせた企画での情報発信や、その顧客層と販売側をつなぐコミュニティ拠点（顧客のたまり場、立ち寄り場）として戦略的な「カフェ」の展開など、髙島屋が持つせっかくの顧客セグメントと情報や空間を活かしたこれまでにない取り組みが欲

しいところだ。例えば都市型富裕層を対象とした「オムメゾン」になぜ、そのライフスタイルを満たし、あるいはそれに近づこうとする層へ向けた、ヨットや車の映像や機器が楽しめ、専門的な情報が得られるような「レジャーカフェ」がないのか、世界的なデザイナーや新宿に集うクリエーターたちと交流できる拠点としての「モードカフェ」がないのか？ということである。（このような「カフェ業態」については、第6章に事例を通じた詳しい記述がある。）

今後のアクションとしては、まず、メゾンの5つのセグメント、婦人・紳士合わせて10の顧客セグメントの顧客情報、買上情報を一層きめ細かく分析し、その顧客のコミュニティを形成し、その層に合わせたメディアを活用して情報発信を行い、コミュニティ拠点に集ってもらうような形で需要を起こし、獲得していくことが重要ではないだろうか。それがせっかくの好位置に配置した「ウェルカムゾーン」の戦略的な活性化にもつながると思われる。

(2) 京都

京都では伊勢丹がJR西日本と合弁で「JR西日本伊勢丹」を設立し、JR京都伊勢丹という店舗名で1997年9月に開店した。そこでは、この新規参入に対し、既存店の髙島屋、大丸、近鉄百貨店、阪急百貨店、地元の藤井大丸などが迎え撃つ形の百貨店競争が展開された。その開店から10年以上が経過したが、ここでの百貨店競争は、ある地域に新百貨店が誕生し、その新店舗がそのマーケットにどれだけ浸透したか、またその一方で既存の百貨店にどのように影響を与えたか、といった観点から大変興味深いケースと言える。

都心の四条地区では、一番店の髙島屋京都店（洛西店を含む売場面積68,314㎡、2009年売上高904億円、日経MJ調査）はより本格的な都市型百貨店に、大丸京都店（売場面積50,830㎡、2009年売上高701億円）はキャリア層やヤング層への対応強化などの差別化を図るとともに、市内の郊外店舗（髙島屋は洛西店、大丸は山科店）をテコ入れし、JR京都伊勢丹（売場面積44,231㎡、2009年売上高644億円）を挟み込む形で市内全体を

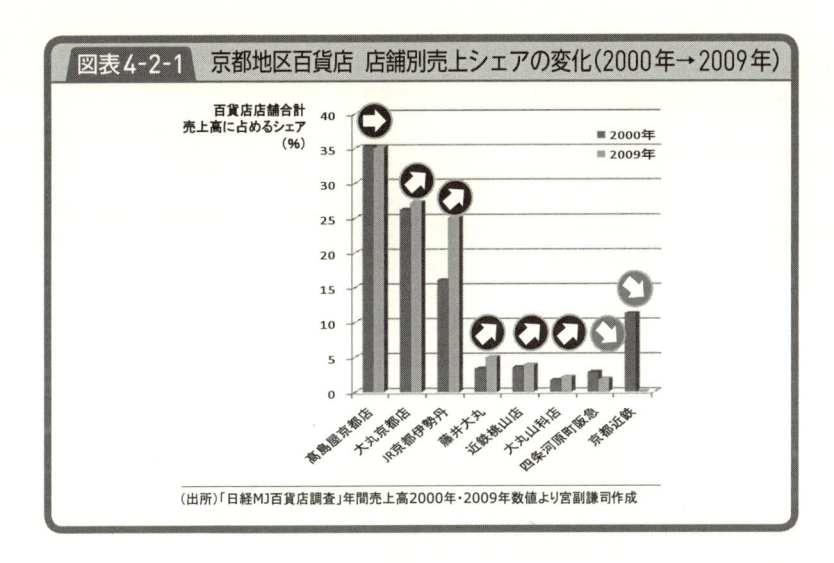

図表4-2-1 京都地区百貨店 店舗別売上シェアの変化(2000年→2009年)

(出所)「日経MJ百貨店調査」年間売上高2000年・2009年数値より宮副謙司作成

捕らえる商戦を展開した。近鉄百貨店も市内南部にSC立地型の百貨店、桃山店(売場面積22,000㎡、2009年売上高97億円)を出店した。一方で、JR京都伊勢丹と同じ駅前エリアに位置した京都近鉄は、対抗として大掛かりな増床リニューアルを行ったが、業績が伸びず、さらに大型専門店を複数導入し業態を転換したがそれでも好転せず、結局は2007年に閉店した。

また都心の小型百貨店では、藤井大丸(売場面積16,367㎡、2009年売上高127億円)が専門店ブランドを導入し、従来の京都中心部になかった丸井、パルコ的な店づくりを行って顧客の支持を集め、一定の地位を獲得した。しかし四条河原町阪急(売場面積9,366㎡、2009年売上高46億円)はワンフロアが藤井大丸より手狭で店舗運営が難しく、阪急京都線のターミナルに立地するにもかかわらず、面積が大きく取れないことと店舗の収益性向上のためか食料品売場を廃止したり、全館的な店舗コンセプトをたびたび変更し活性化を図ったりしたが、その結果としては店舗イメージが固まらず客離れが進み、売上前年割れが続き低迷した。そして2010年に店舗閉鎖に至った。

このように京都地区の百貨店競争は、JR京都伊勢丹の出店以降、10

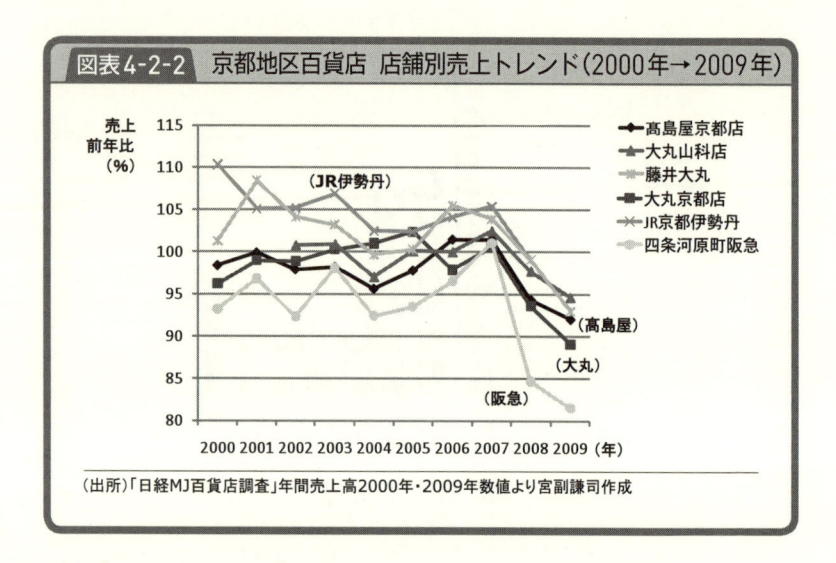

図表4-2-2　京都地区百貨店　店舗別売上トレンド（2000年→2009年）

売上前年比（％）

凡例：
- ◆ 髙島屋京都店
- ▲ 大丸山科店
- ─ 藤井大丸
- ■ 大丸京都店
- ✳ JR京都伊勢丹
- ○ 四条河原町阪急

（グラフ中ラベル：JR伊勢丹、髙島屋、大丸、阪急）

横軸：2000 2001 2002 2003 2004 2005 2006 2007 2008 2009 （年）

（出所）「日経MJ百貨店調査」年間売上高2000年・2009年数値より宮副謙司作成

年以上を経て、各店の業績の明暗が明らかに分かれる結果となった。

　京都地区百貨店の売上シェアを2000年から2009年への変化を見てみよう（図表4-2-1）。京都地区百貨店の地域一番店は依然として髙島屋京都店である。しかしそのシェアは、2000年35.3％から2009年35.1％とわずかながらシェアを落としている。一方、JR京都伊勢丹は着々と売上を伸ばし、シェアも2000年16.0％から2009年25.0％へと9.0％もシェアを高め、大丸京都店（2009年シェア27.2％）に追いつく勢いである。大丸京都店も市内シェアは2000年26.2％から2009年27.2％へと1.0％と高めているのだが、JR京都伊勢丹のほうが勢いに勝るということである。その他では、藤井大丸は前述のような店舗戦略が支持されシェアを3.3％から4.9％へと高めている。四条河原町阪急が2.8％から1.8％へと大きく下げたのと好対照である。

　また図表4-2-2のように売上高前年比の推移を見ても、JR京都伊勢丹と藤井大丸の伸長が著しい。髙島屋京都店と大丸京都店の比較では、大丸京都店が2002年から2005年にかけて髙島屋を上回る堅調な伸びを示したが、2006年以降は髙島屋を下回っている。一時の勢いが失速したという感じである。

▶ JR京都伊勢丹の店舗展開

◉ 写真4-2-1　JR京都伊勢丹

　JR京都駅ビルの建物自体が、日本最大級の規模と中央吹き抜け、幅26m高低差30m171段の大階段、一直線に伸びるカスケードエスカレーター、空中経路など、今までにない斬新な空間デザインで話題となった。また、施設構成としても、JR西日本が運営するホテルでは最大の「ホテルグランヴィア京都」、68店から成る専門店街「ザ・キューブ」、座席数900強の劇場「シアター1200」、アミューズメントなどで構成され、特に飲食ゾーンは、レストラン街、フードコート、眺めのいいレストランゾーン、ホテル飲食などかなり強化されており、開店当初、予想を上回る集客力を発揮した。

　JR京都伊勢丹は当初、売場面積32,000㎡と、京都市内の百貨店では4番目の規模で「ファッションの伊勢丹」をテーマに開店した。ファッション、雑貨、食料品で、海外を中心に6つの関西初登場ブランド、約50の京都初登場ブランドを導入したほか、若手新鋭デザイナーの婦人ブランド衣料を揃えた「解放区」など、ライバル店にない特徴づくりに力を注いだ。婦人服は「サイズ」「ミセス」「ヤング」を3層で展開。特に戦略ゾーンである「ヤング」を5階に配置し、ドローイング効果を狙った。またサイズや下着で地域一番の集積を誇り、百貨店主力顧客の定着を図った。

　こうした特徴が発揮され、JR京都伊勢丹は、JRを利用して大阪方面に流出していた滋賀県南部、大阪府北東部の消費者を京都に引き寄せている。また子供服は、エリアマーケティングが十分されているゾーンの1つで、人口の伸びが顕著な市内南部やJR東海道線沿線という、既存の高島屋、大丸が十分捕らえていなかったエリアのファミリー層を捕らえ、実績をあげている。紳士も洋品・雑貨の集積、売場の品揃えの見やすさ等で評価できる。新宿伊勢丹のメンズ館的な環境にリニューアルし、市内だけでなく関西エリアからブランドファンの固定客をつかんでいるようだ。

▶伊勢丹は京都の既存百貨店をどのように変えたか

　四条にある髙島屋京都店、大丸京都店は、ともに伊勢丹対策として、ここ数年で規模拡大を進めてきた。特に競合するだろう婦人服では、従来から強かった「特選」「プレタポルテ」ゾーンに加え、増床部分を「ヤング」「キャリア」ゾーンとし強化した。

▶髙島屋京都店

　髙島屋は伊勢丹開店対策として1997年秋に売場改装を実施した。その目玉はピュアヤングとヤングを対象に、メンズとレディスを複合した「ヤングワールド」の構築であった。売場面積はメンズ1,100㎡、レディス1,500㎡、合計2,600㎡で市内最大規模。メンズとの連動や会員制クラブの開設、売場演出、多彩なイベント開催によって、ヤングカップルの集客強化を図った。

　その後、髙島屋は2001年に食料品売場、2007年にレストラン街及び店舗外壁のリニューアルを実施した。しかし、地域一番店としての髙島屋のシェアはジリ貧になっている。

▶大丸京都店

　大丸は1997年春の改装で婦人服を100㎡増床。ヤング狙いの自主編集売場を300㎡に拡大した。一方、キャリア対象にインポート平場の新設の他、プレステージゾーンの強化、50代ミセス対象の売場再構築などの手を打ってきた。リードターゲットとしているのは、ヤング、キャリアだが、ヤングからニューミセス、ハイミセスの年代層毎に、感性と価値観のバランスのとれたMD、売場づくりを実現した。

　大丸京都店は、2001年から2002年にかけて、ファッション性をアッ

● 写真4-2-2　髙島屋京都店　　　　● 写真4-2-3　大丸京都店

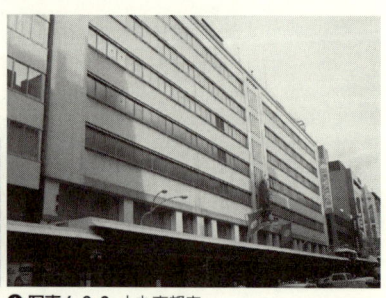

プさせ取扱商品のテイストを明確にした「クラスストア」を志向した大胆なリモデルに取り組み、「総合型」の髙島屋とも差別化を図った。2003年から2005年にかけての売上伸率の向上は、この成果と見られる。

▶藤井大丸

　藤井大丸も対象顧客をヤング、OLゾーンに絞って1996年9月から約20億円かけて段階的改装に着手。「ユナイテッドアローズ」「ナイスクラップ」などを導入した。さらに1997年9月には4階を改装し、「ヴェルサーチ・ジーンズ・クチュール」や「ホップス」など、合わせて8つの関西や京都初のブランドを導入した。

　その後、4階の30代以上の女性向けの婦人服売場、5・6階の子供服、生活雑貨売場を順次改装した。また1996年9月改装時に導入した地下の食品スーパーは着実に顧客を集め、藤井大丸が従来の四条河原町阪急の店舗路線を受け継ぐ形で改装している点が興味深い。現在では、特定のテイストで婦人・紳士・子供のファッション、生活雑貨、食料品まで取り揃えた専門店集積のビルとなり、京都地区でポジションを確立している。（ただし、2011年に四条河原町阪急の跡に丸井が進出するが、その影響がどう出るのか注目である。）

　2009年からは、オンラインサイト「UROKO」（会員制）で商品を選択し、各ショップで取り置きし、店頭で試着もして購入することができる販売サービスも開始するなど顧客戦略も強化している。

▶競争に負けた京都近鉄と四条河原町阪急

　また京都駅前地区では、京都近鉄百貨店が1995年3月に160億円を投じて11,000㎡を増床、従来の1.4倍に面積を拡大した。JR京都伊勢丹を上回る面積を確保した。伊勢丹開業後の結果は、1997年くらいまでは「京都駅ビル開業効果」「地下街の改装休業」の余波で、飲食、食料品は好調であった。その時点では、筆者の視察の感想としては、駅ビル見学で疲れた年配ミセス層がなじみをもってくつろげる店として、髙島屋新宿店競争の際、大量動員された顧客が流れて健闘した京王百貨店のような現象が京都近鉄でも見られるかもしれないと思われた。

　しかし、実際に近鉄百貨店がとった戦略はその方向とは全く逆の、

OLキャリア、若者狙いのコンセプトへの転換であった。JR京都伊勢丹の進出以降、京都駅前地区全体の商業集積力が高まったものの、京都近鉄にとっては売上高の減少が続き(1997年前年比96.1％、1998年81.3％、1999年88.5％)、2000年には一部に百貨店部分を残して「GAP」「無印良品」「ソフマップ」などの専門店を導入し、「近鉄プラッツ」として再スタートした。顧客層を従来とがらりと変える業態転換を図ったが、専門店ゾーンにも不調店舗が顕在化し、またシニアの従来顧客層ニーズ対応の紳士カジュアル売場などを強化したり、店舗コンセプトが安定せず低迷した。(その後、近鉄百貨店本体に吸収され、近鉄百貨店京都店となった。)

四条河原町阪急は、1997年9月の7億円をかけた改装では地下1階の食料品売場を廃止し、「GAP」「シピー」などファッション衣料の売場とし、ヤングファッションに特化した専門大店化を目指した。しかし阪急京都線のターミナル立地を活かし確実な集客が見込める食料品売場をさらにグレードアップ強化する戦略を選択せず、流行サイクルが早く常に改装投資が必要なファッション専門大店戦略を選択したことが正しかったかどうか。(阪急自身、東京・有楽町でのライバルである有楽町西武の低迷を見てきて理解しているのではないかと思えるのだが。)その後、ファッションビル「OPA」も四条河原町に進出し、さらにファッションビル競合に巻き込まれていくことになった。さらに2000年代にはリラクシングや生活雑貨分野の強化など幾たびかのリニューアルを行ったが、業績は継続的に低迷し、2010年に店舗閉鎖することになった。

▶京都地区百貨店各店舗の最近の動向

その後、JR京都伊勢丹の売上推移は着実である。開店以来、2010年までの売場の変化は、①10階にあった「セガ・アミューズメントテーマパーク：京都ジョイポリス」が撤退した後を売場化し、スポーツ・リラクゼーション・趣味雑貨売場を増床、②当初なかった「グッチ」「ドルチェ＆ガッバーナ」「サルバトーレ・フェラガモ」などのラグジュアリーブランドの導入による1階での特選ブティックゾーンの構築、③化粧品を1階から駅コンコース階でもある2階への移動し活性化、④ハンドバッ

クは2階から3階へ移動、⑤紳士服売場を伊勢丹新宿店「メンズ館」のノウハウで統一した売場環境でトラッド、などの分かりやすいゾーニングに変更、⑥宝飾・時計を4階から9階に移動して拡大、⑦駅コンコースフロアで従来型のお土産キヨスクでない、京都土産・特産を含む高質スーパー的な食料品売場や化粧品・雑貨や飲食などで構成した「スバコ」の開設（2008年）などのリニューアルを行った。売場面積を開店当初の32,000㎡から44,231㎡へと拡大したが、それ以上に様々な売場のテコ入れが功を奏して業績を伸ばした。すなわち、当初MDの課題であったラグジュアリーブランドの導入が実現したこと、基本のフロア構成はほとんど変更せず（顧客に戸惑いを与えない形で）、商品群やブランドの関連性を考慮したテーマ毎に売場のブロックを形成し（例えば4階婦人服では「エレガンスプラザ」「コンテンポラリーガーデン」「オーキッドプラザ」「サイズ」など）、それを決して単純ではない形状の平面レイアウトにうまくあてはめて、目的別の顧客を集めつつ、さらに回遊も高めるというゾーニングの改善を積み重ねたこと（特に4階の婦人服フロア、6階の紳士服フロア）が好調の要因であろう。そして、それがいつの間にか、JR京都伊勢丹の百貨店としての「本格性」を高めることにつながったと考えられる。

　髙島屋京都店に大きな変化は見られないが、大丸京都店はいくつかのリニューアルを進め、2010年4月には大規模な店舗改装を行った。改装のコンセプトは、「ハレの日にも日常にも気軽に利用できる便利で親しみやすい地域密着型高感度百貨店」ということで、主要顧客である40代から60代を大切にしながら、消費には積極的ではあるが百貨店離れの傾向が見られる20代から30代を戦略ターゲットに設定し、新たなマーケットを取り込むことによって将来に向けた成長を目指すという戦略を打ち出した。具体的には、ターゲット顧客の生活の価値観やライフスタイルの変化を踏まえた「スペシャリティ（他店にはない特徴性）」があるゾーンを「スペシャリティゾーン」と名付け新たに構築した。第一は、大丸心斎橋店北館で展開され好評という「うふふガールズ」の京都店版の新規構築である。これまで対応が不十分だった20代から30代の

マーケット対応強化を狙いとして1階(西側約350㎡)と2階(約440㎡)に、ファッションと雑貨のブランドを編集したゾーンを新たに構築した。第二に婦人靴売場を2階から1階へ移設し、「シンデレラ・アベニュー」という売場名で再構築した。第三に京都地区初出店ブランドをはじめ、20代から30代の女性に向けたトレンド性や話題性のある雑貨ブランドショップを四条通り側で展開した。

第四にはこれまで1階と3階に分散していた特選ブティックとサロン・ド・グゥを2階へ集積し、2,500㎡の規模で展開した。ターゲットの年代幅を若い層にも広げ、京都地区初登場を含めて新たに6ブランドを導入した。

以上が2010年の大丸京都店の対応であるが、従来、同店の特徴的なフロアは4階であった。ニューミセス・ミセスの婦人服と家庭用品・寝具・タオルのフロアであり、ミセスの生活をカバーするような売場編集になっていたが(1フロアでこのような構成は世界的にも稀である)、このフロアを店舗としての戦略フロアとせず、戦略ターゲットを別に設け積極的に打ち出すと、複数の戦略ターゲットへのつまみ食い的な対応になって、店舗特性がぼやけ、かえって競争力を落とすことになるのではないかと懸念される。

今後、大阪・梅田地区で百貨店の新店舗が開設、既存店の大幅な増床などが行われ、その顧客吸引力が高まると、京都地区への影響も避けられない。さらにそれに巻き込まれる形での百貨店競争となることが予想される。京都地区百貨店はその店舗個性、ポジショニングの明確化に一層取り組むことが重要なテーマになっている。

(3) 福岡(天神)

福岡は行政人口146万人、広域都市圏を示すエリア人口260万人[*4]であるが、1990年代後半からこの15年くらいの間で市内の地下鉄3号線開通や九州全域からの高速バス網など交通インフラの整備、大型商業施

---

*4　朝日新聞社『民力(2010年版)』の地域設定による(2009年3月末現在の住民基本台帳人口)。

設や百貨店の新店舗開設、既存店の増築や移転などが相次ぎ、日本の大都市でこれほど商業環境が大きく変化した大都市は他にない。しかも、今後も九州新幹線の全線開通やJR博多駅の駅ビルの建て替え大型化、阪急百貨店の開業(2011年)など、さらなる変化が予定され、ますます競争が激しくなる都市である。

ここ15年くらいの福岡地区の百貨店をはじめとする商業環境の変化を見てみよう。1990年代の動きの始まりは、1996年の「キャナルシティ博多」開業と、1997年の西鉄福岡駅ビルへの三越の進出である。「キャナルシティ博多」は博多地区に開業した、商業施設、ホテル、劇場、業務施設などが複合した大型の都市開発で、年間1,000万人規模の集客をあげる施設である。また福岡三越(38,000㎡)は九州最大の商業集積地で、大手私鉄である西鉄のターミナルでもある天神地区に、再開発された西鉄福岡駅ビルのキーテナントとして開店した。それに対応する形で、地元百貨店の岩田屋は新業態「Zサイド」(ジーサイド)(34,000㎡)を開業(1996年)、博多大丸も東館を増床(19,000㎡)(1997年)、その結果、天神地区の百貨店の売場面積が一気に増した。その増加分の合計は91,000㎡で、日本最大級の百貨店1店舗分をも大きく上回る規模であり、新旧面積比2.67倍に拡大した。この拡大率は、東京・新宿地区(髙島屋開店で1.28倍化)や京都地区(伊勢丹開店で1.19倍化)等を上回る面積拡大ペースで、その競争は熾烈を極めるものである。

天神地区の競争もさることながら福岡商圏として見ても、「キャナルシティ博多」vs百貨店業態、あるいは天神vs博多という都心地区の競争から、福岡都市圏(都心vs郊外)、さらに福岡市の商業吸引力の高まりから、北九州や熊本、大分、長崎などの県庁所在都市を巻き込んだ地域間競争に発展している。実際、九州内の高速道路やJRの利用で若者や主婦層がショッピングやエンターテイメントを目的に福岡へ詣でる「Go To福岡」現象も、福岡の都市魅力のアップから近年に増して加熱化している。

また福岡は、約15年間に2つの大型の駅ビル型百貨店が誕生するというとてつもない百貨店競争の都市である。すなわち、天神地区の西鉄

福岡駅に福岡三越が開店し（1997年）、さらに2011年には博多地区のJR博多駅ビルが建て替わり6倍の規模になり、その核テナントとして博多阪急が開業する。

そして、その間に、福岡玉屋（1999年閉店）、博多井筒屋（2006年閉店）といった地元百貨店が閉店し、岩田屋が経営破綻し伊勢丹の子会社となり（2003年）、さらに伊勢丹と三越の経営統合（2009年）によって岩田屋と福岡三越の経営が一体化される（2010年）というすさまじい変化を見せている。（JR博多駅ビルについては、旧駅ビルに地元百貨店の博多井筒屋が営業していたが、駅ビル建て替えに伴い撤退し、新たに別の百貨店が入居するという過去に例のない大きな変化が見られた。）

▶福岡三越の開店とその後の動向

1997年10月に西鉄福岡駅の新ターミナルビル（地上9階・地下3階）に福岡三越が開業した。福岡三越は、売場面積38,000㎡、三越グループでは日本橋本店・名古屋栄店に次いで全国で三番目の売場規模で、しかも同グループ初の駅ビル型百貨店となった。

このターミナルビルは、九州最大の乗降客数の西鉄福岡駅や九州各地からハイウェイバスが発着するビルで、これまでの駅を大幅に改装して完成した。この改装で西鉄福岡駅が従来の位置より南側に下がったため、それまで岩田屋が改札正面でターミナルの好立地であったが、岩田屋に代わり福岡三越がターミナルの集客効果を全面的に得ることとなった。

ただしターミナルビルは駅のホームに沿って建てられているため、南北に細長い形状であり、また2階のすべてが電車ホーム、3階の大半は中距離向けバスセンターが入るため、福岡三越の売場は、地下2～地上1階の下層部分と、4～9階の上層部分に分断された店舗構造となった。

下層部の1階は、駅改札口と道路の関係で、フロアが3分割されてグランドフロアの空間性はないが、「エルメス」「ルイ・ヴィトン」

◯写真4-3-1 福岡三越

「フェンディ」「ロエベ」といった特選ブティック、化粧品、アクセサリーの売場となっている。地下1階は、「DKNY」「マックス&コー」といったヤングキャリアファッション、「キタムラ（九州初）」「ADキャリエール」等のバッグ、「ミハマ」「ブティックオーサキ」等の婦人靴で構成された。地下2階は食品のフロアで、生鮮食品の「フレッシュマート」と惣菜・菓子の「グルメプラザ」の2ゾーンに分けられる。（地下2階が食品フロアというのは博多大丸と同じである。）

　上層階は、最上階の9階に集客拠点として、文化催事用ギャラリー、八重洲ブックセンターを配置した（開店当初）。約5mもある天井高がアトリウムのように広く、文化性を強く打ち出す空間づくりになっている。また4〜8階の売場展開は、日本橋三越本店のようなミセス向けの重厚感はなく、対象を若い女性層にした商品展開になっている。具体的には、8階のリビング用品では、女性若年層を意識した「テラヴェルデ」（九州初）や「カリス成城」といった話題のショップを導入した。4階は、ヤングファッションのフロアで、キャリアからマドモアゼルのあらゆるシーンに対応するクロージングが集められた（開店当初）。

　しかし、福岡三越の課題が開店当初から複数顕在化していた。第一に、三越に期待された、ギフトやプレタポルテなどのいわゆる百貨店的な商品群の品揃えやブランド展開は強さが感じられないということだ。例えば、6階プレステージフロアでは、福岡初の「サンローラン・リヴゴーシュ」を導入したものの、すでに大丸や岩田屋に主なブランドを確保された後では、迫力不足の感は否めず、8階の「ギフトサロン」「寝具・タオル」売場ともに貧弱で、天神地区の百貨店競争の中では埋没していた。

　第二に、ターミナル立地の駅ビル型百貨店としてとるべき店舗戦略の不徹底があげられる。典型的な駅ビル型百貨店である福岡三越への期待は飲食と食料品であり、そのゾーンは確実に集客している。しかし飲食ゾーンを最上階に配置せず、各階に1店ずつ分散して配置するのではターミナルの需要を存分には吸収できていないと思われる。また福岡三越は、単独の建物としては天神地区最大の規模で、駅ビル型百貨店であるから、その取るべき戦略は、戦略の定石からして「マスターゲットへ

のフルマーチャンダイジング」の総合戦略である。しかし上層階に集客のコアである「ギャラリー」や「ブックセンター」を配置しながら、「レストラン街」を展開しないのはその戦略の不徹底ではないだろうか。少なくとも「ファミリーレストラン」か、三越各店ですでに導入されている「ランドマーク」などは配置すべきだったと思われる。

▶岩田屋、大丸の対応

　福岡の地元百貨店であった岩田屋は、天神交差点角に本店として「本館」(1936年開業)と「新館」(1976年開業)の2館(売場面積32,500㎡)を構えていたが、福岡三越への対抗から、また百貨店競争の先陣を切って、新たに既存店舗から約100m離れたNTT天神跡地に地下3階・地上7階建、売場面積34,000㎡の規模で、百貨店新業態「Zサイド」を1996年9月にオープンさせた。そして既存店舗を「Aサイド」と名付け、「Aサイド」「Zサイド」合計で66,500㎡の大型店となって新たな一番店戦略に乗り出した。

　岩田屋「Zサイド」は、高感度な都市生活者を対象にしたファッションから、リビング、食料品まで揃えるフルラインのMDで、従来型の百貨店「Aサイド」に加え、新感覚のライフスタイルを提案する新型百貨店がもう1店舗できたような感じだった。新店舗であるため当然、天井も高く(従来のAサイドの本館は戦前の建物で天井が低かった)、洗練されたMDが随所に見られ、同時期に開業した髙島屋新宿店よりも売場環境やビジュアルマーチャンダイジングですぐれた店舗であった。

　例えば、化粧品・婦人靴・婦人下着などは地域一番の商品集積で秀逸な売場環境で、紳士服や婦人服では高感度な品揃えの自主編集売場に積極的に取り組んだ。またインテリアの「ザ・コンランショップ」やCDの「バージンメガストア」、書籍の「リブロ」などの専門業態も導入し店舗魅力を高めた。

　しかし、岩田屋の売上は伸びず、2001年で売上高816億円と当初目

●写真4-3-2 岩田屋本店

標1,100億円にはまったく届かなかった。過剰投資に対して売上回収できず、2002年2月期に債務超過280億円を超え、金融機関などから債権放棄を受けた。そして「Aサイド」部分の店舗を売却するとともに、複数の百貨店企業で組織さ

写真4-3-3 大丸福岡天神店

れた「A・D・Oグループ」(全日本デパートメントストアーズ開発機構)を通じて長年つながりの深かった伊勢丹の経営支援を受けることになった。

博多大丸は、1997年3月、売場面積を従来の約2倍に増床しリニューアル・オープンした。既存店を西館とし、新館(エルガーラビル)を東館として、「ツインズ・シンフォニー・シティ」と命名。2館体制の百貨店として生まれ変わった。その両館をつなぐ部分は地上28mの高さの天井で囲われた吹き抜け空間とし、そこにカフェやブティックを配置し「パサージュ」を形成した。この空間は「キャナルシティ博多」のようなエンターテイメント機能を持ち、これまでの天神の商業施設にない空間として差別性を発揮するものである。

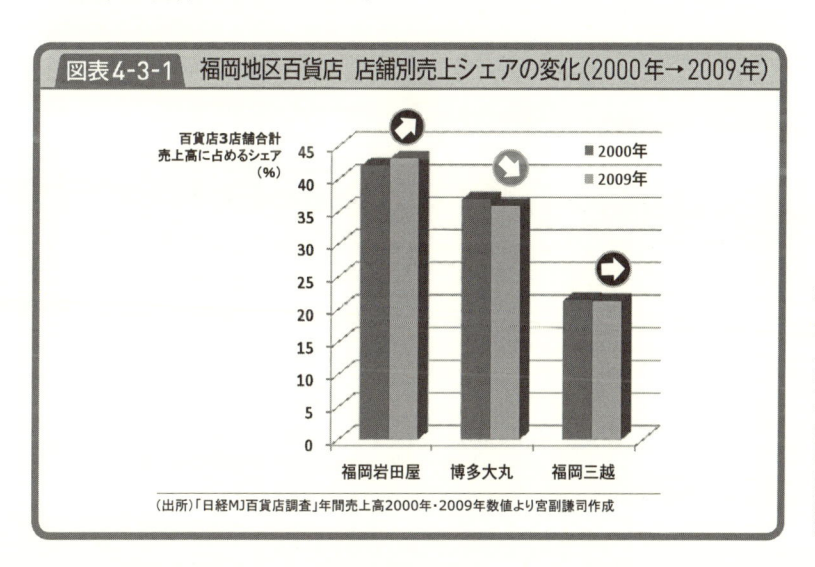

図表4-3-1 福岡地区百貨店 店舗別売上シェアの変化(2000年→2009年)

(出所)「日経MJ百貨店調査」年間売上高2000年・2009年数値より宮副謙司作成

店舗戦略としては、博多大丸は、これまで一番店の岩田屋とすみわける形で「Ms（ミズ）」というターゲットを設定した二番手戦略を展開してきたが、この増床を機に一番店戦略を志向し、岩田屋と正面対決することとなった。

　とりわけ、婦人服の売場は従来の約2倍の約11,300㎡に拡大し、九州最大のブランド集積へと強化した。ゾーニング的にも西館2・3階、東館2・3・4階で展開し、横の回遊性を重視した店づくりを行った。

　またレストランなど飲食部門も、平日の昼時の利用客が多く、集客につながっている。天神はショッピング街であると同時にビジネス街でもあるが、大丸が立地するブロックにはまとまった飲食ゾーンが欠落していたことから、飲食は昼夜を問わず需要を確実に取り込むこととなった。

　福岡・天神地区の百貨店競争の特徴は、岩田屋も地域一番店として巨大投資してもリーダー戦略を遂行、博多大丸は規模を拡大し、チャレンジャー戦略から転換してリーダー戦略をとった。店舗規模では1館体制をとる、駅ビル型百貨店である福岡三越が、リーダー戦略でなく、若年層向けの店舗づくりで差別化をする（三越らしさを打ち出さない）戦略をとったという、3百貨店の競争だったと見ることができる。

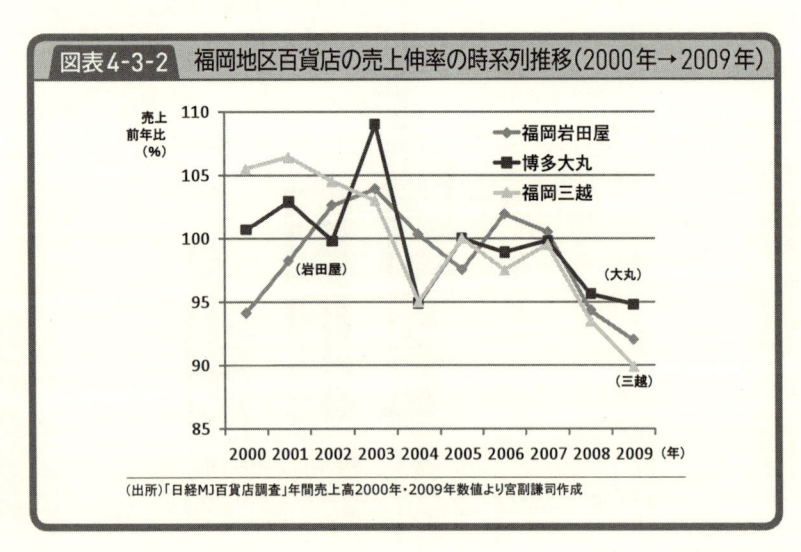

図表4-3-2　福岡地区百貨店の売上伸率の時系列推移（2000年→2009年）

（出所）「日経MJ百貨店調査」年間売上高2000年・2009年数値より宮副謙司作成

この競争の結果であるが、開店あるいは改装を行った初年度で売上目標を達成したのは博多大丸だけであった。岩田屋は前述のように売上不振から経営破綻し、福岡三越は開店3年目の1999年に売上高401億円と当初の初年度目標にようやく近づくという状況だった。

▶その後の福岡・天神地区の百貨店競争の動向

　岩田屋は従来の本館を売却し、1996年開業の「Zサイド」を新たに本館とし、そこに営業拠点を移すことになり、駅ビル型百貨店ではなくなった。(岩田屋はさらに2004年3月、通りを挟んだ北側に新館を増築し、2館体制、売場面積49,554㎡となった。)

　これにより西鉄福岡駅の駅ビル型百貨店は、岩田屋から福岡三越に変わったということになる。また地下鉄新駅(地下鉄3号線「天神南駅」)が大丸側に開業し、大丸も地下鉄3号線のターミナル立地となった。このように、天神地区の百貨店のポジショニングが大きく変わったのである。

　福岡天神地区の3百貨店の競争関係を2000年からの状況で見てみると、岩田屋は地域一番店を維持し、シェアを1％ほど上げた(2000年41.9％→2009年43.0％)。しかし二番手の博多大丸が2000年36.8％から2009年35.8％へ、福岡三越は2000年21.3％から2009年21.2％へと低下した(図表4-3-1)。

　また売上伸率の時系列では、2003年までは各店まずまずの伸びで、岩田屋もマイナスからプラスへ上昇トレンドにあった。しかし2004年から揃って伸びが鈍化し、岩田屋が新館(旧NHK福岡放送局跡地)増床で前年並みを維持していたものの、2008年、2009年と大きく前年割れのトレンドにある。その中では、福岡三越の伸びの落ち込みが大きく、シェアも落としている(図表4-3-2)。

　現在岩田屋は、旧「Zサイド」を本館として継承、新館では特選ブランドとリビング、レストラン街を展開している。「ザ・メッセージ」「クラブハウス」「オーキッドプラザ」などの売場名も、「花々祭」などの催事企画の名称も伊勢丹と同一で、すっかり伊勢丹化している。(それでいて店舗ロゴ、包装紙、紙バッグは1970年代の岩田屋のデザインに戻し顧客に「地元の老舗復活」を印象付けている点は、うまい手法と言える。)

岩田屋は怪我の功名というか、企業の店舗経営としても、福岡・天神地区の百貨店競争の対抗上も良い結果をもたらしている面がある。すなわち、戦前の建物で増床の余地のない旧店舗を捨て、「Zサイド」に移転したことで、施設面で天井が高く増床の余地のある百貨店となった（実質的に店舗建て替え・移転を果たしたということである）。新感覚・高感度な「Zサイド」の店舗からスタートしたことで、さらに加わった新館もそうだが、地方百貨店とは思えない東京並みの高いレベルの百貨店店舗になっていることである。（その点で、伊勢丹の岩田屋支援が、札幌・丸井今井や名古屋・名鉄百貨店よりも効果を発揮している素地になっていると考えられる。）またそれは、岩田屋に対抗する博多大丸のリニューアルにも影響し、福岡の百貨店レベルを全国の他地区に比べ相当に高いものにしていると言えよう。

▶福岡三越の不振

　福岡三越は、多くのターミナル立地の駅ビル型百貨店がとる不特定多数を対象とする「マスターゲット」戦略、また総合的な品揃えの「フルマーチャンダイジング」戦略を採用せず、採用できない店舗規模と店舗形状で、低い売上にとどまっている。むしろ、年々ジリ貧に陥っている。

　その後の改装も「戦略のミス」が数々ある。9階の書店を廃止し、子供服売場を6階から移した。これが上層階への集客装置のつもりなのだろうが、「ミキハウス」や「バーバリー」などのありきたりの子供服ブランド展開や、イベント性や面白いキャラクターもないような売場で天神に集まるファミリーのどれだけを集客しているだろうか？（そもそも美術館的な「ギャラリー」と子供服がどう折り合うのか不明である）。6階は高級時計ブランドの集積が目立つが（それはニッチな差別化として良いことであるが）、「サンローラン・リヴゴーシュ」も現在はなく、コンサバな婦人服ブランドばかりが並ぶ池袋三越（2009年閉店）のような印象である。少なくとも名古屋・星ヶ丘三越のような楽しさのある売場づくりに期待したい。

▶さらにJR博多駅に博多阪急が登場

　そして福岡では、博多地区で2011年に九州新幹線の全線開通に合わ

せてJR博多駅ビルが建て替わり、博多阪急が、東急ハンズや専門店、映画館などとともに開業する。旧駅ビルでは博多井筒屋が百貨店を運営していたが、新駅ビルには阪急が、髙島屋との出店交渉競争の末に出店するもので、どのような店づくりになるのか注目される。そして天神地区との競争はどうなるのか。JR駅ビルということで新幹線利用も含め九州各地からどれだけ集客するのだろうか（私鉄のターミナル立地の駅ビル型百貨店とは対象商圏が格段に違う）。福岡の百貨店競争は2010年代もますます活発化する。

(4) 名古屋

2000年3月にJR名古屋駅ビル「JRセントラルタワーズ」にJR名古屋髙島屋（売場面積55,429㎡）が開業した。名古屋地区において実に26年ぶりの百貨店の新規出店で、既存の百貨店4社（松坂屋、三越、名鉄百貨店、丸栄。その頭文字からいわゆる4Mと言われる）で形成されてきた名古屋地区の百貨店業界で新しい動きが活発化した。

まず名古屋が本拠地の松坂屋は、地域一番店である名古屋栄本店の南館を増床（9,927㎡）（2003年9月）、北館をリビング館としてリニューアルした（2006年3月）。三越名古屋栄店は別館に専門店を集めたテナントビル「ラシック」（15,000㎡）を開業（2005年3月）。駅前地区の名鉄百貨店本店も名鉄メルサ館を百貨店の「メンズ館」として一体化（15,023㎡の増床）、合わせて「本館」をレディスファッション主体に、セブン館を「ヤング館」として再構築した（2007年）。

このように2000年から2007年にかけて、JR名古屋髙島屋の開店と既存店の大規模な増床リニューアルで、名古屋地区の百貨店売場面積は95,297㎡増えて、丸栄の売場減少16,636㎡を差し引き、78,661㎡が増加し、それ以前の288,703㎡から354,838㎡へ1.23倍に増加した。

▶JR名古屋髙島屋の開店

JR名古屋髙島屋の特徴の第一は、既存百貨店にない、売場の分かりやすさ、買い回りしやすさであり、通路・トイレ・サービス施設の充実が際立っている。既存百貨店では規模競争から、ほとんどの店舗が本館・

◆写真4-4-1 JR名古屋髙島屋

別館など複数の建物に分かれた店舗構造になっている。買い回るにはかなり疲れる店ばかりなのである。一方、JR名古屋髙島屋は単独の建物であり、フロアが分かりやすい。さらに各階のエスカレーター横に「ローズカウンター」という案内拠点も設けられている。JR名古屋髙島屋の開店時テーマは「都市であったり、森であったり」。そのテーマ通り店内の快適空間の演出が特徴である。フロア中央の一等地が「ローズパティオ」という休憩スペースにとってあり、売場効率よりゆとりの提供という考え方である。

　また当時、東京・大阪では当たり前でも名古屋では遅れていた売場の通路幅の広さ、トイレのアメニティ性などが、新店舗のJR名古屋髙島屋では当然実現されており、低レベルのサービス環境に長年慣れた名古屋の消費者にサービスの目覚めを誘発したに違いない。(一度そのサービス水準を経験すると、既存百貨店の環境には満足できず、新しいほうへ顧客が流れるようだ。)

　第二には、JR名古屋髙島屋は駅ビル型百貨店でありながら本格都市型のMD展開であるという点だ。まず髙島屋の特徴でもある特選衣料雑貨ゾーンの「サロン・ル・シック」を2・3階に配置し、髙島屋の独自性を強く打ち出した。特に「エルメス」「セリーヌ」「シャネル」「フェラガモ」「ブルガリ」の5つは百貨店インショップでは日本最大級のブティックで展開し、松坂屋との差別化を図っている。婦人ファッションも4階「ヤング」、5階「キャリア」、6階「アダルト」と髙島屋新宿店のように多層展開するとともに、フロアのロケーションの悪いコーナーに「インディヴィ」「フランドル」「ジルスチュアート」など集客性の高い大型ショップをあてはめ、目的顧客を吸引し顧客が満遍なくフロアを回遊するように工夫されている。

　そして駅ビル型百貨店として当然ながら食料品売場が強化されている。地下1階にギフトと惣菜、地下2階に生鮮・グロサリーと、2フロ

アンケート記入のお願い

フリガナ	
御氏名	（　　　才）
自宅住所（〒　　　　）	

Eメールアドレス

このカードの
入っていた書名

お買上げになった書店名

お買上げになった動機 ｛ 新聞広告を見て
雑誌広告を見て
店頭で見て。人から聞いて
その他

今後とりあげてほしいテーマ

本書についてのご意見・ご感想

■お客様にご記入いただいた個人情報は，より良い出版物を作るための参考にさせて
いただきます。
■ご記入いただいた個人情報は，ご注文いただいた書籍の配送，図書目録・新刊案内
などをお送りする資料にさせていただき，その目的以外での利用はいたしません。
■また，お寄せいただいた個人情報は厳重に保管し，お客様の許可なく第三者に開示
することはありません。

同友館からのお知らせについて不要の場合は右の□に×をしてください。	不要 □

郵 便 は が き

料金受取人払郵便

本郷支店承認

3620

差出有効期間
平成24年10月
31日まで

１１３-８７９０

３３５

(受取人)
東京都文京区本郷
　　６丁目16番２号

株式
会社　同　友　館
　　　営業部・愛読者係 行

|||||||||||||||||||||||||||||||||||

購入申込書

(書名)	定価 ¥	部
(書名)	定価 ¥	部
(書名)	定価 ¥	部

※このハガキで書籍を注文できます。代引手数料200円が別途必要になりますが、ご指定の場所に送本いたします。なお、ご不明な点は小社にお問い合わせ下さい。同友館 TEL 03-3813-3966　FAX 03-3818-2774
http://www.doyukan.co.jp/

送付先住所　(〒　　　　)　＿＿＿＿＿＿＿＿＿＿＿＿＿＿＿＿＿＿

Ｔ Ｅ Ｌ．＿＿＿＿＿＿＿＿＿＿＿＿＿＿＿＿＿＿＿＿＿＿＿＿＿＿＿

Ｅメールアドレス ＿＿＿＿＿＿＿＿＿＿＿＿＿＿＿＿＿＿＿＿＿＿＿＿

フリガナ
氏　　名 ＿＿＿＿＿＿＿＿＿＿＿＿＿＿＿＿＿㊞

アの展開である。その中も生鮮の「名駅市場」、名古屋随一の店内厨房を備えた惣菜・弁当ゾーン、和洋菓子ゾーンもターミナル立地を生かして強化されている。そもそも名古屋駅前地区(地元では「名駅」地区と言う)では名鉄百貨店にしろ、松坂屋名古屋駅店にしろ、既存店は、駅の地下構造のために地下の食料品売場のロケーションやゾーニングが良くないが、髙島屋は見渡しやすい広大なフロアとして、売場環境としてもMDとしても強みを遺憾なく発揮している。

さらに、百貨店と専門店の業態複合でSC的に運営されている点が特徴だ。JR名古屋髙島屋自体が、業務・ホテル等から成る「JRセントラルタワーズ」のテナントとしての位置づけではあるが、JR名古屋髙島屋の中でも、百貨店としては、ファッションと食品を主に担い、専門性が求められる分野については専門店を導入している。例えば、東海地区最大級の「東急ハンズ」「三省堂書店」などが強みを発揮することで百貨店との相乗効果をあげようと狙っている。

JR名古屋髙島屋は、まさにターミナル立地の百貨店がとるべきMD戦略を徹底して実現し、しかも都心百貨店のレベルの高いMDが展開されている。百貨店の競争戦略においてこれほどの圧倒的な強さを持った店舗は他にないと言っていいくらいだ。

▶既存の各店舗の動向

JR名古屋髙島屋対策として、松坂屋は、名古屋本店南館を増築(増築面積9,927㎡)した(2003年)。これにより既存の本館、北館と合わせた3館体制が一層増強され、86,000㎡の日本最大の百貨店となった。

しかし、3館それぞれがどのような顧客層向けの建物になり、顧客が全館をどのように回遊するかなどの長期視点がないとしか思えない3館体制になっている。すなわち、南館は上層階には、美術館や高級レストラン街があり富裕層の顧客に対応しながら、増床部分はOL層向けのリラクゼーションや

🔴 **写真4-4-2** 松坂屋名古屋本店

ファッションのフロアであるし、中・低層階はヤング向けのMDと、対象顧客がチグハグな展開になっている。例えば、美術画廊の隣がヤングメンズのキャラクターブランドのフロアになっている。また北館をリニューアルして外商顧客サロンを設けているが、その北館から、特選レストラン街や美術館のある南館まで行くのはなかなか難しい。婦人靴は南館のしかも地下2階、ハンドバッグは本館2階、婦人服は本館・南館の展開で、コーディネートして購入するのに買い回りは大変不便である。松坂屋の顧客層には年配層も多いが、これだけ広大になった松坂屋を買い回れるのだろうか。日本最大級の売場面積を誇っても、上記のような買い回りの課題から売場生産性を落としてしまっていると思われる。

百貨店の競合に対し、少しでも売場面積を広げて商品量を増やす、ブランドを確保する。そうすれば一番店になるという松坂屋の「旧態依然の総合型百貨店づくりの発想(店舗面積確保至上主義)」が、各社にも影響し、名古屋地区の百貨店に別館を増床する競争を招いているのだろう。

名古屋栄三越も2005年に、南側の隣接地に新館「ラシック」を開業した。店舗面積は15,000㎡、専門店を集積した専門館である。売場構成は1〜4階がレディス&メンズのファッション、雑貨などが融合したライフスタイル提案ゾーン、5・6階はホビー、カルチャー、スポーツ、ビューティ、7・8階はレストラン街、地下1階は食料品グルメ関連である。これにより本館と合わせて78,000㎡の規模になったが、松坂屋の増床と同様に、さらに面積を広げて何を提供するというのだろうか。

名鉄百貨店は2005年に伊勢丹と業務提携した。名鉄百貨店と伊勢丹は両社が加盟するADO[*5]等の長年の活動を通じて信頼関係を構築してきたが、名鉄百貨店から伊勢丹に対し情報システム等営業基盤のトータルパッケージでの導入、及び人材の派遣等の協力を要請した。

伊勢丹はその要請に応え、名鉄百貨店の親会社である名古屋鉄道を交えた3社で業務提携に関する契約を交わした。これにより、名鉄百貨店のMD力の精度向上、システムコストの合理化等を目指した。具体的に

[*5] 福岡・岩田屋と伊勢丹の関係の記述を参照。

も伊勢丹の売場ユニットである「ニューズスクエア」がヤングファッションやハンドバッグなどで導入された。

また名鉄グループの専門店ビル業態であった「メルサ駅前店」を百貨店化しメルサ館とし(2005年)、さらに2006年11月に伊勢丹メンズ館のノウハウを得て「名鉄百貨店メンズ館」としてリニューアルした。2007年に本館(38,085㎡)、メンズ館(15,023㎡)、ヤング館(11,440㎡)の3館体制として統合的に運営するに至った(合計売場面積64,548㎡)。3館とも地下1階は食料品フロア「フードターミナル」として3館の統合性を強調する運営を開始した。

しかし、本館のリニューアルで売場の品揃えが伊勢丹のように若い感覚のコンテンポラリーなMDに一変したため、従来の顧客層(中高年、コンサバ、価格志向)は対象の売場がなくなり、客離れしているように見受けられる。またリビング関連の売場が本館からメンズ館へ移動したのもミセス層の買い回りの課題を起こしているようだ。(この予想通り3館体制の売場拡張は成功せず、ヤング館は閉館に追い込まれ、2011年4月に本館とメンズ館の2館体制になった。ヤング館跡には、2011年秋にヤマダ電機が入居する予定である。)

なお、丸栄は別館「スカイル」で展開していた売場を本館に移し(2003年)、売場面積を52,012㎡から35,466㎡へと約3分の2に縮小し、外商強化で生産性を上げる営業戦略をとっている。

▶2001年から2009年の名古屋地区百貨店の売上動向とその変化

名古屋地区百貨店の売上シェアの2001年から2009年の変化を見てみよう(図表4-4-1)(ストアーズ社調査数値)。新規参入のJR名古屋髙島屋が2001年14.1％[*6]から2009年24.2％へと大きくシェアを拡大した。競争地位も三越、名鉄百貨店を抜き、地域第2位へと上昇した。一方、松坂屋(本店と名古屋駅店合計)は名古屋地区の地域一番店の座を確保しているものの、2001年33.3％から2009年31.1％と2.2％シェアを落としている。その他では、名鉄百貨店は0.9％減と微減にとどまったが、栄

＊6　JR名古屋髙島屋の数値が年間ベースでとれる2001年からの比較とした。(ただし2000年実績3-12月との対比のため2001年の売上高前年比は高い数値になっている。)

図表4-4-1　名古屋地区百貨店　店舗別売上シェアの変化(2001年→2009年)

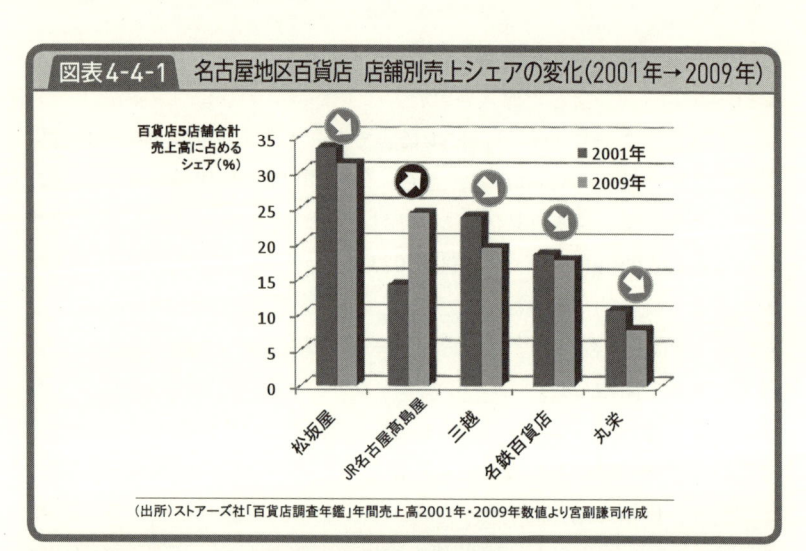

(出所)ストアーズ社「百貨店調査年鑑」年間売上高2001年・2009年数値より宮副謙司作成

図表4-4-2　名古屋地区百貨店　店舗別売上トレンド(2001年→2009年)

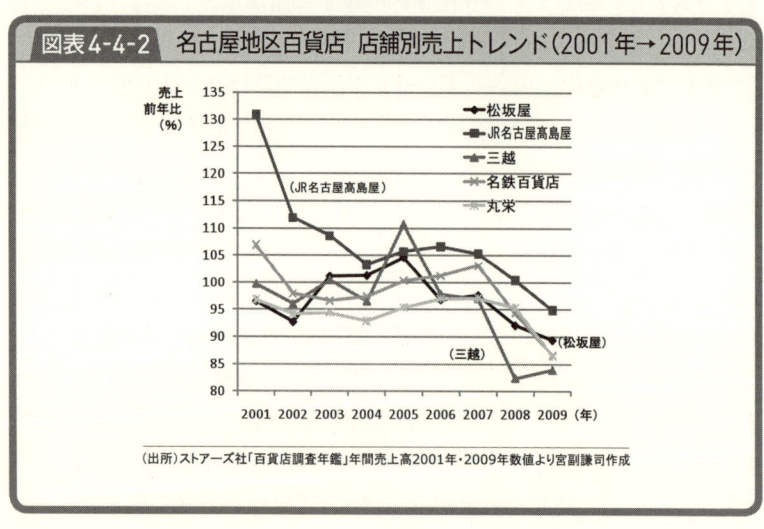

(出所)ストアーズ社「百貨店調査年鑑」年間売上高2001年・2009年数値より宮副謙司作成

地区に店舗を構える三越(栄店と星ヶ丘店合計)(4.3%減)、丸栄(2.7%減)がシェアを下げている。

2000年から2009年の売上伸率の推移を見ても(図表4-4-2)、JR名古屋髙島屋は開店以来2008年まで高い伸びを継続し成長した。2005年の

愛知万博以降、各社が前年割れの下降トレンドに入った。その中では名鉄百貨店は2005年から2007年までは前年を上回る推移で来たが近年は落ち込みが大きい。

　以上の売上シェアと伸率推移のデータでも分かるように、名古屋ではJR名古屋髙島屋の一人勝ち状態である。それは、JR名古屋髙島屋が、ターミナル立地で、本格的な都市型MD、既存店にない売場環境とサービスという圧倒的な競争優位の条件を備えたことが要因と分析できる。

　またJR名古屋髙島屋の強さ、あるいは、JR名古屋髙島屋の開店を機とする名古屋地区百貨店競争の激化は、名古屋の周辺都市の百貨店にも影響を及ぼし、かなりの数の地方百貨店が売上減少、店舗閉鎖・撤退に追い込まれた。2000年以降の閉鎖店舗は、豊橋西武、松坂屋四日市店・岡崎店、新岐阜百貨店、三交百貨店松坂店・伊勢店などである。それだけ名古屋地区の百貨店競争の激しさを伺い知る結果となった。

▶JR名古屋髙島屋の最新動向

　JR名古屋髙島屋は、開店以来、少しずつ新規ブランドの導入（ファッションブランドの入れ替え）、フロアゾーニングの修正を重ねて好調を維持してきた。例えば、開店当初、東急ハンズは3階から9階までであったが、ゾーンを1フロア上に上げ、4階から10階とし、3階はJR名古屋髙島屋が「百貨店のグランドフロア」として全面的に使用するようにした（化粧品、特選ブランドゾーン「デュオコート」の拡大）。また紳士服フロアも7階の1フロア展開から8階の一部まで拡大し、名古屋駅前の超高層ビル「ミッドランドスクエア」の開業（2007年）に合わせて増加するビジネスマン需要に対応した。（子供服とゴルフスポーツのゾーニングも改善した。）11階は、百貨店レストラン街を縮小し、ホビー売場を移設し、さらにいくつかのホビー関連のショップを導入した。このホビーゾーンの展開はゾーンとしてもまとまりのある展開で素晴らしいし、11階が書籍、CD／DVD、ホビーと「趣味カルチャーフロア」を形成することにもなった（2010年）。さらにタワー51階に「パノラマサロン」という名称で、メンバーサロンや展望レストラン、カフェ、美容室、エステティックサロンなどを開設した（2006年）。超高層タワーに入居していることを活かし

て他社にできない魅力を優良顧客に提供している点は、戦略的な対応と評価できる。食料品でも行列のできる人気店である「赤福茶屋」(店内喫茶)を地下1階「東海の味」コーナーに(2004年)、「クラブハリエ」を1階コンコース側に導入して(2008年)、活性化を図っている。

一方で、JR名古屋髙島屋に対する既存店の対抗策は、三越にしろ松坂屋にしろ、別館を建設して店舗を大型化する戦略であり、それはむしろ別館体制となって顧客の買い回りの課題を増加させることになり、1館で売場充実を図るJR名古屋髙島屋との差が一層拡大し逆効果になっていることに気づいていないようだ。

また名鉄百貨店は伊勢丹と業務提携したが、その後、伊勢丹が三越と経営統合したことで、名古屋に名古屋三越という直営の拠点を手に入れた今となっては、名鉄百貨店とどのような関係継続になるのか注目される。過剰な店舗投資、伊勢丹MDでの既存客の切り捨て等が残骸として残るのではなく、導入された顧客管理やMD業務フローなどのノウハウは活かしてもらいたい。

▶星ヶ丘三越は三越にとって貴重な店舗モデル

多くの三越の店舗が売上で苦戦する中、比較的堅調な業績をあげる星ヶ丘三越(売場面積21,798㎡)の店舗づくりは、大切に継続されなくてはならないと思う。名古屋でも東京の感覚に近い郊外部で交通拠点である星ヶ丘(千種区)に立地しているが、①都心店並みブランド揃えの化粧品売場(1階)、グルメ食料品「フードガーデン」(1階)、東京・自由が丘ブランドの生活雑貨の展開(7階)が評価できる。②三越映画劇場、レストラン街、各階喫茶、美容室などの店内施設や、書籍、CD・DVDの売場は、郊外生活者(ミセス層、ファミリー)のウィークリーの需要に確実に対応している。さらに、③ライフスタイルセンター型SC「星ヶ丘テラス」ともうまく連動して地域のニーズに対応している(三越のMDレベルで対象顧客対応を補完する「バナナリパブリック」「GAP」「無印良品」などのSCでの展開、三越とSC合計1,500台の駐車台数確保など)。店舗規模といいMDといい、三越の今後の地域展開のモデルとなると思われる。

(5) 札幌

1990年代、札幌市内には7つの百貨店があった。しかし2000年12月末に札幌そごう(売場面積32,306㎡、2000年売上高333億円)が閉店した後は、地域一番店の丸井今井本店、三越札幌店、東急札幌店、札幌西武、ロビンソン、丸ヨ池内の百貨店6店体制となった。そして2003年3月6日、大丸が丸井今井本店を上回る地域最大の店舗規模で、しかもJR札幌駅にターミナル立地の駅ビル型百貨店として進出した。1996年の髙島屋新宿店から始まり、JR京都伊勢丹(1997年)、福岡三越(1997年)、JR名古屋髙島屋(2000年)と続いた大型駅ビル型百貨店開店の大きな波が札幌にも及ぶことになった。(大丸開店の後、札幌西武、ロビンソンが閉店し、札幌地区は2011年現在5百貨店である。)

▶大丸札幌店

大丸札幌店は、立地、規模、フロア形状とも理想形で開業した。すなわち、立地は、JR札幌駅という北海道最大のターミナルにある。(地下鉄も合わせ1日の乗降客数は約33万人と言われる。)規模は、地下1階から地上8階までで売場面積は45,000㎡と、丸井今井札幌本店の売場面積(当時約44,000㎡)を抜き、開店当初から道内最大の百貨店となった。しかもワンフロアが5,000㎡以上かつ正方形という理想的な店舗構造を持って出店したのである。

大丸札幌店は、主力顧客層を20代と50代女性の2つの層を中心に想定し、立地的にも広く全道からの集客を見込んだ。「歩く楽しさ」「見る楽しさ」「時を過ごす楽しさ」「買う楽しさ」を提供する"楽しさ探求百貨店"をストアコンセプトとした。

店舗環境も、大丸神戸店のように1階南側におしゃれなコリドール(外廊)、店内には吹き抜けを設け、ゆとりのある広々とした空間を演出したり、6階からは8階の大丸レストラン街に直結するロ

●写真4-5-1 大丸札幌店

ングエスカレーターを設置、この3層吹き抜けとなる天井部はガラスのトップライトドームとして、北国の冬でも陽射しが差し込む明るい空間となっている。また、この空間は大型の植栽で、ゆったりとしたインドアガーデンになっている。(このような大がかりな空間の仕掛けは、既存店の丸井今井や三越にはないものである。)

大丸札幌店は、地域一番店を狙うターミナル立地の駅ビル型百貨店として、総合的な品揃えを展開している。その売場構成(開店当初)は、地階が食料品、1階は婦人雑貨と特選ブティックで「ブルガリ」「グッチ」「ティファニー」などを導入した。2・3階はヤング・ヤングアダルトの婦人服・服飾雑貨、4階はミセス婦人服、ベビー・子供服、5階は特選婦人服、宝飾・時計等、6階は紳士服・紳士雑貨、7階はリビング・インテリア用品、8階はレストラン街、ブックス&カフェの構成であった。

商品面では、オンリーワン(札幌では大丸だけ)やサイズにこだわり、顧客の声を商品企画に反映させた大丸カスタマーズビュー商品など、大丸ならではの品揃えを充実させた。

さらに、全道からの集客を想定して値頃感のある、買いやすい価格の品揃えも充実させ、幅広いニーズに応えていく戦略をとった。(この点は、地域消費者の価格意識をうまく捉えたものであるし、価格戦略自体、大丸の得意とする営業戦略で本領を発揮できるテーマであったことも開店当初の順調な滑り出しに寄与したものと思われる。)

顧客囲い込みツールについても、従来の大丸のカードはクレジットカードであり、2年目から年会費を徴収するため、知名度の低い札幌では獲得が難しいと判断し、札幌店だけの「大丸さっぽろD(ディー)カード」(年会費無料、審査なしで入会できる現金ポイントカード)を発行した。従来の大丸のポイントカードは、2003年春の開業までに10万口座を目標に獲得を進めてきた。こうした開店前の顧客開拓が開店後の好調に結びついたと考えられる。

また、店舗運営の特徴として、「ローコストオペレーション」があげられる。札幌店の社員数は契約社員も含めて500人弱、通常の6割程度の人員でこの大型店舗を運営することに取り組んだ。販売員が本来の

販売業務に専念するため、商品の発送や用度品の調達などは100人弱の支援専門部隊が担当する。人事、総務、経理などの業務は可能な限り大阪本社に集約させ、店舗には施設管理や物流管理など最低限の管理業務要員しか置かない。ギフトの配送業務もすべて外注して、道内に配送センターも設けない。この方法で売上高に占める人件費比率を業界平均10%のところ、6%に抑えることに取り組んだ。

さらに大丸札幌店が入るJR札幌駅の再開発で誕生した「JRタワー」は、大丸の他に日航ホテル、オフィス、シネマコンプレックス、専門店街「札幌ステラプレイス」(売場面積31,000㎡)で構成されている。この開店により同じJR北海道グループが運営する駅前の地下街「アピア」、高架下の「パセオ」の大専門店ゾーンや、専門店集合ビル「エスタ」(旧札幌そごう、現在ビックカメラ、アカチャンホンポなど入居)と併せ、広大で、しかも多様な業態が複合した商業集積が札幌駅に誕生した。(駅から外に出ず天候に関係なくいくつかの空間を楽しめるのである。)この多様で巨大な商業集積が、駅前地区の百貨店、西武、東急百貨店、さらに大通地区の丸井今井や三越などと対峙することになった。

▶2003年から2009年の札幌地区百貨店売上動向

2003年の大丸札幌店のJR札幌駅地区への開業は、既存店の丸井今井や三越の別館増築をはじめとする札幌地区の百貨店競争を引き起こした。これらの面積増加要因によって、札幌地区の百貨店売場面積は、2003年に従来の1.35倍となった。これは福岡地区(2.46倍)ほどまではいかないが、名古屋や京都のターミナル型百貨店開店時を上回る競争の厳しさであり、百貨店競争から戦線離脱する企業も出てくるのではと危惧された(麻倉・大原,2003)。その後、現在までの結論としては、西武とロビンソンの2店が閉店するという結果になった。

その中で、新規参入で百貨店競争の主役である大丸札幌店は、開店以来、売上好調を維持し、2009年にはついに丸井今井を抜き、地域一番店の座についたのであった。具体的にシェアの変化を見ると(日経MJ調査)、大丸札幌店の売上シェアは2004年19.3%から2009年30.2%と10.8%も上昇した。そして各店のシェアとしては、丸井今井は2009年シェ

図表4-5-1　札幌地区百貨店　店舗別売上シェアの変化（2004年→2009年）

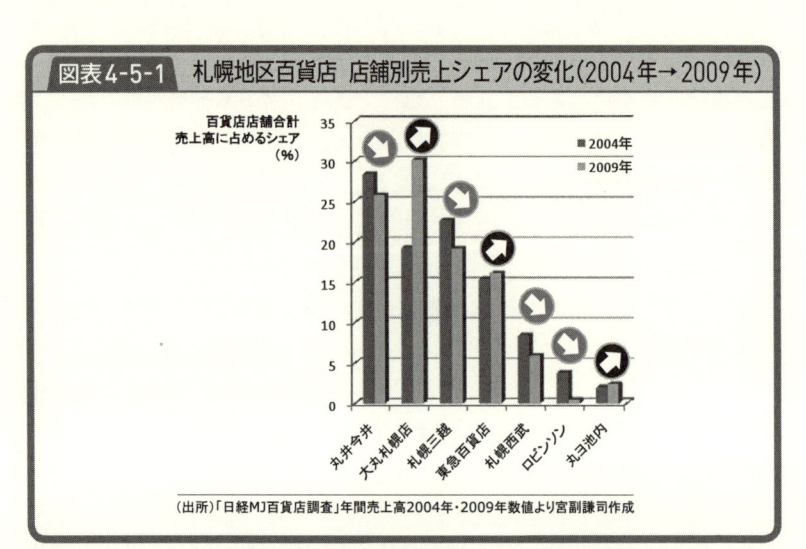

縦軸：百貨店店舗合計売上高に占めるシェア（%）

横軸：丸井今井、大丸札幌店、札幌三越、東急百貨店、札幌西武、ロビンソン、丸ヨ池内

（出所）「日経MJ百貨店調査」年間売上高2004年・2009年数値より宮副謙司作成

図表4-5-2　札幌地区百貨店　店舗別売上トレンド（2004年→2009年）

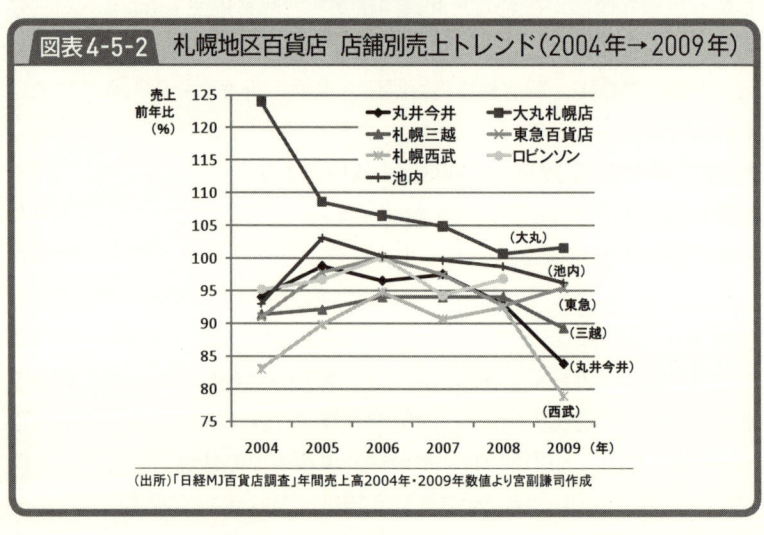

縦軸：売上前年比（%）

凡例：丸井今井、大丸札幌店、札幌三越、東急百貨店、札幌西武、ロビンソン、池内

（出所）「日経MJ百貨店調査」年間売上高2004年・2009年数値より宮副謙司作成

ア25.8％（2004年対比2.6％減少）、三越も19.2％（マイナス3.5％）と減少し、一方で東急百貨店が16.1％のシェアで、わずかながらではあるが（0.7％）上昇し健闘した。既存店各店は、下記のように大丸対策を打ち出し、その後の結果が明らかになってきた。

▶丸井今井：南館・大通別館を追加し4館体制で婦人服を強化しながら「総合型」を維持

　地元百貨店の丸井今井は、1990年代の経営危機があったが、2001年にはそれを克服し、大丸対策の改装投資ができるまでになっていた。2002年[*7]には札幌本店の店舗リニューアルを行った。特に重点を置いたのは、婦人ファッションの拡充と店内サービス環境の整備（試着室・各階レストスペースの拡大等）で、婦人服売場は大通館の5層から6層へ、婦人服飾雑貨と化粧品は2層から3層に増やした。またラグジュアリーブランドの「シャネル」を獲得し、「ルイ・ヴィトン」や「グッチ」「セリーヌ」といった高級ブランドをほぼ独占した。また化粧品とバッグの品揃えも札幌随一とした。

　さらに、大通館・一条館に次いで周辺ビルを賃借する形で2000年11月に新館（南館）をオープンさせた。この南館は、ファイブフォックスの衣料ブランドを集めた大型ショップ「シアターコムサ」やジュニアファッションの「ナルミヤジュニアシティ」、家具・インテリア売場で構成されている。そしてその後ファッションビルであった「マルサ」を大通別館として増床し、「ルイ・ヴィトン」やスポーツ用品の売場とした。この増床によって丸井今井は4館体制となり、店舗規模・MDの拡充を図った（2009年売場面積52,172㎡）。

　しかしながら、改装・増床投資の割に売上が伸びず、業績不振に陥り、いくつかの曲折を経て、伊勢丹の経営支援を受けることになった。しかし、伊勢丹メンズ館のノウハウを導入した紳士服の改装、伊勢丹流のMD業務フローや

●写真4-5-2　丸井今井札幌本店

[*7]　主取引銀行だった北海道拓殖銀行の破綻で、一時は経営的に窮地に陥った丸井今井だったが、札幌そごうの閉鎖による買物客のシフトや創業130周年記念催事等が寄与して、2001度は45億5,200万円の増収、5年ぶりに最終黒字に転じた。特に地域一番店である札幌本店の健闘（2001年売上高662億円、前年比107.4％）が認められ、2002年地元銀行が協調して50億円の融資に応じ、札幌本店は17年ぶりに全面改装された。

情報システムが、従来のADO提携時代にも増して本格的に導入されたが、その成果は今一つあがっていない。

▶三越：子供・家庭用品を捨て40代以上の婦人ファッション ＋食料品で対抗

　札幌三越は売場面積25,710㎡と狭いが、大丸開店前では丸井今井に次ぐ売上高を誇る。しかも三越グループ内では銀座三越に並ぶ高収益店舗で、単位面積当たり売上高では全店トップという安定した経営を誇っている。

　大丸対策としては、2001年秋の食料品売場改装に続き、2002年9月には40代の「次世代アダルト」への対応強化のために、子供・家庭用品の売場を大幅に縮小し、婦人服シフトという挑戦的な店舗戦略に打って出た。婦人服売場の改装では、45の新規ブランド（うち23ブランドは札幌初登場）を導入、婦人服ゾーンを1層増やして1～6階の6層にし、各階中央部に自主運営の「戦略平場」を配置、店の独自性と収益性の向上を図る。「次世代アダルト」世代に向けた売場を4階に集結させたが、中でも戦略平場「スタイルコンポーネンツ」は、札幌三越が開発した40代女性向けシーズン平場である。6階の婦人服売場にある「ラウンジ6」は、顧客が座ってファッションコンサルタントのサービスを受けられる拠点になっており、広島三越「サロンフロア」ほどの本格性はないが顧客対応として評価される試みと言える。（2010年現在では上記の戦略平場は、すでになくなっている。）

　また売場面積の拡張も少しずつ進められた。すなわち、別館「札幌アルタ」の開設（2002年）や、隣接ビルのスペースの売場化（本館東側の丸善ビルの5階から8階を「アネックス」とする）（2004年）などである。「アネックス」には、本館フロアの同じ階との連動性や顧客目的性の高い、紳士服オーダー、制服、水着、旅行用品、呉服などを配置した。さらに北側ビルの4階を従来顧客施設にしていたが、2007年に1・2階も売場化して「北館」とした。（2009年売場面積30,156㎡。現在、北館1階は「ニューヨークランウェイ」「アルマーニジーンズ」など、2階は「ルタオ・スイーツカフェ」という構成である。また「札幌アルタ」は売上不振から2010

年8月に閉店した。)

しかしながら課題としては、他の百貨店ではファッションブランドの1ブランド当たりの単位面積が大型化する中で、三越では、店舗規模とレイアウトの関係から各ブランド、ブティックは小規模な展開となってしまい、品揃えが十分とは言いがたいところである。

▶駅前地区：西武と東急の明暗

丸井今井、三越といった大通地区の百貨店に対し、西武及び東急は札幌駅前地区に位置し、大丸との直接競争にさらされた。

札幌西武(売場面積25,008㎡)は店舗特性を明確にするため、20〜30代のキャリア女性をターゲットにした店づくりにシフトし、ファッション専門大店「有楽町西武」の札幌版にすべく改装を行った。特に強化したのは、キャリアファッション、トール＆ラージの婦人服、女性客との連動を重視したブランド紳士服等で、シーズン毎にブランドの見直し、入れ替えを行った。西武は、収益性を狙って、従来強かった食料品売場も廃止し、「キャリア向けファッション専門大店」化を推進した。しかし、キャリア女性にターゲットをシフトするほど、店としての競争相手は変化し、丸井今井や大丸などの百貨店業態ではなく、大通地区の「パルコ」などのファッションビル、札幌ステーション開発が運営する「パセオ」「アピア」、そして2003年開業の駅ビル専門店ゾーン「札幌ステラプレイス」等が競合となり、厳しさを増していった。結局、札幌西武は2009年に閉店した。

一方、東急百貨店札幌店(売場面積30,084㎡)は、2001年9月に地下食品売場を「東急フードショー」に改装し、札幌地区百貨店最高の伸長を見せた。札幌そごう閉鎖の恩恵を目の前の百貨店である東急が直接、一番受けたものと思われる。2003年の大丸・駅ビル開業後も、百貨店の顔とも言える1階の化粧品売場に「資生堂」「カネボウ」「コーセー」程度のブランドしかなく、主力の婦人ファッションに特選ブランドもなく、MDも特徴に乏しかったが、落ち込みを最小限に抑えて健闘し、2009年に西武が撤退して以降、化粧品などのブランドが西武から移りMDの充実が図れた。

その他、大通地区の小型百貨店「丸ヨ池内」は、京都の藤井大丸的なMDで独自のポジションを確保しているが、最近では「スポーツライフスタイルフロア・IKEUCHIスポーツベースステーション」を開設した。主要ブランドのスポーツウェアショップ、スポーツケア・ガイダンス、コンシェルジュ機能を揃え、ライフスタイルの情報発信や、顧客のコミュニティ拠点となるような仕掛けを携帯メール、ショップブログなど様々なメディアを活用する取り組みを行っている。一定の顧客をコミュニティとして確保し、支持を集める店舗戦略として注目される。

▶大丸の2003年から2009年の店舗戦略（その変化）

　大丸札幌店の売場構成は開店以来、あまり構造的な変化はない。開店以降売上実績を上げ地域での交渉力を高め、良い意味でブランドを入れ替えてきたJR名古屋髙島屋とも、あるいは営業不振が続きテコ入れをするためにブランドを入れ替えてきた福岡三越とも違う動きである。しかし中身のMDとしては、2つの変化が見られる。

　第一には、キャリア対象のMD、若い感覚のブランドが強化されたことである。具体的に売場の変化が大きいのは、4階の婦人服が当初のミセス向けブランド集積に、キャリア向けブランドも加えられたこと、5階のプレタポルテは開店当初の「ジュンアシダ」「ミスアシダ」から「コムデギャルソン」「Y's」「ヨシエイナバ」など新しい感覚デザイナーのブランドに変化、6階の紳士服でも「ディーゼル」「リプレイ」など若い感覚のキャラクターブランドが投入されたことである。1階では化粧品に「クリニーク」、特選ブランドに「カルティエ」を導入したもその流れとも言える。

　第二に、高額商品の取扱い強化があげられる。8階には美術画廊を設けた。開店当初はMD的にはそれほど高額品を展開せず、親しみやすい店舗イメージであったが、少しずつ地域一番店化が進むにつれ、高額商品についても顧客からのニーズが高まったことが背景にある。

　このように見てくると、2009年の6階紳士服への「パーフェクト・スーツ・ファクトリー」（はるやま）の導入や、2011年の3階婦人服での「うふふガールズ」のゾーン構築は、上記のように着々と進めてきたMD路

線からすると大きな戦略転換になるというか、これまで積み上げてきた好調の戦略と、札幌市場での大丸の位置づけ(特に駅ビル専門店街のMD関係)からすると、最適な導入であったのか疑問が残る。

その他では、地下1階食料品では、北海道産品売場がエスカレーター脇から移動して、「北ほっぺ」という名称でコーナーが確立されたことも開店後の売場変化である。

▶札幌百貨店競争からの店舗戦略の示唆

これだけの競争激化状況になると、当然、この市場における店舗の競争地位を踏まえた戦略の展開が重要になる。札幌地区の百貨店競争はどのように展開されたと見ればよいだろうか。

第一に、地域一番店をめぐる丸井今井と大丸の競争である。両店はともにほぼ同規模の売場面積で、同様にマスターゲット・フルラインMDで展開したが、丸井今井は4館体制であり、店舗が分断され回遊性に欠け、さらに老朽化した建物のため天井も低く圧迫感がある。丸井今井は、店内環境では完全に大丸に負ける。またあまりに婦人服のブランド揃えに腐心したためか婦人服に偏重した売場配置となり、大通館は7階まで婦人関連売場という店舗(婦人向けのモノばかりの店)となってしまった。これではショッピングの楽しさやくつろぎの空間、情報発信性というものは感じられない。結局、ターミナル立地、ワンフロアで面積最大、しかも最新の売場、ゆとりある空間、販売運営の革新性などの面から、大丸札幌店が優勢であり、名古屋でのJR名古屋髙島屋のような一人勝ち状況を札幌では大丸が実現した。店舗戦略では立地、規模、形状が重要な競争優位の要素であるということを改めて認識させられることになった。

第二に、「ニッチ」戦略として対象顧客層を重点化した三越、西武が、業績が上がらなかったことである。三越は、40代以上のミセス層にシフトしたが、これは地域一番店でもメインの顧客層であってブランドや品揃えを厚く取り込むところであり、地域一番店との競争に飲み込まれるリスクがかなり高いと思われた(麻倉・大原,2003)。実際の結果は、その懸念の通りになった。違った顧客セグメントを狙う戦略をとるべきで

はなったか。また20〜30代のキャリア女性層を狙う戦略に出た西武は、競合として最新環境のファッションビルなどが次々と登場する中で、対抗する改装を継続し続けるほどの投資力を経営的に持ちあわせず、ラグジュアリーブランドとして「エルメス」だけを保有していても競争に息切れしていくのではないかとの予想（麻倉・大原,2003）の通り、駅ビルや地下街との競争の渦に巻きこまれ業績低迷し、ついに2009年に閉店に追い込まれたのであった。「ニッチ」戦略として取り組み領域を絞り込むなら、十分に差別化でき競争優位が発揮できる領域にしなければならないということである。丸ヨ池内の「スポーツベースステーション」のように、全館的な取り組みではないが、モノとコトとヒトのコミュニティの拠点とするような戦略は、店舗戦略としてヒントになると思われる。

(6) 東京駅・八重洲

▶ JR東京駅に大丸東京新店登場

2007年11月6日に、東京駅八重洲口の超高層ツインタワー「グランドトウキョウ　ノースタワー」の地下1階〜地上13階部分に大丸東京店が開業した（営業面積34,000㎡）。（2012年夏には、売場面積を46,000㎡へ拡張し第2期グランドオープンする予定だ。）

新規開店のストアコンセプトとしては、"TOKYO・オトナ・ライフスタイル　百貨店"を掲げ、世界都市「TOKYO」を舞台に活動する自分の価値観をしっかりと確立した「オトナ」の「ライフスタイル」に徹底的にこだわった店づくりを行い、TOKYOライフを楽しむ意欲・感性を持ち、時間の使い方が上手で人的ネットワークや行動エリアが広いオトナを「TOKYO　ライフ・エディター」と名付けて、重点ターゲットとしている。つまり、東京駅周辺で働くビジネスマン＆ウーマン、近隣に生活基盤を持つ都市生活者、東京駅利用者を対象顧客としているのである。

◯ 写真4-6-1　大丸東京店

旧店舗と比べて大きく変わった点は、婦人用品、スポーツ用品、趣味雑貨、書籍(三省堂書店)、食料品売場の縮小であろう。効率の悪い(収益性の低い)売場を縮小し、その分婦人服売場を大幅に拡大し、各フロアの通路や什器の間隔を大きく取って、ゆとりある、買物しやすい売場づくりを行っている。

婦人服・紳士服も従来のMDからは大幅に若返り、婦人服は20〜30代キャリア向けブランドを、紳士服については30〜40代のビジネスマン向けブランドを充実させた。

▶フロア構成とMD

新店舗開店時のフロア構成は、地下1階が食料品(グロサリー、パン、生鮮、和洋酒、惣菜、弁当・すし)、1階が食品(和・洋菓子)と婦人用品、ハンカチ、傘、2階が化粧品、エステ、ネイルサロン、3階は婦人雑貨(靴、バッグ、アクセサリー)、4階はインターナショナル&コンテンポラリーセレクションと婦人肌着、5階はキャリア婦人服と小さなサイズ、6階はミセス、フォーマル、大きなサイズ、7階は紳士服(ビジネス)、紳士用品雑貨、8階は紳士服インターナショナルセレクション、キャラクター、9階リビング、家具、10階は美術、宝飾・時計、呉服、イベントスペース、11階は催事場、ゴルフウェア・用品、文具、書籍、カスタマーカウンター、12階は名店レストラン、13階は「XEX TOKYO」(コンプレックスレストラン)となっていた。また、3〜8階及び10階には、展望を楽しみながら憩えるスペースとして各種喫茶店が配置された。

▶新規開店以降の動向

大丸東京店は従来から、その立地ゆえに食品ギフト(和・洋菓子)や弁当・惣菜など食品に強かったが、新規開店後もバームクーヘンが大人気の「ねんりん家」や有名パティシエの辻口博啓氏による「和楽紅屋」、「ベビー・モンシュシュ」などは、いつも買い求める客が行列をなすほど評判を呼んでいる状態だ。

しかし現状第2期グランドオープン前の状態であるとはいえ、東京駅からの通路沿いにある最も集客が望める地下1階と1階の売場を今一つ活用できていないように思える。

1階婦人用品売場については、ストール、マフラー、スカーフ、手袋、傘といったアイテムは、来店客が商品を見て気に入れば、あるいは急に肌寒さを感じた、雨が降ってきた等の理由で購入に至りやすい商品である。事実、旧店舗時代には、ふと立ち寄った感じの客がワゴンのセール品のみならずプロパー品でも購入していた。現状の婦人用品売場のMDは売場面積の問題もあるだろうが、品揃えの幅・奥行き共に狭く、こうした潜在的なニーズを拾えていないように思う。

　旧店舗（2006年数値）と新店舗（2009年）の商品部門別の数値を比較すると、まず売上構成比の大きな変化が見てとれる。すなわち、衣料品の売上構成比が新店舗は23.7％で旧店舗の32.8％からマイナス9.1％と、大きくダウンしている。一方で、食料品が36.3％から44.8％へと大きく構成比を上げているのが特徴的である。（2007年開業の浦和パルコや横浜ららぽーとの食品館の売上計上もあると思われるが。）またレストラン街が強化されたため食堂喫茶（5.1％→6.7％）や雑貨（10.7％→10.9％）も若干構成比を上げている。（雑貨は絵画バーゲンなどで売上確保しているためだろうか。）

　衣料品の構成比の低さは、婦人服（19.1％→13.1％）、紳士服（11.6％→9.2％）の低下が原因である。ビジネス街でターミナル立地であれば、売上構成比が高いはずの身の回り品の低い構成比（9.9％→8.7％）も課題であろう[8]。

　このように建て替え新店舗開店を機に戦略的に強化されたはずの婦人服・紳士服が大不振では、利益確保も難しく、今回の投資は失敗と見るしかないだろう。

▶2010年のMD修正

　2010年に入ってからも、細かな売場の見直しやMDの入れ替えは続いており、11階の文具売場を10階に下ろし、そのスペースをスポーツ用品売場にした。9階では家具売場を廃止し、子供服とおもちゃの売場

---

* 8　2009年の食品館数値（浦和パルコ店41億円、横浜ららぽーと店38億円）を考慮した修正売上構成比でも食料品は36.6％、衣料品27.3％（婦人服15.1％、紳士服10.5％）と推計される。

にしたり、特選洋食器売場に「レイジー・スーザン」や「off & on」というキッチン関連の雑貨売場（これまでの洗練されたMDのコンセプトをがらりと変えるMD。というか、せっかくの売場環境の雰囲気を壊すようなMD）を導入したりしている。また、10階のイベントスペースを手芸用品売場にしたり、1階食品ギフト売場ではテナントの入れ替えを行ったりもしている。

これらの見直しは、当初の重点ターゲットであった「TOKYOライフ・エディター」のためのMDでは成功しなかったために、現実的に来店客からの要望や、折からの中国人観光客の買物増加に対応したものと言えるだろう。

▶大丸の苦手領域をなぜ、基盤の弱い東京で？

大丸の本拠地は、ご存じの通り大阪・心斎橋である。御堂筋に面し、大阪ミナミで古くから老舗百貨店として支持されてきた。心斎橋店、神戸店、京都店といった関西の大丸の主要店舗を見れば分かるが、大丸は"オーセンティック、富裕な年配客向けのMD"が得意な百貨店である。なのに、なぜただでさえ基盤の弱い東京で、しかも関西とは全く気質や好みも異なる東京の客相手に、苦手な若年・キャリア向けのMDをやろうとするのだろうか。

近隣の競合である髙島屋東京店、日本橋三越本店という2大百貨店が、大丸の得意領域と重なっているということもあるだろうが、はたして大丸のこの選択が正しかったのかどうか。現状の大丸を見る限り、そんなに丸の内や大手町勤務のキャリア女性を取り込めていないように思える。売場を歩いている限り、目につくのは東京駅を利用するついでに入店した、中高年女性や男性サラリーマンである。

また、大丸の新聞折り込みチラシを見てみても、紳士服あるいは全館バーゲンセール、絵画の展示販売会、食品（菓子、弁当・惣菜）の広告ばかりである。広く顧客以外の動員を狙う折り込みチラシとはいえ、ストアコンセプトとはかなりかけ離れたMD内容の広告になっている。

2009年からの売場やMDの見直しは、2007年の開店時のコンセプトが実態にそぐわないため、大丸東京店の収益性改善のために行われてい

るが、それでもなお、大丸東京店が抱える問題は根が深いように思う。

1階の東京駅からの通路に近い場所に来店ポイントを登録する機械を設置しているため、大丸のポイントカードを持つ近隣のサラリーマン・OLが通りがかりにポイントを登録する姿はよく見かけるが、彼らは来店ポイントをつけるために来店しただけで、ポイントを登録するとすぐに店を出ている。大丸東京店の広報によると、平日で平均来店客数7〜8万人、土日は平均10万人が来店するとのことだが、そのうちのどのくらいが本当に購買に結び付いているのか、これだけの来店客数を確実に売上に結び付けるための工夫はもっとなされるべきだろう。

▶「高品質低価格」路線は、大丸東京店を再生させるか？

2009年度からの売場・MDの見直しと併せ、大丸東京店は「高品質低価格」路線を出した。多少の効果はあったものの、パワー不足の状態である。売上の45％を占める食品についても、東京駅にエキナカ「グランスタ」がオープンし、旅行・ビジネス客を以前のようには取り込めない環境になってきている。

こうした環境の変化に対し、大丸東京店としては今後、売上の大幅な

図表4-6 大丸東京店 商品別売上構成比の変化（2006年→2009年）

	2006年	構成比	2009年	構成比	2009-2006年 構成比差異	2009年/2006年 売上高対比
紳士服・洋品	6,078,921	11.6	5,570,074	9.2	-2.5	91.6
婦人服・洋品	9,971,538	19.1	7,983,317	13.1	-5.9	80.1
子供服・洋品	255,896	0.5	25,155	0.0	-0.4	9.8
その他衣料品	827,963	1.6	842,188	1.4	-0.2	101.7
衣料品	17,134,088	32.8	14,420,734	23.7	-9.1	84.2
身の回り品	5,192,210	9.9	5,275,414	8.7	-1.3	101.6
雑貨	5,577,953	10.7	6,653,466	10.9	0.3	119.3
家具	337,323	0.6	451,441	0.7	0.1	133.8
家電	50,148	0.1	43,612	0.1	0.0	87.0
その他の家庭用品	1,229,325	2.4	1,324,463	2.2	-0.2	107.7
家庭用品	1,616,796	3.1	1,819,516	3.0	-0.1	112.5
食品	18,991,010	36.3	27,261,354	44.8	8.5	143.5
食堂・喫茶	2,685,397	5.1	4,048,878	6.7	1.5	150.8
サービス	256,276	0.5	382,201	0.6	0.1	149.1
その他	812,140	1.6	907,952	1.5	-0.1	111.8
合計	52,265,870	100.0	60,805,515	100.0		116.3
1㎡当たり売上高	1,602		1,459		（金額単位：千円、比率：％）	

（出所）ストアーズ社「百貨店調査年鑑」年間売上高2006年・2009年数値より宮副謙司作成

増加は見込めないと判断して、売上は低めの予算組みで利益向上へ舵を切るようである。しかし、この命題を達するためには、現状売上の半分近くを占めている食品部門の売上比率を下げ、ファッションなどの利益率の高い商品の売上を大きく伸ばしていく必要がある。そのためには、2012年夏の第2期グランドオープンに向け、ストアコンセプト自体の見直し、大幅な売場・MDの変更が求められるのではないだろうか。

「高品質低価格」なMDを実現するためには、より川上に遡ってのMD開発、高度なバイイング、生産性を向上させるための業販一体での仕組み改革等が必要になってくる。現状行われている「高品質低価格」路線が、今一つMD面から明確に見えてこないし、株式会社大丸松坂屋百貨店として、改めて大丸東京店をどう位置づけるのかを明確にし、全社を挙げてのプロジェクトとして大丸東京店の収益性改善に取り組まない限り、成功は難しいだろう。

3. 2011年から2012年にかけての新たな百貨店競争

(1) 大阪

2011年にJR大阪駅北側に開設される新駅ビルに、JR西日本と三越伊勢丹が共同出資する新百貨店「JR大阪三越伊勢丹」が、売場面積50,000㎡の規模で開業する。1996年の新宿髙島屋開業以降の大都市ターミナルへの百貨店新設の波が、大阪にもやってきた。

梅田(キタ)地区では、これに対抗する形で阪急うめだ本店が店舗を建て替え大型化(84,000㎡へと、従来の1.38倍規模へ)、大丸梅田店も1.60倍に増床し64,000㎡へ、阪神本店(53,000㎡)と併せ、梅田地区の百貨店売場面積は5店合計で251,000㎡となり、新百貨店開業時の既存百貨店の増床も含めた地区百貨店の面積拡大率(変化前2005年と、変化後2012年の対比)は、1.63倍となる。この比率は、名古屋地区の1.23倍、京都地区の1.19倍を上回っている。それだけ百貨店の競争が激しいということになる。また百貨店の地区合計の売場面積25万㎡というのは、東京・

図表4-7 大阪地区百貨店 新店舗・増築による売場面積の変化

店舗名		従来(2005年)	変化後(2012年)	プラス面積	対比	開業時期
JR大阪三越伊勢丹	新店舗	0	50,000	50,000	—	2011年初夏
阪急本店	増床	61,000	84,000	23,000	1.38	2012年
大丸梅田店	増床	40,000	64,000	24,000	1.60	2011年春
阪神本店		53,000	53,000	0	1.00	—
梅田地区計		154,000	251,000	97,000	1.63	
大丸心斎橋店	増床	37,500	77,500	40,000	2.07	2009年11月
そごう心斎橋店	閉鎖	40,000	0	-40,000	0.00	—
髙島屋大阪店	増床	56,000	78,000	22,000	1.39	2011年春
近鉄百貨店阿倍野店	増床	73,000	100,000	27,000	1.37	2014年春
近鉄百貨店上本町店		29,000	29,000	0	1	—
大阪市合計		389,500	535,500	146,000	1.37	(面積単位:㎡)

(出所)宮副謙司作成(2011)

新宿5店舗(22万㎡)を上回る規模ということになり、大阪地区百貨店の競争が、そのスケールもその激しさもかつてない状況であるということになる。

さらにキタに対抗し、ミナミでも心斎橋では大丸心斎橋店のそごう店舗買収での増床(2009年、80,000㎡へ)・難波の髙島屋大阪店の増床(2011年春グランドオープン78,000㎡へ)、阿倍野の近鉄百貨店阿倍野店の増床(2014年、100,000㎡へ)など大阪市の各地で百貨店の大規模な増床が一気に展開される状況になった[*9]。

このように大阪地区百貨店の史上空前の店舗巨大化の競争は、その売上確保のためには広域からの集客が必要となり、その結果、大阪の小売吸引力が増すことになる。当然、それに対抗して、神戸、京都地区の百貨店も顧客を奪われまいと対抗して改装するという百貨店増床・改装の連鎖反応が関西一円で活発化しはじめている。さらに広島・岡山などの中国地

---

*9 企業間競争としても、Jフロントが大丸梅田・心斎橋の両店で計141,000㎡と首位になり、H2O(阪急梅田と阪神梅田本店の合計)が137,000㎡、2014年春に近鉄百貨店が129,000㎡となる。

方、徳島・高松などの四国地方、あるいは福井・金沢などの北陸地方まで巻き込んだ、広域での百貨店競争になっていくことが予想される。

また企業の視点でも、大型投資による建て替え、増床の競争は、その成功でこそリターンを確保できるわけだが、需要の飽和の中での巨大化で需要を奪い合うので、勝ち組と負け組の明暗ははっきり出ることが予想される。そうなると負け組はどのようになるのか。新たな企業の経営統合（救済統合）となるのか、新たな提携・連携が生まれるのか、企業間において生き残りをかけた新たな競争の局面になっていくことも予測される。

▶大阪駅北口に新駅ビル登場

JR西日本が建設中のJR大阪駅北側の新駅ビル「ノースゲートビル」は、百貨店「JR大阪三越伊勢丹」（50,000㎡）、専門店200店が入る専門店街「ルクラ」（30,000㎡）などで構成され、全体で80,000㎡の規模で2011年に開業することとなった。この駅北側の「新北ビル」と大丸梅田店の入っている「アクティ大阪」とを合わせ、大阪駅全体を新しくして「大阪ステーションシティ」と呼ぶ大がかりな改装を行った。

「大阪ステーションシティ」は、大阪駅のプラットホーム（高架）を取り込む大屋根など空間設計がこれまでの国内の駅ビルにない特徴がある。例えば、8層にわたる吹き抜け空間や農園など、ビル内に8カ所の広場（合計で約14,000㎡）が設けられる。またプラットホームの上部（ビルの4・5階にあたる部分）に南北連絡橋が開設され、北側のビル（JR大阪三越伊勢丹側）と南側のビル（大丸梅田店側）が空中で行き来できるようになり、新たな顧客回遊が期待される。

▶JR大阪三越伊勢丹

JR大阪三越伊勢丹は「ノースゲートビル」の地下2階から地上10階を使用し、売場面積約50,000㎡という大規模な百貨店として開業する。

三越の出店表明以降に、三越が伊勢丹と経営統合したため、伊勢丹が出店に参画することとなり、JR京都駅ビルで百貨店を運営するJR西日本伊勢丹と同様、JR西日本の子会社で「三越伊勢丹」という、三越と伊勢丹連名での出店となった。三越が単にテナントとして出店した場合

写真4-7-1 JR大阪三越伊勢丹

よりも、JR子会社として出店することで、大家であるJR西日本に対する賃料交渉力を高め、開店後の経費を減らすことも可能になる。また私鉄よりも広範なJRの集客力や集客支援での売上プラス効果などが期待できる。

　三越伊勢丹グループとしても、三越と伊勢丹共同で、しかも連名での初めての新店舗となるなど、いろいろな意味で戦略的な店舗となる(投資額400億円、初年度売上目標550億円)。

　新店舗は、衣料品から雑貨、食料品までフルラインに揃える方針である。その上で、伊勢丹主導の店づくりに、三越が得意とする美術品や呉服の品揃えなどを組み合わせ、「連名出店」の特徴を打ち出す方針という。

　具体的には、ファッション関連では、地下1階に大学生を対象とする「イセタンガール」が入る。3階婦人服、7階子供服には高感度ファッションの自主編集ショップ「リ・スタイル」を構築する。また3階には時代に左右されないファッションアイテムの売場「グリーン」を展開し、オーガニックカフェを併設する。メンズでは、男の1日をテーマにしたライフスタイル型編集コーナー「インスタイルレジデンス」を8階に設け、オンタイム、くつろぎタイムに分けて様々なアイテムを集積する。ヘアカット、フェイシャルケアなどのグルーミングサロンも併設する。9階の「アウトスタイルスクエア」はスポーツやアウトドアなどのモノやコトを編集した売場で、仲間と食事をしながら楽しめるシミュレーションゴルフなどを設ける(『繊研新聞』2011年2月23日付け記事)。自主編集売場の比率を高めて重点的に配置するとともに、ライフスタイル体験型の売場を開設し、独自性を打ち出し競合との差別化を図る模様だ。

　JR大阪三越伊勢丹の50,000㎡という店舗規模は百貨店として決して小さなものではないが、梅田地区の他の百貨店の対抗的増床により、地区では最小規模となった。ターミナル立地の駅ビル型百貨店の新規参入は、これまで成功を収めるケースが多いが、このJR大阪三越伊勢丹の

ように、店舗規模が最小で新規参入というのは前例がなく、この店がターミナル立地の駅ビル型百貨店だから単純に成功するとは予想しにくい。高級ブランドも阪急のほかに、西梅田の「ヒルトンプラザ」「ハービスエント」で押さえられており、どれだけ確保できるのか難しい。また店舗の位置もJR駅には隣接するが、乗降客の多い地下鉄梅田駅や阪急・阪神のターミナルからは外れており、顧客動線には課題があるようだ。(その点、同じビルのJR西日本が運営する専門店街「ルクア」は有利だが。)

▶大丸梅田店

同じく大阪駅の南側には駅ビル「アクティ大阪」があり、その核テナントが大丸梅田店である。大丸梅田店は地下2階から地上15階の部分を増床し売場を6割増の64,000㎡にする。そのうち東急ハンズ(売場面積6,000㎡)やユニクロの専門店ゾーンが上層階の約10,000㎡を占め、専門店の顧客を中低層階の百貨店に導く「シャワー効果」を担う(投資額300億円)。

大丸梅田店は、従来の店舗形状は駅ビルに多い長方形であるが、増築部分が加わると、正方形に近い形になる。そうするとフロアで平場のスペースもかっちり確保でき、商品集積や情報発信のインパクトも強まるし、顧客の回遊性が高まることも期待できる。また、JR大阪駅の改造で4階や6階などからも入店可能になり、これまでの梅田店の高層階型店舗での縦動線の課題もかなり解決され、上層階への縦の回遊も良くなるものと期待される。

MDとしては、「高感度×デイリー」として食料品売場を従来の売場面積の1.5倍に強化するとともに、婦人肌着(4階)や時計売場(11階)を関西最大級に拡充、婦人洋品(1.3倍)を梅田地区最大規模へ拡充、化粧品売場(2階)を1.5倍に拡大し37ブランドの品揃えへ強化、アクセサリー(3階)を2倍の規模へと戦略的に強化する商品分野を重点化して、競合に対抗する戦略を明確

◆ 写真4-7-2 大丸梅田店

に打ち出している。

▶阪急うめだ本店

写真4-7-3 阪急うめだ本店

大阪・キタ地区で、さらには西日本地区での売上の地域一番店である阪急うめだ本店は、旧店舗（50,000㎡）を解体し建て替え、2012年春に売場面積84,000㎡の規模となって増床開業する。建て替え開始（2000年）から開業（2012年）まで12年の期間を要し、そのプロセスは、最初南側を解体し、北側既存店（43,000㎡）で営業し、年に1期棟が開業した後、北側旧店舗を解体し建て替え、2期棟として2012年にグランドオープンさせる流れとなっている（投資額600億円）。仮営業の期間、店舗面積が従来に比べ大幅に減るため、その対策として、紳士服売場をナビオ阪急に移し「阪急メンズ館」（2008年2月開業、売場面積16,000㎡）とした。別館「イングス」（売場面積7,000㎡）の地下1・2階に子供服売場を移設した。経営統合で同じ会社となった向かい合う阪神本店（53,000㎡）に阪急に入っていたミセス婦人服ブランドなどを移設して、阪神本店も活用して、2店で「本店」とする体制とし、梅田地区事業合計で103,000㎡の規模（2009年9月から2012年のグランドオープンまで）で競争力の確保を目指している。

▶第1期棟の店舗概要

2009年9月に開業した1期棟は、地下2階から地上12階までを売場とし、その規模は27,000㎡で、8月下旬まで営業していた従来の売場（既存館の北半分：売場面積43,000㎡）の約6割、2005年に始まった建て替え工事前と比べると半分の規模である。

1期棟のストアコンセプトは、「一歩先の流行を積極的に楽しむ30代」と「高い感性で洗練された暮らしを楽しむ50代マダム」のニーズに応える館とし、イングス館は専門性の高い「子育て」と「スポーツライフ」の館とした。

MDの考え方として、オケージョン、テースト、グレード、アイテムなどを切り口とした編集型売場を新設し、顧客の好みや目的に応じて選

びやすく、全体の面積は小さくなるものの、高感度ファッションの選択肢の幅広さを最大限に追求した。話題の商品や季節感を常に発信するイベントスペースを各階に設け、顧客に常に新しい発見があり、高層階まで回遊する仕掛けを設けた。

1期棟では、地上1階が食料品売場となった。ワンフロアが狭くなった分、地下2階（生鮮）・地下1階（惣菜）・地上1階（和洋菓子）までの3フロアで食料品売場を確保したのだ。また2～9階が婦人ファッションフロア、10・11階は催事場と呉服（11階）、ホームクラフト（10階）、12階にリビング用品を配置した。

イングス館では、地下を子供の百貨店と位置づけ、安心・安全で上質なファッションだけでない生活シーンに関わる感度の高い服飾雑貨、家庭用品まで品揃えの幅を広げ、子供と楽しみながら学べる「コト」イベントを多く仕掛けている（西宮阪急で成功した子供フロアとコトコトの本店への適用である）。地上階は日本随一のスポーティ・ライフスタイル館として、年齢や性別に関係なく興味ある事柄で、心身ともに元気になれる「健康・スポーツ」をキーワードに編集した売場に再編された。

▶工事期間に蓄積される営業ノウハウ

阪急うめだ本店は、ターミナル立地の駅ビル型百貨店特有の長い寝床のような店舗形状であったが、それに慣れ親しんだ顧客からすれば、改築工事中の仮営業になって「コンパクトな阪急」は単に狭くなったという印象のほかに、これまでにない楽しさもある。既存館北半分での仮営業期間（2005年9月～2009年8月）の阪急は、建物は以前のままだが動線が新しくなった期間限定での新店舗であったし、今回の1期棟は建物がすっかり新しくなり天井が高くなった文字通りの新店舗である。顧客にとっては工事期間中に、「コンパクトな阪急」の新店舗が3年くらいの期間単位で次々と体験できるということになる。

また、この「コンパクトな阪急」は、従来にない営業スタイル、店舗運営の実験、その成果の蓄積と言える。すなわち、対象顧客やMDコンセプトが明確なフロア構成、顧客の買い回りを考慮した通路やブランドの配置、エスカレーターを店舗周辺部に配置し、フロア中央の平場をで

きるだけ広くとって、ブランドの垣根を低くした品揃えの見せ方、狭くなった売場を逆手にとった一覧しやすい売場で富裕層の高額品需要をつかみつつある。

ターミナル立地の大型店舗で多数の顧客数を前提とした営業スタイルから、都心型の中規模店舗で特定セグメントの顧客に高付加価値で高密度に営業する店舗運営への転換を迫られ、それを見事にこなしているわけで、この5年間の営業で実験され、新しい阪急スタイルとなったものが2期棟完成後グランドオープンで全館に広まった時、新しいターミナルで本格的な都市型百貨店として強みを存分に発揮するようになるかと思うと、今から楽しみである。

2012年のグランドオープン後、阪急うめだ本店は84,000㎡の地区最大規模の百貨店になる。その際、メンズ館は残し、イングス館の子供服やスポーツ用品は本店に移す(イングス館は引き続き売場としては活用する)計画のようだ。

▶大丸心斎橋店北館

大丸は旧そごう心斎橋本店のビルを購入し、短期間に改装し大丸心斎橋店「北館」として2009年10月14日に開業した。そごうが2003年に新店舗(地下2階・地上14階)として建て替え、6年しか営業していない店舗をなぜ売却せざるを得なかったのか、それを大丸が購入することになるまでの経緯は別稿に送るが、2011年の大阪百貨店競争においていち早く、店舗面積を拡張したということは事実である。

大丸心斎橋店は従来の本館・南館で売場面積が37,000㎡で、この北館(40,000㎡)を加えて77,000㎡となった。従来店舗を上回る規模の「増床」を、時間をかけずに実現したのは驚異である。(当然のことながら店舗外壁いっぱいに施された新生そごうのシンボルである「蝶」の装飾も残ったままである。大丸はさらに「蝶」のモチーフを北館開店時のポスター・チラシ広告に

写真4-7-4 大丸心斎橋店

採用するなど恐れを知らない。)

　新しい心斎橋店の店舗戦略として、次の3つがあげられている。①心斎橋に来街する「アラウンド30」(25〜34歳)及び「ヤング」(18〜24歳)の取り込みによる対象顧客拡大、②既存の主要顧客「40〜60代(中心は50歳前後)」対応商品の拡充、③「コト消費・ライフスタイル提案」対応のスポーツ用品・リラクシング雑貨・書籍・CD・趣味雑貨など新規カテゴリー商品・サービスの導入である。そしてストアコンセプトは、「心斎橋らしいおしゃれさに若々しさ、新しさ、買いやすさ、品揃えバリエーションが増した『エキサイティングな都心型ハイブリッドSC』」とした。

　北館のMDとしては、北館の売場の約半分のスペースを婦人服売場にして、手薄だったヤング層のファッションやスポーツなど趣味雑貨を強化し、子供服とハンドバッグを本館から移動した。特に地下鉄からの入店者の多い地下1・2階は、「うふふガールズ」という名称のヤングレディス・ファッションフロアとして、多数のブランドを導入した。一方、既存館はMDをほとんど変えず、本館7階子供服売場跡にLサイズとハイミセスの婦人服売場を移設拡充、ギフト・商品券サロンを移設し、サービス施設を集積した。また1階ハンドバッグ売場跡に化粧品売場を拡大した(1,000㎡、40ブランド)。

　また店舗運営体制として、従来の社員860人体制のままで北館を90人の少人数で運営する方針をとり、全体としてローコストでの店舗運営を目指すことになった。(北館のみで2010年度に売上高250億円、営業黒字化を目指すということだ。)地下の戦略ゾーンの「うふふガールズ」は、「フリーズマート」「エスペランサ」などの27ブランドを導入しゾーン化したものであり(売場面積3,800㎡)、また強化したとされる「スポーツ」も専門店「スポーツミツハシ」が運営する売場である。

　このような多くのショップ導入による、百貨店人材はショップ管理のみで少数で広い面積を運営できるという店舗運営を、J.フロントリテイリングとしては画期的な「新百貨店モデル」と呼び、今後の百貨店運営手法として、戦略的に各店に導入していくことになった。

　店舗購入から営業開始まで時間をかけない増床だったので、そごうの

売場設備を活かす部分が多く（11階商品券売場がブライダルサロンになるのはいいとしても、8階のブランドショップ跡がゴルフ試打場の囲いに使われているのは違和感がある）、11階のこだわり趣味雑貨の街「心祭橋筋商店街」は、あの町並みを模した装飾を撤去し、うちっぱなしの売場環境での「ビューティ＆リラクゼーション」売場となった。また本館との間の連絡通路（渡り廊下のブリッジ）もつくらず、全般的に仮営業的なスタートかと思われたが、1年を経て、1・2階のセレクトショップの部分が一応完成したショップとなったが、それ以外は売場に手を入れることもなく営業している。

　従来の大丸心斎橋店はMDもCS（顧客満足度向上の活動）について高密度運営の店舗として評価されていたが、このように急に面積を倍以上に拡大し、少数運営する中で、以前のような高密度運営が維持できるのかが課題であろう。また高質で高感度な「選ばれた顧客層」のためのハイクラスのセレクトストアであったが、北館開業後、顧客がギャル系のヤングにまで拡大してそれを喜んでいていいのだろうか。日本で数少ない店舗コンセプトの明確化、絞り込まれた顧客への高質MD、高付加価値サービスの店舗であっただけに、レベルダウンが気になる。

　奇しくも経営統合で大丸が店舗運営ノウハウを供給する対象の松坂屋名古屋栄本店の、本館・北館・南館の3館の巨大な店舗でバラバラな顧客層に戦略なきMDで接客する愚策を、逆に大丸が導入したような店舗に成り下がってしまった感がある。

▶髙島屋大阪店（なんば）

　髙島屋大阪店は、既存店舗の東側に新館を建て現在の本館とつなぎ、売場面積を従来の56,000㎡から78,000㎡へと約4割の増床を行い、2010年3月に第1次増床（東館の開業）、2010年9月に第2次開業（婦人服などの再配置）、そして2011年3月にグランドオープンした（総投資額450億円）。

●第1期オープン（2010年3月）

　2010年3月、22,000㎡を増床し、その時点で在阪百貨店トップクラスの売場面積を持つ百貨店となった。そごう部分を増床した大丸心斎橋店

をさらに上回る規模だ。

　今回の増床では、既存店舗の東側、なんさん通りに面して新館を増築し、既存店舗と一体接続したので従来の「コの字」型の細長い店舗形状であったのが、東側部分は幅が広がって平場が多く取れる構造になった。また南海電鉄なんば駅のターミナルビルにあることから店舗入口が数多くあったが、今回のリニューアルでなんさん通りや戎橋筋商店街に一番近い角の玄関を、ひさしを高くし日本橋髙島屋のように格調高く、正面玄関とはっきり分かるように改装した。

◯写真4-7-5 髙島屋大阪店

　売場については、増築した東ゾーンと中央ゾーンの3〜5階に婦人服売場を拡大した。3階は「コンテンポラリーファッション」、4階は「デザイナーズエレガンス」、5階は「ヤングマーケット」と、従来からの年齢別ではなく、顧客のファッションに関する志向や価値観を軸に再構築された。

　具体的なMDとしては、主力の中高年の婦人向けなど約100ブランドを導入し基盤強化するとともに、自主編集売場「アップトレンド」（「マークジェイコブス」など24ブランド）を設けコンテンポラリー（現代的・都会的）なテイストの品揃えを拡充し、ヤングマーケットへのチャレンジ等顧客層の拡大を図った。

　5階の増築部分には、「GOKAI（ゴカイ）」の名称でヤング向け婦人服売場が新設された。また衣料のほかに雑貨、カフェなどを交えて20歳前後の女性向け売場の面積を従来比8割増やし、「ルーミーズ」「シェルター」など従来にないグラマラス系のブランドを導入しゾーンを構築した。こうした取り組みは大丸心斎橋店のヤング婦人服の強化と似ているが、取引形態や売場環境では違いを見せている。すなわち、大丸が取引先任せの売場運営で人件費を抑え、粗利益率を約2割に下げて新興アパレルを誘致したのに対し、髙島屋は一部で益率を下げながらも導入ブランドの約半数では従来の3割前後とし平均を高めに保った模様。価格帯

も1万円未満から4万円ほどまでと幅広く、低価格一辺倒を避ける。ゴカイの面積の半分は、ブランドの垣根なく商品を並べる百貨店特有の「平場」とした。取引先が運営するコーナーなど「箱」型の売場に比べると、百貨店の人手はかかる。だが、顧客が好きな商品を選びやすい上に、商品の柔軟な入れ替えや陳列の工夫で常に新鮮な売場を演出できる自主運営の利点を重視した展開と言える。(『日経MJ』2010年3月1日付け記事)。また同ゾーンをアピールするキャラクター「GOKAIシスターズ」による新しいメディアを活用した情報発信にも取り組み、次世代の主力顧客に育成するヤング層の獲得を強化した。

また富裕層向けの特選衣料雑貨フロア(1・2階)では、店内の他の箇所にあった特選ブランドも集めて買い回り性を向上させた。「ジョルジオ・アルマーニ」「ドルチェ&ガッバーナ」など6ブランドを新規に追加し19ブランドで編成した。また特選フロアの中央に約500㎡の平場「サロン・ル・シック」を設け、髙島屋バイヤーが独自に買い付けた衣料・雑貨を編集し社員自ら売る体制も強化した。これらインターナショナルブティックとサロン・ル・シックの合計は約5,000㎡の規模で、ブランド集積は一段と強化された。

食料品売場は、新しい東ゾーンに生鮮(「魚の北辰」「柿安本店」の導入)・グロサリー(「明治屋」の導入)を拡張した。

レストラン街も今回の改装の目玉で、7〜9階に展開し、広さ7,400㎡で従来の3倍強、関西の百貨店で最大級の規模に広げた。庶民的なお好み焼き店、居酒屋から接待にも使える有名料亭「高麗橋吉兆」、現代フランス料理「リュミエール・レスプリカ」やワインサロンまで幅広い価格帯で、35店舗を集積した。従来の店舗に欠落し顧客ニーズの高かった店舗集積が実現した。

このように髙島屋大阪店では、増床を機に、顧客層もフルターゲット、品揃えもフルラインで、ターミナル立地の駅ビル型百貨店でミナミの地域一番店の「戦略の定石」をより徹底する展開を強めている。

● 第2期オープン(2010年9月)

この改装では3〜5階の中央ゾーンの婦人服売場が完成、さらに1階

東ゾーンの化粧品、地下1階中央ゾーンの食料品（惣菜）、西ゾーンのスポーツ・ゴルフ売場、及びスイスホテル南海大阪5階の宝飾品売場が新しくなった。

特に1階東ゾーンの化粧品売場は、売場面積が改装前の1.5倍、3,000㎡と関西百貨店で最大級、新規ブランド40を導入し80ブランドという品揃えとなった。売場構成も「グローバルビューティ」（内外の総合コスメブランドの集積）・「センシティブケア」（敏感肌に対応）・「ナチュラル＆オーガニック」「クラスアップビューティ」（美肌を追求する高機能スキンケア）・「トレンドメイクアップ」（自分流のメイク）・「エクセレント・ビューティ」（ラグジュアリーブランド）という6つの目的別のゾーニングとし、顧客への利便性と専門性の提供を高めた。婦人服では、特に、3階の「キャリアクローゼット」「トレンドクローゼット」、5階のサイズとフォーマルの売場拡充が図られた。

● グランドオープン（2011年3月）

第1期で全体計画の4割の売場、第2期で7割の売場をオープンさせてきたが、2011年3月3日にグランドオープンとなった。

1・2階中央ゾーンで婦人雑貨、2～5階の西ゾーンで紳士服・雑貨、6階中央ゾーンでリビング、西ゾーンで呉服・美術売場が一新され、一連の増床改装プロジェクトが完了した。特に、紳士服は「タカシマヤメンズ」として西ゾーンに縦にフロア展開し、売場面積を増築前の1.7倍（8,000㎡）に拡充し、110ブランドを新規に導入してブランド総数約450という展開に強化された。

▶ 近鉄百貨店阿倍野店

近鉄百貨店阿倍野店は、近畿日本鉄道が建設する地上60階建の超高層複合ビルの一部フロアに入居する形で、既存部分（約48,000㎡）と合わせて、2014年までに日本最大級となる100,000㎡へ増床する計画である[10]。投資額300億円ということで、店舗規模の超大型化の割には額が少なく、阪急・大丸・髙島屋の増床改装や三越伊勢丹の新規開店などのプロジェ

---

*10 さらに近鉄百貨店の本館に加え、南側の別館「HOOP（フープ）」と「&（アンド）」と合わせ、売場面積は約128,000㎡となる。

クトよりも少額である。

この極端な増床計画の目的は何であろうか。梅田や難波の商業集積の充実に対抗しそれらに匹敵する巨大商業面積を確保して、阿倍野地区の存在感を示すことにあるのか。百貨店が取引先から選別される中で、「日本一の規模の百貨店」ということでブランド導入や商品確保の際の取引交渉力を強化するためだろうか。

近鉄百貨店は、阿倍野店を100,000㎡に増築しても、その中で百貨店スペースは6割にして、専門店を4割という売場構成にすることらしいが、百貨店60,000㎡程度では「日本一の規模の百貨店」ではなく、交渉力を強化することは難しいと思われる。日本一の百貨店を目指して規模拡大しても結局MD力がなく売場スペースを持て余して苦戦する東武百貨店（東京・池袋）の二の舞になることが懸念される。

それよりも近鉄百貨店に急務なのは、すでに地域一番店である奈良・和歌山・四日市など店舗規模での百貨店運営ノウハウを体系化・整備して、現在の関西での近鉄百貨店の優位商圏で、既存店のテコ入れや空白地への新規出店を積極的に行い、そのシェアを一層固めることだろう。しかし、現状、せっかく店舗網を持っている既存店でその店舗規模の縮小、専門店導入でしか生き残り策を見出せないという近鉄百貨店の能力からすれば、無理に百貨店業態を運営せず、専門店集積や他の百貨店企業のテナント導入で大型テナントビルとして「近鉄百貨店」の名前を維持する戦略も選択できるだろう。

上本町店に隣接して2010年8月に開業した複合ビル『上本町YUFURA（ユフラ）』の商業部分を近鉄百貨店が運営しているが、そうであれば、そのデベロッパー能力を活かし、デベロッパーとして「百貨店」を名乗るテナントビルを運営するというあり方も、今後の百貨店の戦略方向としてあるだろうということである。どの百貨店企業もすべて同じように自社で百貨店を運営するということでなくてもいいという時代なのである。

▶電鉄系百貨店の郊外小型店舗出店

大阪市内ではなく、大阪市周辺の地域になるが、2000年代に入ってからの電鉄系百貨店の鉄道沿線小型店出店も見逃せない。例えば、阪

神百貨店は、西宮店(2003年)、御影店(2008年)、尼崎店(2009年)を相次いで出店した。また京阪百貨店は、駅高架下の枚方店(1993年)、京橋店(2002年)への出店や、GMSが核テナントだった郊外SCへ食料品主体ではあるが百貨店として出店した「すみのどう店」(大阪府大東市、2010年10月開店)など郊外に小型店を相次いで出店している。

▶阪神3店舗

　阪神百貨店は、阪急百貨店との統合以前から阪神電鉄沿線の主要駅に小型店を出店させるエリア戦略を開始していて、着々と店舗を開店していたが、店舗規模、MD構成の標準化が難しく、苦戦している部分も見られる。概して食料品売場はセルフ形式を取り入れ、加えてデパ地下的な菓子や惣菜の名店を導入し好調だが、婦人ファッション売場は、小規模な構成では顧客層を絞り込めず苦しい状況である(2010年9月店舗視察時点)。

▶西宮店

　「阪神にしのみや」は、2003年3月、阪神西宮駅の高架下商業施設「エビスタ西宮」内に開業した。高架下の東側が専門店街、西側が阪神百貨店(1・2階)となっている。百貨店部分は、1階が食料品(「キッチンメイト365」というセルフのデイリーゾーン、惣菜、和洋菓子)、喫茶など、2階がカジュアル衣料・生活雑貨・喫茶・文化教室という構成である。2階では「ハッシュハッシュ」「アシックスウォーキングシューズ歩人館」「てもみん」などの専門店を導入し専門店がフロアの多くを占めている。残りの百貨店ゾーンは婦人服の「オルウェイズ」は継続するも、生活雑貨の「アフタヌーンティー」が撤退し、そのあとが百貨店自営の洋品雑貨売場になり、中央は「シーズンステージ」という名のバーゲン場になっていた。(百貨店社員が販売する自営ゾーンは結局、拠点DSの展開で、百貨店社員の主業務はバーゲンの呼び込みと商品整理かという印象を受ける。)

▶御影店

　阪神御影店は、2008年3月、阪神御影駅前に開業した商業施設「御影クラッセ」(商業フロアは地上1〜4階、店舗面積17,600㎡)の核店舗として入居した。阪神百貨店の店舗面積は5,900㎡で、他に専門店11,000㎡、

ユースプラザ700㎡という構成である。

百貨店ゾーンの1階食料品フロアは、百貨店らしい名店の和洋菓子、惣菜、生鮮、グロサリーを展開。2階は婦人服・服飾雑貨・生活雑貨とサービスのフロアで、婦人服では「コシノヒロコ」ほか、郊外生活者向けの品揃えで、ネイルサロン、リラクゼーション、喫茶などで構成されている。

食料品売場は百貨店のデパ地下をコンパクトに郊外の駅前近隣商店街に持ってきた感じで、商業施設としての差別性や利便性が高いと評価できるが、2階の婦人服・生活雑貨ゾーンはどうだろう。開店当初のブランドやショップが撤退し、かなり様相を変えている。この立地を踏まえた、かつ差別性を発揮するMD展開、それをさらに多店舗化の可能性のあるものにするのは難しいのではないか。

▶尼崎店

阪神尼崎店は、JR尼崎駅北口に立地するSC「COCOE（ここえ）」に入居し、2009年10月にオープンした。営業面積は約5,000㎡で総投資額16億円、初年度売上目標は40億円という。同店は、JRで約5分で阪神百貨店・阪急百貨店のある大阪・梅田駅へ行ける立地であり、店舗機能を集約し店舗のメインターゲットを30代主婦とその子供に設定した。

1階は食料品売場で、MDは基本的に先行する2店と同様だが、2階は子供服・婦人服・婦人服飾雑貨・催事場とし、御影店になく同店で加えたMDでは子供服と催事場である。特に子供服・雑貨は婦人服・婦人雑貨より広く面積をとり、キッズダンス用品、キッズダンススタジオも併設する、また婦人服も親子で楽しめるカジュアルファッションにするなど店舗の特徴を強く打ち出している。催事場は、ある時は紳士服、ある時は宝飾品の販売など、常備では売場効率の悪い、しかしニーズのある商品を展開する工夫がなされている。「阪神タイガースショップ」「焼きたて100円パン阪急ベーカリーショップ」、阪神本店で人気の「阪神デイリーマート」「ス

○ 写真4-7-6 阪神尼崎店

イーツ&デリカ」など、阪神百貨店や阪急百貨店で人気のショップがいくつも導入されている。

(2) 銀座・有楽町

　銀座・有楽町地区の百貨店間の競争は、銀座三越の増床リニューアル（2010年9月）と西武有楽町店の閉店（2010年12月）によって大きく変化している。銀座三越は店舗規模で松屋銀座を抜き地域一番店となり、中小規模の店舗が多い同地区の百貨店を圧倒し、百貨店の競争地位が変化するからである。

　まず①銀座三越がどのような店になったのか（さらにそれがどのような戦略的な意味を持つか）、一方で②周辺各店の対抗の動き、さらに③銀座・有楽町百貨店競争での生き残りの条件について見ていこう。

▶銀座三越

　銀座三越は、既存店舗の東側（歌舞伎座寄り）に新館を建設し、売場面積を従来の23,248㎡から36,000㎡へと約1.5倍に増床し、既存館も全面的にリニューアルして2010年9月11日に開店した（投資額は420億円）。店舗規模は従来、銀座・有楽町7百貨店の中で最大だった松屋銀座（売場面積32,182㎡）を抜き、銀座三越が首位となった。また売上高でも銀座三越は初年度630億円と松屋銀座（2009年売上高560億円）を上回る地域一番店を目標にしている。

　新店舗のストアコンセプトは「新しい価値をスタイルとして創造し時代の扉を開ける店」とし、顧客ターゲットとして「自分の考え方を持ち、本物本質を見極め、新しさと心の豊かさを求める大人」を掲げて、銀座来街者にとって、①自分にとって本当にいいもの、必要なものが見つかるという信頼感、②百貨店にとっての強みである比較購買のしやすさ、③居心地のよい接客サービスと環境を具現化する店づくりを行った。

○写真4-8-1 銀座三越

第4章　大都市での百貨店の競争

今回の増床リニューアルでの新しいゾーニングの特徴は、3点あげられる。①本館・新館一体型の増床、②上層階にレストラン街、アメニティスペース（屋上・「銀座テラス」）を設け集客と憩いの拠点化、③これまでにない商品フロア配置ということである。

▶本館・新館がフロアで一体化した増床

　百貨店の増床でよくあるパターンが別館形式であるが、伊勢丹新宿店、西武渋谷店などでも分かるように、拡大する面積の割にエスカレーターや階段のスペースやコストがかかり、顧客の回遊性ひいては売場の生産性も低くなる課題がある。そこで、今回は「一体化増床」に取り組んだということである。これにより地下1階・地下2階、地上3・4階、及び7・8階の6フロアで本館・新館が水平につながった、すなわち広いワンフロアを確保でき、百貨店としての平場をより多く取れることになった。

▶上層階レストラン街とアメニティスペースで集客と憩いの拠点化

　これまで銀座三越になかったレストラン街を12階と11階の2フロアで本格的に構築した。日本初登場店など「銀座店でしか食べられない店」が23店入る。また9階には屋上とつながった約3,000㎡の休憩スペースを設置した。全館の売場面積の1割に当たる規模である。（芝生の広場、銀座インフォメーション、134席の休憩スペース、有料の託児所のほか、授乳室、おむつ交換室、子供用トイレなども設置している。）

　このゾーンはかなり戦略的な意味を持つと考えられる。すなわち、銀座では貴重な自然を活かしたアメニティスペースであり、この利用のために上層階まで上がってくる顧客も多いと見られる（夜間23時まで営業）。百貨店のアメニティ空間と言えば、従来は1階正面玄関から入ったグランドフロアの空間や吹き抜けが多かったが、銀座三越は、それを上層階に配置し、強力な集客装置に仕立てていると見ることができる。

▶これまでにないフロア配置

　銀座三越の新しい取り組みはまだまだ多い。従来の百貨店では、多くの場合、1階は化粧品、地下には食料品が配置されるのが通例であるが、新しい銀座三越ではいくつもこれまでにない配置が見られる。まず化粧品売場が1階ではなく地下1階であること、また食料品が地下2・3階に

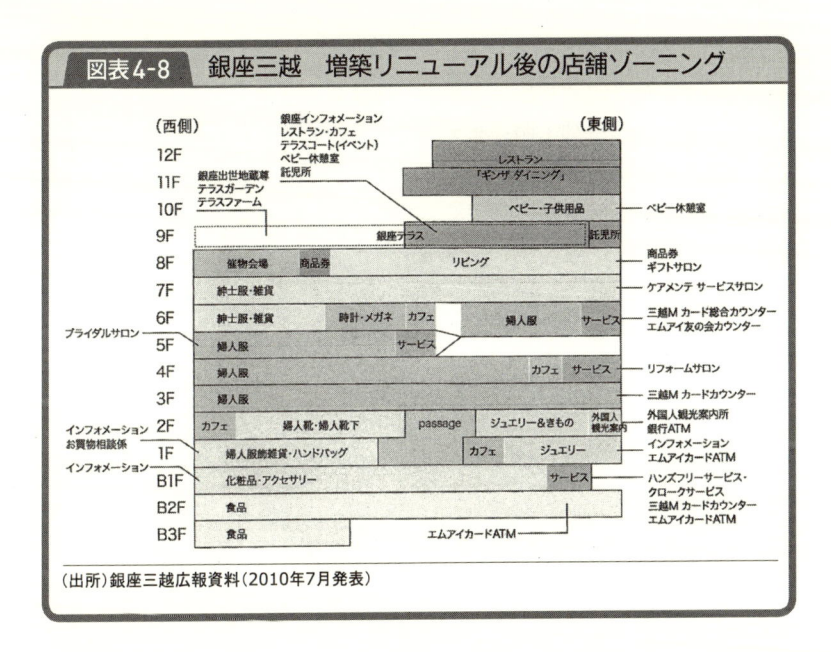

図表4-8 銀座三越 増築リニューアル後の店舗ゾーニング

	（西側）						（東側）	
	12F		銀座インフォメーション レストラン・カフェ テラスコート（イベント） ベビー休憩室				レストラン 「ギンザ ダイニング」	
	11F		銀座出世地蔵尊 テラスガーデン	託児所				
	10F		テラスファーム			ベビー・子供用品		← ベビー休憩室
	9F			銀座テラス			託児所	← 商品券 ギフトサロン
	8F		催物会場	商品券	リビング			
	7F		紳士服・雑貨			ケアメンテ サービスサロン		
	6F		紳士服・雑貨	時計・メガネ	カフェ	婦人服	サービス	← 三越Mカード総合カウンター エムアイ友の会カウンター
ブライダルサロン →	5F		婦人服		サービス			
	4F		婦人服			カフェ	サービス	← リフォームサロン
	3F		婦人服					← 三越Mカードカウンター
インフォメーション お買物相談係 →	2F		カフェ	婦人靴・婦人靴下	passage	ジュエリー&きもの	外国人 観光案内	← 外国人観光案内所 銀行ATM
インフォメーション →	1F		婦人服飾雑貨・ハンドバッグ			カフェ	ジュエリー	← インフォメーション エムアイカードATM
	B1F		化粧品・アクセサリー				サービス	← ハンズフリーサービス・ クロークサービス
	B2F		食品					← 三越Mカードカウンター エムアイカードATM
	B3F		食品		エムアイカードATM			

（出所）銀座三越広報資料（2010年7月発表）

展開され、そして屋上より上の10階に子供服フロアがあることである。世界の百貨店を見渡しても、このようなフロア配置は銀座三越だけであろう。地下鉄（銀座線・日比谷線）からのアクセスを考えれば、地下1階がグランドフロアと見て化粧品売場を配置することもいい判断と言えるが、食料品フロアが地下3階までと深いので自然と顧客が回遊するかどうか。食料品は従来の銀座三越で強い商品分野だけに、どのような結果になるのか注目される。

▶MDの考え方と展開

この銀座三越の増床は2008年4月に経営統合した三越と伊勢丹が共同で手掛ける初の大型事業である。そこで三越が顧客の要望を集め、伊勢丹のMDノウハウを取り入れながら売場づくりに反映したという。

そのMDの考え方は、①どのようなファッションであっても必要で重要となる「アイテム」として服飾雑貨を強化する考えから、地下1階・地上1・2階の3フロアも集積し展開する。②雑貨・食料品・リビングは顧客にとって比較購買・買い回りのしやすさ、分かりやすさからアイテ

ム別の切り口で品揃え展開する。(これは伊勢丹新宿店の食料品フロアの切り口とは違う。新宿店での新しい取り組みの結果を見て修正ということか。)③婦人服・紳士服は設定した顧客層の関心事を切り口に売場を編成する。例えば、7階紳士服・雑貨は「ビジネススタイル」「カジュアルスタイル」といった用途別で分類、6階紳士雑貨は世界の一流雑貨を集めた「メンズラグジュアリー雑貨」、筆記具・時計・メガネ・カメラの「趣味雑貨」「シガー&喫煙具」といったアイテム別の分類で構成されている。これは伊勢丹が長年培ってきた「分類MD」の考え方、運営手法が、三越の店舗に明確に導入されたことであり、画期的な出来事ということができる。

　特に強化された商品分野としては、化粧品、アクセサリー、ハンドバッグ、婦人靴などの婦人服飾雑貨や、和洋菓子（45店）・惣菜（43店）などの食料品が、銀座・有楽町地区最大の集積となった。

　またMDの柱として、「カスタマイズ」（お誂え）も重視している。対象顧客の個々のニーズに対応した商品とサービスを、より積極的に高質に提供しようとするもので、アイテム編集が伊勢丹得意のMD手法であれば、カスタマイズ=お誂えこそ三越のMDの伝統と認識できる。手袋、ハンカチ刺繍、雨傘、ジュエリー、着物、婦人服、紳士服、ワイシャツなど全館的に、オーダーを承る体制を充実させている。

▶自主編集売場「銀座スタイル」

　また自社社員が仕入・販売を手掛ける自主編集売場を衣料品や雑貨など商品別に12売場新設した。仕入担当者はすべて三越出身だが、商品調達には伊勢丹が協力した。取引先企業に売場の運営を任せる手法をとる百貨店も多いなか、あえて社員が仕入・販売を手掛けることで他店との違いを打ち出した。さらに「銀座らしさ」「銀座三越ならでは」の価値観で商品を選択し編集したMDを全館的に展開している。（売上規模的には全館の約1割を計画している。）

　この中で注目される売場は、20代・30代女性向けのファッション情報を発信し顧客とコミュニケーションするカフェを設けた「ル・プレイス」（3階）、ドレスを核にコーディネートするコート・アウター・アク

セサリーも集積した日本最大級のドレス売場「モンミノワール」(4階)、世界の一流ブランドの製造を手掛ける海外ファクトリーから紳士ニット・シャツ・ボトムなどを直接買い付け、品揃え・編集した「クレアティーヴォ」(6階)等である。なかでも「ル・プレイス」はどういう顧客層にどういう手法で「情報発信と顧客のたまり」を提供するのか注目したが、別にタリーズコーヒーのカウンターが小規模にあるスペースにすぎず、本棚のある環境も女の子の部屋のイメージと思うが、銀座三越の今回の改装のコンセプトからすると、インターナショナルに活動するキャリアウーマン向けの展開のほうが望ましいのではないだろうか。

▶顧客サービス

「お買物相談係」(ショッピングナビゲーター)を1階正面玄関に設置し、売場案内に留まらず顧客の個々のニーズに沿って売場販売員と連携した接客を行う仕組みを整備した。英語と中国語に対応し、免税手続きもする外国人客のための観光案内所や中国人観光客が多く持つ銀聯カードのATMも新館2階に設置した。

▶実際の売場づくりについての評価

屋上を含む上層のレストランゾーンと食料品のフロアはまず合格点ということができるが、ファッションフロアはそうは評価できない。VMDや売場環境面は世界クラスの良い環境になったと言えるが、実際の品揃えは、アイテム別と言いつつ、セーター、ブラウス、ボトムの単品が揃って集積されているわけでもなく、逆に小さくても他の百貨店にはあるそのような売場がまったくなく、単にブランドが垣根をなくして並んでいるだけである(婦人も紳士も同様)。むしろ、ユニクロのようなカラー、素材での単品集積の売場を設け、ユニクロよりも上質な品揃えの売場を3階あたりに全面的に展開するくらいの勝負が期待されるところだ。

リビングも上質なラインに揃えたセレクトという絞り込みは良いが、ギフト雑貨の自主編集などは集積感に乏しい。

外国人対応のゾーンも戦略ゾーンというにはお粗末で単に売場の使い勝手の悪い奥の場所をそれに充てただけという感じである。パリの「ギャ

ルリ・ラファイエット」にもコーナーを設けている伊勢丹であれば、パリの百貨店の外国人対応を模倣し戦略的に強力に展開することができないわけではないだろう。1階正面の顧客対応も実際には、案内嬢の配置も特段多くなったわけではない。特に顧客対応を戦略的に強化したという印象は与えない。

▶周辺各百貨店の対応

三越の増床を機に周辺の百貨店も様々な対抗施策に取り組んでいる。

▶松屋銀座

従来の松屋は、地域一番店としての店舗戦略を採用し的確に実行してきた。例えば三越がキャリアファッションや食品「デパ地下」を強化すれば、松屋も1～2年でその戦略を取り込み、さらに他店が面積狭小でできない「ルイ・ヴィトン」「ブルガリ」などの特選ブランドの大型ブティックを銀座通り側に路面店的に構え、上層部のリビング・デザイン関連売場、レストラン街などの強みと合わせ強力な一番店戦略を展開したのである。また「ユニバーサルデザイン」商品の常設売場などこれまでにない需要を拡大する対応も積極的に行ってきた。

しかし今後は、二番店へのポジショニングの変化を踏まえて、差別化戦略の強化という店舗戦略の変更が迫られている。すでに具体的な対応施策が取られはじめているが、それを読み取ると、本店は雑貨を中心とした高質化戦略、また本店外の商業施設「銀座インズ」の松屋の専門店ゾーンではヤング対応を強める戦略ということだろう。

▶本店：雑貨の高質化による差別化戦略

松屋銀座本店は、2009年からファストファッションに押されている若者向け衣料を3階などに移して縮小する一方、百貨店らしい靴やバッグの高級ブランド雑貨ゾーンを2階に構築し、2010年2月にはフランスの高級靴メーカー「クリスチャンルブタン」などを導入した。最終的には2階の売場の大半が高級雑貨に切り替わる。店全体で見ても雑貨の売り場面積は従来の約1.5倍に拡大した。

2階の高級雑貨売場が同店の新しい"顔"として定着すれば、次の課題は来店した客を他の売場にどう呼び込むかに移る。同社は10～12年度

の中期経営計画で「銀座を象徴する個性的な百貨店を目指す」とうたっており、今回の売場改装はその一環と見られる。

　ほかには、6階の高級食器売場を7階に移し、広さを2割強、要員数を1割ほど削減し、他の食器や家庭用品との集約で販売効率を高める計画だ。一連の改装にかかる投資額は1.5億〜2億円の見込みだ。

▶銀座インズで若年層・通勤客対応

　銀座インズではCD店の「HMV」が撤退した跡（約1,300㎡）へ賃貸面積を拡大し、そこに「フリーズマート」や「アクアガール」など20〜30代女性を対象とする8ブランドを集積した売場を新たに開いた（2010年8月25日）。客単価は6千円と低めに想定しており、高級路線の本店とは一線を画する戦略である。銀座インズ周辺は有楽町マルイやプランタン銀座があり、20〜30代の女性が多い。松屋では「丸の内地区に勤める女性の利用も増えている」と見ており、顧客層の拡大を狙う。

　しかし、松屋銀座の上記のような売場改装での対抗戦略はインパクトが弱く、銀座三越に対する差別化戦略としては貧弱である。銀座三越は「ファッション・アイテム強化戦略」を強く打ち出して商品集積を増強しており、松屋銀座の「雑貨での差別化戦略」は取り込まれてしまうのではないだろうか。

　さらに、2010年9月、伊勢丹が銀座三越の増床開業を機に松屋との関係を見直し、資本業務提携を解消した[*11]。松屋は提携・支援先を失くし、経営資源の乏しい中、さらなるMDの差別化戦略を徹底・実行できるのか対抗施策をとるのは難しい。また店舗も老朽化しており、新しい売場環境になった三越との差を詰めることはかなり難しい状況にある。

▶松坂屋銀座店

　松坂屋銀座店の場合、市場環境変化や地区の百貨店競争を踏まえた中長期的な店舗戦略は見えないが、当面の対策として店舗施設効率アッ

---

*11　伊勢丹は、松屋と1970年代に提携し、2002年には伊勢丹が松屋の第2位株主となり自社カードなどの統合を検討してきた。しかし2010年9月以降、持株を売却し、自社カードなどの統合交渉も取りやめる。伊勢丹は松屋の発行済み株式の4.1％（220万株）を保有するが、まず半分程度を松屋の既存株主に売却する見通し。松屋も2010年2月末時点で三越伊勢丹株の0.2％（75万株）を保有しており、売却時期や方法などを詰めている。

プから2010年4月に米ファストファッション「フォーエバー21」をテナント導入した。この好調を受けて10月には、若者向けの価格も手頃な衣料・雑貨ブランドを10程度集めた「うふふガールズ銀座」(990㎡)を構築するなど、外部資源を活用した店舗の活性化に乗り出している。1階にはポイントの新ブランド「ジュエリウム」の1号店を導入した(ワンピースの中心価格が5,900〜8,900円と値頃感を打ち出す)。2階には「SHIBUYA109」で若い女性に人気の「エスペランサマーケット」「セシルマクビー」「リズリサ」などを導入した。

しかし、このヤング路線強化は店舗の他の部分(主となる部分)にどれだけの波及効果を与えているのか、それは疑問である。同店にはこれまでの中高年コンサバ路線も残っており、2つの顧客層の同時対応は、同店が名古屋の丸栄と同じように統一感のない、単なる商業施設に成り下がる危険をはらんでいる。(松坂屋銀座店の現状課題と今後の方向性の試案について第10章で述べる。)

銀座・有楽町地区は、欧米の高級ブランドも世界的な視点からフラッグシップストアとして大型店を出店し、近年とみに大型化(フルライン化)が進んできた。さらに「H&M」「ザラ」「ユニクロ」など低価格を武器にした若者向けカジュアル衣料品店の集積が進み、欧米の高級ブランドが立ち並ぶ「大人の街」から顧客層が変化しつつある。

このような商業環境の中で銀座・有楽町地区の百貨店は、他の地区の本格的な都市型百貨店のように単に高級ブランドをブティックで展開すれば集客力を増すということではなく、ブランドに頼らずいかに百貨店の業態特性を打ち出すのかという課題が根本にある。さらに、2010年には西武有楽町店が閉店し、市場の競争状況の均衡が崩れる新たな競争の局面を迎え、いかに特徴のある店づくりで、銀座を訪れる消費者の意識の中で地位を確保できるかが問われている。

(3) 福岡(博多)

2011年3月、福岡市にもさらに百貨店の新店舗が開店した。JR九州の新しい博多駅ビルに、阪急阪神百貨店が核テナントとして入居したの

である(店名は博多阪急)。

　かつて博多井筒屋が入居していた駅ビルが取り壊され、地下3階・地上10階の売場面積84,000㎡という従来の6倍の規模に建て替わって阪急百貨店、東急ハンズ、200の専門店(JR九州が運営する「アミュプラザ」)、シネマコンプレックスなどを複合した大型商業施設「博多シティ」に生まれ変わった(投資額600億円)。

▶博多阪急

　博多阪急は、地下1階から地上8階、店舗面積40,000㎡で(投資額200億円)、開店後1年間の売上高400億円を計画している。

　この店舗の特徴はまずフロアの形状にある。駅ビルと言えば、西武池袋店や小田急百貨店新宿店のように鉄道の駅に沿って細長い建物になって顧客の回遊性が悪く、面積の効率に課題があった。福岡でも1996年に天神の西鉄福岡駅ビルに開業した福岡三越は、そのようなフロア形状であるために、せっかくの集客を活かせず売上不振の要因になっている。一方、JR名古屋駅のJR名古屋髙島屋や、JR札幌駅の大丸札幌店は、正方形に近いフロア形状を確保できている。そのような成功事例を踏まえ、JR博多駅ビルは南側部分が駅プラットホームの上部にまで張り出す形で店舗を建築し、博多阪急はそのゾーンに入居するので、ほぼ正方形の売場を確保した。

　あとは、ターミナル立地の駅ビル型百貨店の成功戦略の定石通り、駅ビル全体の中での位置づけ、役割分担を認識しながら、百貨店としてフルターゲット・フルラインのMDをいかに展開するかである。博多阪急はメインターゲットを「いつまでも若々しいハナコ50」(雑誌『Hanako(ハナコ)』の影響を受けた消費に積極的な50歳前後の女性)と「旬のおしゃれを楽しむOL25」(25歳前後のOL層)と設定し、重点化しつつも、その家族として「トレンドに敏感なヤング」「育児を楽しむママとパパ」「元気でアクティ

◯写真4-9-1　博多阪急

ブなシニア」と全般を捉える展開を行った。具体的には、「ハナコおしゃれワールド」というゾーン（5階を中心に5〜7階）でミセス婦人服やリビングを、「OL御用達ワールド」というゾーン（4階）でキャリア向け婦人服・雑貨を、「HAKATA　SISTERS」というゾーン（2階・中3階・3階）でヤング向け婦人服・雑貨を展開するなど、セグメントを明確にしたゾーンを確立しながらそれを複合する形で全方位戦略をとるという店舗づくりを行っている。特に、シニア層向けの「チャーミングプラザ」（8階）は、シニアミセス向けの婦人服、化粧品、健康用品などを、「イングススポーツ」や「九州のれん茶屋」（フードコート）と併せて展開し、従来の百貨店にない特徴のあるフロアであり、今後の百貨店が戦略的に対応すべきシニア層へのモデルとなるフロアとしても注目される。

　また博多駅地区の既存の商業集積はファッション専門店街が主で、お土産以外の食料品を扱う商業施設はほとんど皆無なので、博多阪急が食料品売場を重点的に展開すれば確実に強力なパワーを発揮すると見込まれたが、実際には、博多口から筑紫口まで駅プラットホームの下にあたる部分をすべてまたぐような幅広さで食料品売場を確保し強力に展開した。

　さらにラグジュアリーブランドをどれだけ確保できるかについては、博多阪急は、「エルメス」「ルイ・ヴィトン」「ティファニー」を1階コンコース側正面に揃って導入し、成功への戦略の定石を着実に押さえた展開となった。

▶天神地区百貨店の今後の対応

　このような博多阪急の出店を受けて、天神地区の岩田屋三越と大丸はどのような影響を受けるのか、またどのように対抗していくのだろうか。

　博多大丸は、ここ数年、大丸本体（J.フロントリテイリング）に取り込まれて運営される色が強まり、大丸本体から次々と社長が送り込まれている。最近のマスコミインタビューに対する社長発言を見る限り、博多大丸が天神移転以来、天神地区の百貨店競争を乗り切ってきた経緯、成功の蓄積を理解していないものと思われ（中高年層に偏りがちだった商品構成を見直し、カジュアル衣料や人気洋菓子などのMDを強化。価格

面では各商品とも下限を下げて一段と値頃感を出す方針)、今後の施策に危惧が強まる。最近各店に拡大されている「うふふガールズ」の安易な導入などはやめてもらいたいものだ。(阪急百貨店は、逆に旧博多大丸の幹部で、他社の経営再建にも実績のある人材を博多阪急の顧問に採用し、そのノウハウや地域・取引先ネットワークを活かすことに乗り出している。)

　また、岩田屋(本館・新館)と福岡三越は一体化し「岩田屋三越」として3館体制、売場面積88,000㎡となり巨大化して博多阪急・博多シティに対抗することになるが、規模の優位性より効率の悪い三越館をどのように活性化していくのかが重要な課題となる。三越館は上層階を強力なレストラン街や大型専門店(例えばロフト、スポーツなど)に転換するような大手術が必要ではないだろうか。

　名古屋、京都、札幌で起こっているような、駅ビル開業によって駅地区が盛り上がり、都心の商業地区が衰退化する現象が、福岡でも同様に起こるかは分からない。なぜなら福岡の天神地区はそれら3都市とは違って、都心でもあり西鉄福岡駅(電車・バス)のターミナルでもあるからだ。西鉄福岡駅とJR博多駅、2つのターミナルを持つ大都市が福岡であるということである。

　今後、JR博多駅は九州新幹線の全線開通により、鹿児島や熊本、あるいは中国地方から集客する力を強め、天神地区の西鉄福岡駅を上回るようになるのかどうか、JR博多駅の吸引力の成長性が注目される[*12]。

(4) 渋谷

▶東急百貨店新店

　東京・渋谷地区では、2012年春に東急百貨店の新店舗が開業する。渋谷駅東口の東急文化会館跡地に東急電鉄・東京メトロ・東宝不動産などが建設するビル(地下4階・地上34階建の高層ビル。名称「渋谷ヒ

＊12　JR駅の1日平均乗降客数のデータを見ると、博多は98,353人で、札幌(88,353人)を上回っているが、名古屋(192,000人)、京都(182,535人)を下回っている。(出典:『週刊ダイヤモンド』2009年10月10日号、p.36による)

カリエ」)の下層部分(地下3階から地上10階)に入居する。駅としては、東急東横線のターミナルが地下になり、地下鉄副都心線と直結し、従来の横浜方面からだけでなく埼玉方面ともつながるターミナルになる。百貨店もその意味で、より広域から集客できるターミナル型百貨店になるとも言える。

　建物自体は、プラネタリウムや映画館が入っていた東急文化会館の特色を引き継ぎ、2,000席のミュージカル劇場や、展覧会などを開催するためのホール、ファッションデザイナーらの教育施設といった文化施設が中層部に入居する。

　東急渋谷駅の移転後、JR渋谷駅の再開発は巨大なプロジェクトになる見込みだが、その計画は長期にわたり現状では未確定なので、当面は「渋谷ヒカリエ」新店舗と東横店とが併存することになる。

　新百貨店の売場面積は26,000㎡で、約30,000㎡の東横店に迫る規模となる。しかし概要は未定で、専門店中心など従来の百貨店以外の内容も検討されている。東急百貨店は2010年4月に伊勢丹から新社長を迎え、同社との業務提携を加速させる方針で、新店にも提携の成果を反映していくものと思われる。百貨店業態となった場合、現在の本店、東横店との機能面でのすみわけや、東急グループが渋谷地区で展開する様々な商業施設(専門店テナントビル)など渋谷地区全体視点での商業戦略ビジョンを通じて渋谷地区の魅力を高め、新宿などブロック間競合に勝ち残る開発が進むことが期待される。

4. 百貨店ライバル対決

　大都市における地域一番店をめぐる百貨店競争で注目される、神戸地区の大丸とそごう、横浜地区の髙島屋とそごう、これらの百貨店ライバル対決を経年で見ていくと、「勝つ要因」と「敗れる要因」が明らかになる。

(1)神戸

▶震災後復興の明暗；仮開店を急いだそごうと本格再生の大丸

　1995年1月の阪神・淡路大震災により、そごう神戸店と大丸神戸店は、ともに店舗建物に大きな被害を受けた。その後、両店ともに被災した部分を取り壊し、売場面積を減らし修復工事を行いながら営業し、数年後に本格的に復興開店した。

　そごう神戸店は、震災前は年商1,000億円クラスで、当時のそごう企業本体の40％を占める基幹店舗であった。そのため、当時経営不振であったそごうとしてはドル箱の神戸店の復旧を急がざるを得ず、倒壊した三宮駅前側ゾーン（店舗としてメインのゾーン）をへこませた「コの字型」店舗形状のままであったが、被災前の売場面積の約85％（41,000㎡）を確保できたことで、震災から1年3カ月の短期間で全館復興開店した（1996年4月）。

　しかしその早急な復興開店が、従来の「神戸一のターミナル三宮に立地した巨艦百貨店」というそごう神戸店の店舗戦略を大きく変更せざる得ないことになった。すなわち、同店の店舗平面形状は従来のほぼ正方形から「コの字型」に大きく変形したことで、売場フロアで平場が取りづらくなり、同店の従来の強みであった品揃えのボリューム感が出せなくなり、売場の見通しも悪く顧客回遊性に欠ける店になってしまったのである。

　一方の大丸神戸店は被災前には、売上高が大阪・心斎橋店、京都店に次いで社内第3の位置にあり、企業経営としてはリスクを分散できていた。震災後、1995年4月に震災前の約3分の1の売場規模で営業を再開したが、復興開店については、そごうの付け焼き刃の新開店と違って「グループが21世紀に向けて生き残るためのリストラの象徴として再建する」（下村正太郎社長（当時））と明言してじっくり時間をかけて取り組まれた。三宮側の被災部分を取り壊し新規に建て替える工事を行い、完全復興までには約2年（そごうに遅れること約1年）の歳月と200億円を費やした（1997年4月開店）。店舗面積も震災前とほぼ同じ49,000㎡（地下

2階から地上10階)を確保し、規模では面積減となったそごうを抜き地域一番となった。

▶大丸神戸店：高質百貨店化で業績伸ばし地域一番店へ

　大丸神戸店は店舗の約半分を建て替え復興開店するのを機に、上質顧客を戦略ターゲットにし、建物環境デザインは「クラシック＆モダン」をテーマに、MD面は「新・山の手感覚の正統派」の百貨店づくりに取り組み、それに実現したことが大いに評価できる。

　まず環境面では、旧居留地のクラシックなイメージと新しく洗練されたモダンな雰囲気との調和をベースに元町復興のシンボルとなる店づくりを志向した。店舗の外装は周辺の旧居留地のモダンなイメージと調和するものとし、店舗の周りにもガス灯や並木を配した。

　さらに欧米のホテル風のコリドー(回廊)になったトアロード玄関から店内に入ると、1・2階の大きな吹抜があり、2階ではそれを取り巻くように配置されたインポートブティックゾーン、フラワーアレンジメント、オープンカフェとまさにホテル風のホスピタリティ空間を形成し店舗のイメージを一段と高めている。また南側の旧居留地38番館との間の、「ニケの像」のある「つたの小みち」の空間や、9階のレストラン街(11店)、屋上のイングリッシュガーデンなどは店舗コンセプトを大言する空間として評価できる。5階ゴルフ売場は日本における発祥地を反映して伝統を感じさせる重厚な売場づくりで注目される。英国のゴルフクラブハウスのような空間である。(しかし2010年の改装でゴルフ売場は8階に移動し、そのような売場環境ではなくなった。)

　MD面では「新・山の手感覚の正統派」百貨店としての提案にこだわった。具体的には提案型の売場の強化として3階から8階までの中央部に400～500㎡の自主企画売場を確保し、季節や流行に即応したMDを強化した。特にファッション分野を一気に拡充し、婦人服を3層化して面積で20％増、紳士服

●写真4-10-1　大丸神戸店

も15％ほど広げた。そのファッションゾーンには新たな挑戦の売場が数多く見られた。ヤング、ヤングアダルト層の売場には、関西初の「コスチュームナショナル」など先端ブランドを集める「カミングネキスト」、健康志向に対応した「ヘルシースタジオ」の他、直輸入品を集めた自営の売場や大編集平場も登場した。5階の「ファミリーカジュアル」はファミリーで過ごすオフタイムを「ホーム」「タウン」「スポーツ」などの切り口で提案する売場を構築した。

また、各階に「シーズンメッセ」という季節商品を集積する売場を設けた。例えば4階が婦人服（シーズン性の高い単品アイテムを季節に応じて展開）、5階が子供服（新入学や七五三、発表会などカレンダーマーケットに対応）、6階が紳士服（フレッシャーズやスイムウウェア、コートなどシーズン商品を展開）、8階が呉服に隣接した「暮らしの歳時記」（雛人形、七五三、ゆかたなど季節商品を展開）などが展開された。これほどの展開は、百貨店で初めてであり、大丸のカレンダーMDの運営力が注目された。

さらに、街づくりの一環として、旧居留地38番館、ジーニアスギャラリー、ブロック30など本館周辺に出店していた店舗の復興も進み、「ジョルジョ・アルマーニ」「グッチ」などラグジュアリー・ブランドを中心に34店舗が揃った。

▶業態館戦略へ転換したそごう神戸店

そごうは経営破綻後、西武百貨店主導で経営再建されることになったが、2002年時点で、再生開店後着々と売上を伸ばした大丸1,283億円（日経MJ調査、大丸神戸・須磨・新長田・芦屋の4店計）に対し、そごうは594億円に留まった。かつての地域一番店であったそごうは大丸の売上の46.3％と落ち込み、その差は大きく開いてしまった。

2002年の春から西武流の業態館の導入とその複合による新店舗づくりが進められた。すなわち、

 ◆写真4-10-2　そごう神戸店

生活雑貨館LOFTや紀伊国屋書店などのテナントを導入するとともに、食品館「エブリデイ」など通常の売場に業態ネーミングを行い「業態館」として構築し、その複合で店舗魅力を高める戦略である。同店の店舗形状の悪さ、顧客の回遊性の悪い状況からすれば、業態館戦略を推進し、それらを配置するのが、採るべき店舗戦略としては妥当な選択だったと言えるだろう。

しかしながら、そごう神戸店の大丸神戸店への対抗力（大丸売上に対するそごうの売上比率）は、2000年代を通して44〜48％で推移し、2008年（45.7％）、2009年（47.1％）、2010年（48.5％）と依然として低調である。

この事例を見るにつけ、「百貨店における平場の意義」や「中長期的な戦略視点での店づくりの重要性」をこれほど強く考えさせる事例は他にないだろうと思われる。

▶気になる2011年からの大丸の変質

大丸神戸店は、このように確実な店舗戦略によって震災から見事に復興し地域一番店となり、その後も継続的に地域一番店の座を維持し、そごうを圧倒してきた。しかし残念なことに2010年から店舗づくりに変質が見られる。

大丸心斎橋店が、隣接する旧そごう心斎橋本店の店舗を購入し、増床した際に、安易にテナント導入して開始した「うふふガールズ」（シブヤ109系のようなヤングカジュアルファッションの売場）を、さらに神戸店にも導入する（2011年2月）という動きである。（しかも、そうそうたる海外ラグジュアリーブランドを本館でなく店舗周辺に配置するにもかかわらず、人気の移り変わりの激しいガールズブランドで構成される「うふふガールズ」を本館3階（2階の特選フロアの上）に導入する。）

前述のように、大丸神戸店は、震災以降の復興の際に、「クラシック＆モダン」をデザインテーマに、「新・山の手感覚の正統派百貨店」をMDコンセプトとして掲げ、高質な顧客層をターゲットにしたMD、サービス、売場環境演出など細部にわたって、こだわった店づくりをしてきた。ある意味、百貨店業界のモデル店舗として理想とされてきた店であっ

た。現在(2011年1月店舗視察時点)でも5階の「おもちゃの階段」のある玩具売場、地下1階の水槽に魚を見せつつ料理メニューの鍋物を食卓風の演出で見せる鮮魚売場など数々の評価できるプロパーの売場が多い。)そうした同店が、これまでにない若い顧客層までも取り込むという戦略に転換し、しかもMDテイストが全く異質な「うふふガールズ」を展開するのは、15年にわたる期間に培ってきた上質な店づくりの蓄積を、一度に水泡に帰すようなことになるのではないかと懸念される。

このような「改装」が進む2011年の春、これを境に顧客の大丸神戸店への評価がどのように変化するだろうか。今後、大阪・梅田地区発信の広域での百貨店競争の渦に巻き込まれた場合、どのように独自性を発揮していくのか、今後の大丸神戸店の動向が興味深い。

(2)横浜

350万の人口を抱える日本第二の大都市「横浜」は、大消費地として注目され、1990年代に全国で最も数多く百貨店が開店し、百貨店市場が成長した都市である。例えば、1995年に日吉に東急百貨店が出店し、1996年9月に横浜駅東口そごうの増床リニューアル、丸井開業、10月に上大岡に京急百貨店が開店した。またみなとみらい地区に東急百貨店(1997年)、港北ニュータウンに阪急百貨店・東急百貨店(1998～2000年)、東戸塚に西武百貨店(1999年)が開店した。

そうした激しい百貨店競争の中で、三越(2005年閉店)・松坂屋(2008年閉店)などの中型店舗の百貨店が競争に敗れて撤退した。そして横浜駅を挟んで西口の髙島屋と、東口のそごうという2つの巨艦店が対峙する百貨店の競争構造がより鮮明になった。

▶そごう横浜店

1985年、日本最大級の規模で開店したそごう横浜店は、2000年代は経営統合した西武百貨店のノウハウで新たな店づくりが進められた。広いワンフロアを3つの売場通路(「青の海岸通り」「緑の中央通り」「赤の駅前通り」)で動線を明確化するとともに、売場にペットネームをつけて顧客に分かりやすくした(西武池袋店と同様のフロア動線の発想といえ

● 写真4-11-1 そごう横浜店

る)。ペットネームの例としては、1階化粧品の「コスメディア」、2階のインポートブティックとジュエリーが「グロリアスⅡ」、6階のインテリア「ザ・ホーム」、地下1階の「シューズモールビーワン」、地下2階の大食品館「エブリデイ」といった具合だ。(ただしそごう各店にもこのネーミングが導入されたが、特に売場業態化が意識され多店舗展開するという動きにまでには進行していない。)

　同店の売場づくりの特徴は、個々の売場がゆったりとした空間で品揃えをしっかり見せ、それらが広い通路で回遊できる環境になっていることだ。各階のエスカレータ正面には、VMDのゾーンを設け、テーマ商品を美しく情報発信している点が魅力的だ。また売り方でも5階の紳士服売場では、メンズファッション雑誌コーナーを複数に設け、顧客が雑誌を見て掲載商品を確認し購買につなげられるようにするなど、顧客の購買視点での細かな仕掛けも工夫されていた(2011年2月店舗視察時点)。また6階「そごう美術館」や優良顧客向け「ロイヤルサロン」の並びには、上質のリゾートライフを提案する「八ヶ岳高原ロッジ情報コーナー」や資産運用などのコンサルティングを行う「横浜銀行プレミアムラウンジ」などを配置し、上質顧客層対応のゾーンも強化されている。

　7階は「LOFT」(生活雑貨・コミュニケーション雑貨)、「紀伊國屋書店」、「山野楽器」、「無印良品」など大型専門店がテナント導入され、一定の面積比率でテナントゾーンを構築するそごう西武流の「構造改革」がここでも実践されている。

　同店の特徴的なゾーンとしては、10階の「海と緑の食祭空間:ダイニングパーク横浜」という名前で広いレストラン街が展開されている。公園のような緑の演出の中に店舗を配置する手法で日本でも最大級の展開といえるだろう。(そごうは神戸店のレストラン街の貧弱な店舗課題を認識してか、全国的な出店の際、どの店にもレストラン街は「川の流れ

る名店食堂街」を構築し、それを売りにしていた。）このレストランゾーンは強力な集客装置と言える。

このような施策の成果で、そごう横浜店の髙島屋横浜店への対抗力（売上対比）は、2000年69.2％からそごう経営破綻の2001年に56.1％まで落ち込んだが、その後、次第に2008年67.5％、2009年69.4％と往時の水準を上回り、2010年には70.8％にまで上昇している。

▶髙島屋横浜店

髙島屋横浜店は、JR・東急横浜駅に隣接した相鉄横浜駅のターミナルに立地する百貨店であり、都市型MDの本格的な百貨店で、広いワンフロア（最大1フロアに4カ所のエスカレータ配置）を特徴としている。

髙島屋横浜店は、従来ワンフロア＝1商品領域で分かりやすいフロア構成であったが、近年の婦人服フロアの面積拡大政策に伴い、ヤング・キャリア向けサイズ婦人服（5階）、プレタ婦人服（5階）を上層階に設けたため、既存の売場とのリレーションで違和感のある部分がいくつも見られる店になってしまった。例えば、サイズ婦人服とデザイナーズ婦人服が紳士服を挟んで展開されていた（ただし、この点は紳士服売場が縮小され、ヤング婦人服がそれらをつなぐ形で移設されたことで解消した）。また6階でもかつての噴水広場（「バラの広場」）の跡をスポーツ用品売場として、特選呉服売場とブライダルサロンなど売場の関連性がよかったゾーンの中に割り込む形になって環境を壊している。（6階は、婦人・紳士以外の衣料品とおもちゃ、ギフト・ブライダルなど多種雑多な商品分野が詰め込まれたフロアとなってしまった。）

髙島屋横浜店は、1950年代に建てられた店舗建物をベースにして、それを横に面積を拡張する形で規模の大型化をしてきたため、そごう横浜店と比べ天井が低く圧迫感のある売場が延々と続く印象となり、顧客の長い滞留時間を演出できないという構造的な課題を負っている。さらに、かつてあった

◎写真4-11-2 髙島屋横浜店

1階の吹き抜けアメニティゾーン（化粧品売場化）や6階ホール（ディズニーストア化）等の売場化が進み、売場効率最優先の店舗づくりが行われている。しかもブランド個々の売場スペースは狭く、そこに多量の商品在庫が展開されているため、「美しくはあるがブランドが羅列した大型倉庫」という店舗印象になってしまう。同店は、髙島屋で最大の売上を誇る基幹店舗であるだけに、売上を落とせないという宿命からこのような売場展開になってしまうのだろうか。今後は、髙島屋大阪店の全館的なリニューアル成果を横浜店にも導入し、空間設計や売場ゾーニングを改善していく必要がある。

一方で髙島屋横浜店の8階は、「ジョイナス」上部にあたるレストラン街を除いて、髙島屋のほぼワンフロアのスペースが催会場であり、大型催事を複数展開でき、強力な集客をあげている。

横浜地区における百貨店ライバル対決は、「催事・接客の髙島屋」vs「売場環境のそごう」という観点で、両店が強みを競い合っているという構図と言えるだろう。

第4章のまとめ

今後の大都市百貨店競争は、やはり百貨店としてのポテンシャルの高い鉄道ターミナルへの出店ラッシュで、引き続き活発化することが予想される。

しかし、「ターミナル立地の駅ビル型百貨店＝私鉄の百貨店」だったので、私鉄沿線（郊外からターミナル）の商圏を対象にした店舗戦略だった。さらに言えば、東京や大阪など複数のターミナルがあるところではターミナル間の競争であった。

しかし、JRが大型のターミナル型百貨店を次々と開業したことで、対象商圏が広域になり、さらに名古屋や博多（福岡）など新幹線を含むことで一層の対象商圏（影響する商圏）の広域化が進む傾向にある。

大都市百貨店の成長は、周辺、地域経済圏の地方都市、さらにブロック都市間（例えば福岡と広島、岡山、大阪、あるいは東京と名古屋、仙台）

など、より広域での百貨店競争に移行するだろう。広域対象の大都市百貨店と小商圏対象の地方百貨店とでは、店舗のあり方が明確に違ってくる。

　ターミナル立地の駅ビル型百貨店の本格的な都心型百貨店化の動きが進展するにつれて、都心立地の百貨店＝本格、ターミナル立地の百貨店＝大衆向けという店舗づくりの方程式がすでにあてはまらなくなってきている。

第5章 地方百貨店のサバイバル競争

1. 2000年代の地方百貨店の大きな変化

(1) 地方百貨店の主な動向

　1996年の髙島屋新宿店の開店以降、この約15年の間の大都市の百貨店競争の激しさを第4章で見たが、地方においても大きな商業環境の変化があり、地方百貨店はその影響を強く受け、また自らも行動を起こし変化した。

　第一に、競合環境の大きな変化があり、地方百貨店はその直撃を受けた。すなわち、1990年代中盤から大店舗法の規制緩和を受け、大都市郊外から始まった大型SCの開設の動きが、2000年代には地方へも及び、イオン（全国の地域）やイズミ（中国・九州地方）などの量販店系の大型SCが次々と開業した。地方都市の中心市街地に立地する地方百貨店が、まずこの大きな打撃を受けたのは言うまでもない。また第4章で見たように、名古屋・京都・札幌などの地域の中核都市のJR駅に大規模な駅ビルができ、その中に本格的な都市型百貨店が開業、その出店は既存店の改装や営業強化を引き起こし、激しい百貨店競争となったが、近郊都市の地方百貨店もその影響を受け、客足を奪われた。

　このような2つのタイプの競合の影響が重なり、地方百貨店の閉店は2000年代に急増し、毎年5〜10店舗の百貨店が消えている（図表3-8参照）。その結果、全国で1都市に3百貨店が存在する都市が激減し、1都市2百貨店都市も減り、1都市1百貨店となるケースが増えた。（これについては、第3章で見た通りである。）

　第二には、中心市街地の商業の不振の中にあって、1都市1百貨店の都市でも経営不振に陥る百貨店企業が顕在化しはじめた。ただ、その中では、津松菱(三重県)、うすい百貨店(福島県郡山市)などが産業再生機

構の支援を受けて経営の立て直しを行った。

第三には、県都の有力百貨店では、店舗の移転・増床により、郊外の大型SCに対抗したり、あるいは地方中核都市への顧客流出に対して、本格的なMDと施設を備えた都市型百貨店づくりを行う例がいくつも見られた。

さらに、上記以外でも、地方百貨店の新たな企業戦略として、①複数店舗展開の地方百貨店の出店エリアの変化（既存店舗の閉鎖と新たな開店による商圏シフト）、②企業を越えた複数の地方百貨店の連携、③店舗規模の大胆なダウンサイジングによる地域における店舗の存続、なども見られる。このように現在、地方百貨店のサバイバルへ向けた変革の動きは著しい。

(2) 売上データでの分析

上記のような動きの結果は、2000年代の百貨店店舗の売上動向に明らかに現れている。この時期の全国百貨店の売上高推移を分析してみると、2008年売上高の2000年対比は86.4％（比較可能な店舗154店舗平均）であった。

特に売上対比率が低い（減少率の大幅な）店舗は、図表5-1になる[*1]。この中で、そごう柏店が最も低い49.9％に落ち込んでいる。また2009年・2010年に閉店（ならびに2011年閉店を発表）した店舗は、その比率が67％程度から目立つ傾向にある。閉鎖店舗は中心街立地が多いようだ。

本章では、2000年代に顕在化した地方百貨店の生き残りを賭けた競争の状況を、様々な事例を通じて見ていくこととする。

---

*1 この指標は売上だけの対比（減少）を見たものであり、利益ベースの指標でないため閉店の兆しを示す危険水準ではない。全店平均を上回る伊勢丹吉祥寺店や、80％台の有楽町西武も2010年に閉店しており、閉店の意思決定には政策的な与件もあるものと推測される。

図表5-1　2000年→2008年の売上減少店舗

順位	店舗名	売場面積	立地	2000年 売上高実績	2008年 売上高実績	2008/2000 対比	備考
54	伊勢丹吉祥寺	20,758	1	20,313	17,990	88.6	閉店
93	有楽町西武	15,581	1	20,372	16,610	81.5	閉店
105	都城大丸	24,736	1	7,686	5,947	77.4	閉店
115	丸光	11,560	2	4,067	2,955	72.7	閉店
121	三越池袋	25,026	2	32,592	22,984	70.5	閉店
130	丸井今井室蘭	9,350	1	6,420	4,321	67.3	閉店
133	丸井今井旭川	23,463	1	12,683	8,469	66.8	閉店
136	阪急四条河原町	8,887	2	9,026	5,974	66.2	閉店
137	大和新潟	32,587	1	20,727	13,706	66.1	閉店
140	横浜松坂屋	20,446	1	14,116	9,073	64.3	閉店
142	三越鹿児島	18,734	1	15,563	9,799	63.0	閉店
145	岩田屋久留米	17,655	2	27,046	16,525	61.1	
146	そごう広島	61,702	1	78,844	47,837	60.7	
147	松坂屋岡崎	11,429	1	8,865	5,176	58.4	閉店
148	阪急神戸	33,651	1	21,451	12,471	58.1	
149	西武旭川	24,177	2	16,987	9,752	57.4	
150	井筒屋久留米	18,033	1	12,885	7,315	56.8	閉店
151	ちまきや	19,957	1	8,274	4,564	55.2	閉店
152	伊万里玉屋	6,425	1	2,784	1,482	53.2	
153	西武札幌	25,008	2	25,240	12,630	50.0	閉店
154	そごう柏	32,598	2	34,505	17,210	49.9	

（立地タイプ：1＝中心街立地、2＝駅前立地、3＝ターミナル型百貨店、4＝郊外単独立地、5＝郊外SC立地）

（出所）「日経MJ百貨店調査」2000年・2008年データより宮副謙司作成

2. 郊外SC出店と対抗する地方百貨店

(1) 郊外SCの出店増と百貨店のSC出店

　日本におけるショッピングセンター（以下、SC）の出店は、1990年代から増加していたが、2000年の大規模小売店舗法の廃止により、規制が緩和されたことで、大都市郊外さらに地方にも出店が一気に増加した[*2]。2009年末時点でのSC拠点数は、全国で約3,000カ所になっている。

　中でもイオングループは、イオン本体のSC（「イオン（地名）」などのSC名）、イオンモールのSC（「ダイヤモンドシティ」などのSC名）など、いくつかの運営主体で大型のSCを開発し郊外に出店して、地方都市の

[*2] 国内は立地が進んで市場飽和しつつあり、中心商店街の衰退の課題もあり、郊外での大型施設の立地を規制する「改正まちづくり3法」が制定され、2007年に完全施行となった。その後、出店の増加は頭打ちになってきている。

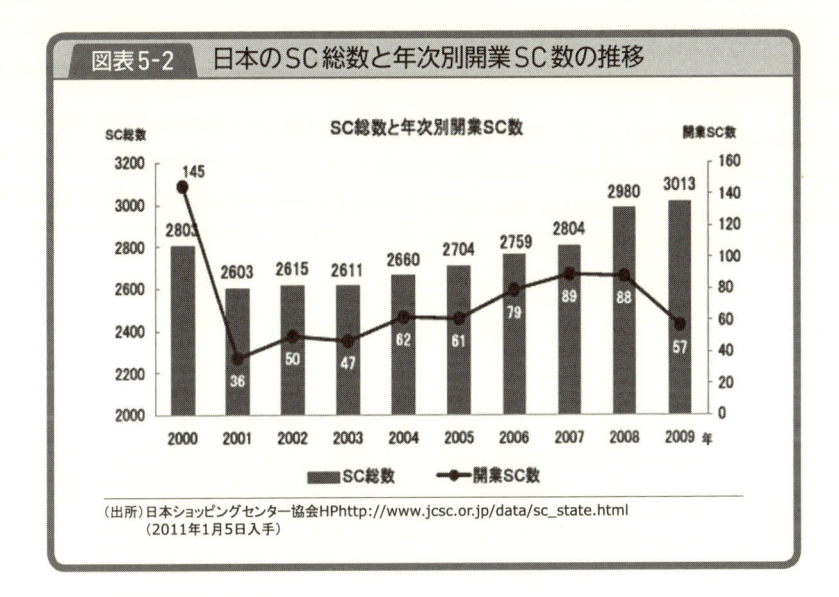

図表5-2　日本のSC総数と年次別開業SC数の推移

SC総数と年次別開業SC数

年	SC総数	開業SC数
2000	2803	145
2001	2603	36
2002	2615	50
2003	2611	47
2004	2660	62
2005	2704	61
2006	2759	79
2007	2804	89
2008	2980	88
2009	3013	57

（出所）日本ショッピングセンター協会HP http://www.jcsc.or.jp/data/sc_state.html
（2011年1月5日入手）

中心街の商店街や地方百貨店の客数に大きく影響を与えた。

こうした郊外SCの増加に対して、地方百貨店は増床・改装、顧客づくりなどで対抗する一方、自ら郊外SCを出店する動きもあった。大分市郊外の「わさだSC」（核テナントはトキハわさだ店）、長野県松本市郊外の「アイシティ21」SC（核テナントは井上アイシティ21店）などである。

また大手百貨店では、従来からSC立地の店舗を持つ企業も複数あったが、2000年代に入りイオンなどのSCの出店の動きに乗って、新たに核テナントとしてSC出店する戦略を取りはじめた三越と、イオン及び自社グループの双方の出店機会にSC出店を増やす阪急百貨店の動きが目立った。髙島屋や大丸は、商品分野を食料品に限り、「食品館」という業態でSCへの出店を行った。（髙島屋は「フードメゾン」という名称で「おおたかの森」SC、新横浜駅ビルなど、大丸は「大丸フードマーケット」という名称で浦和パルコ、横浜ららぽーとSCなどへ出店した。）

本章では、2000年以降に開店したSC立地の郊外型百貨店として、三越（武蔵村山・名取）、阪急百貨店（堺北花田・西宮）と、西武百貨店（岡崎・東戸塚）（改装を含む）を事例に取り上げて見ていくこととする。

▶三越のSC出店

三越は、2006年頃からイオンモールが開発する郊外型SCの核テナントとして、3層で売場面積10,000㎡クラスの店舗を出店する戦略を取りはじめた。それまで長年、大都市の都心立地を主として店舗展開し、郊外でも独立店舗での出店であった三越が今後の成長戦略の柱の1つとして店舗戦略を大きく切り替える挑戦を行ったわけである。

まず、2006年11月「ダイヤモンドシティ・ミュー」（東京都武蔵村山市）に武蔵村山店を、そして2007年2月「ダイヤモンドシティ・エアリ」（宮城県名取市）に名取店を開店させた。

▶武蔵村山三越

武蔵村山三越は、売場面積10,500㎡、店舗投資20億円、従業員数550名という体制で開店した。顧客ターゲットは、30代後半から40代をイメージターゲットに、団塊ジュニア世代から団塊世代まで幅広く見込んだ。MDのポイントは、①カップルやペア、ファミリーが買い回りしやすいMDミックスの提案、②SC立地に対応した新商品・新売場の開発、③百貨店らしさ、三越らしさの発信、ということだった（開店時の三越広報資料）。

このSCの商圏人口は直線距離10km以内に住む約105万人で、30〜50代を中心に家族での来店が多いと見込んだ。従来の三越は、顧客層の年齢は60代以上が中心で、富裕層も多い三越の既存店舗の顧客とは異なるとの認識から、武蔵村山三越では売場のつくりや運営を大きく変えた。

例えば、1階の食料品では青果や惣菜の売場を、同社としては初めて自前で運営した。SCでは、売上高に占める食料品の比率が既存店舗に比べ高まることと、高級食材でジャスコとの違いを明確にするとともに、自主運営で利益率を高める狙いもあった。衣料品ではカップルや家族での来店を見込み、紳士服と婦人服の複合ショップを多く導入した。2階のファッション

○ 写真5-1　武蔵村山三越

フロアの約3分の1（売場面積380坪）は、ワールドによるレディス・メンズ・雑貨のミックスMDのセレクトショップ「エクレクティカ」を導入した。3階では「Jクルー」や「ブルックス ブラザース」などの紳士・婦人複合ショップを導入した。

そのほか、「百貨店らしい接客やサービスで多少価格は高くてもお客様に納得してもらえる店舗を目指す」（石塚社長）として、契約社員やパート社員を増やして低コストで運営しつつも、高い百貨店サービスを標榜した。

しかし開店後、実際の来店層は、団塊世代の来店が当初の想定よりも多く、三越の店舗MDとはミスマッチであった。またギフトや惣菜などSC内のジャスコと差別化できるMDは好調だが、生鮮品はジャスコに買物客を取られ、衣料品については「セールをするとそこそこ売れるが正価品は厳しい」状況で苦戦した。つまり三越には、三越を知っている顧客層しか来なかったということである。

さらに、都内の三越店舗と同様のMDを期待するのに、武蔵村山三越のMDはまったくそれに反していた。しかも主力の衣料品ゾーンは上述のように三越自体がSCテナントであるのに、さらにその中にまた専門店テナントを入れたような形になっていたために、三越の意図では容易にMD修正ができない（テナントの入れ替えがしづらい）状況にあって、柔軟な売場変更に対応できなかったのである。

三越はSC出店に当たって、モールに合わせ低層小型店舗という形状にするにしても、MDは郊外で好調な実績をあげている名古屋星ヶ丘店のMD構成、面積配分、サービス機能などを参考にして、従来型の百貨店MDになぜしなかったのだろうか。米国のSCの百貨店のように低層小型店舗でローコスト運営という定式にこだわりすぎた（盲信してしまった）のだろうか。新しいことに挑戦しないといけないとの呪縛に捕らわれすぎたからだろうか。

▶名取三越

名取三越は「ダイヤモンドシティ・エアリ」の核テナントとして、2007年2月に開店した。中心顧客には団塊ジュニアの家族のほか、団塊

●写真5-2 名取三越

世代を中心とする50〜60代を想定し、1階に食料品、2・3階に衣料品や服飾雑貨などを配置した。名取三越は店舗規模（売場面積11,600㎡）、投資額（22億円）、従業員数（540名）、初年度売上目標（60億円）も武蔵村山三越とほぼ同規模で、店舗の外装などのデザインも共通であり、この2店舗が今後の三越のSC出店の標準モデルかと思われた。

　名取三越のMDは武蔵村山三越の反省を踏まえ修正された。1階の食料品は、自前で運営する生鮮食品や日用品の売場面積を武蔵村山三越と比べて約2割縮小した。一方、惣菜や菓子などの売場には、地元の仙台で有名なかまぼこ店を3店舗誘致したり、「もちクリーム」など東北地方初となる5店舗を入れて充実を図った。

　武蔵村山三越では50代以上の来店客が多かったことも踏まえ、名取三越では三越が得意とする団塊世代を対象にした商品を増やした。婦人衣料ではワールドの「コルディア」など、この世代に人気のブランドを拡充した。そのほか仙台市内にある仙台三越への買い回りを促すため、同店の催事情報を名取店で案内し、2店間の連携で競争力を高め、固定客を増やす狙いだった。開店当初は仙台地区初めての郊外型立地、モールのテナント型百貨店として注目された。

　しかし、開店後の業績推移は厳しいものだった。仙台三越より安い価格帯の商品を揃えたが、売場面積が仙台三越のほぼ半分と限られ、団塊ジュニアとその親というターゲットの両方の客層を獲得するという当初の狙いは達成できなかった。また食料品・日用品を販売するジャスコと隣接し、来店回数の増加を見込んだが、「行き来がしにくい」（利用者）との声が強く、平日客はまばらで、三越への来店者数はモール全体の4割しか集客できなかったという。また仙台市は東北の経済中核都市で政令指定都市ではあるが、仙台商圏での仙台三越（都心部）と名取三越（郊外部）の2店舗体制は店舗過剰だったのかもしれない。三越として2店が相

乗効果を生むような連携戦略を打ち出せなかったのも課題であった。そもそも三越としての店舗戦略、仙台への地域戦略があっての出店だったのか。イオンのSC出店のたまたまの案件に乗って出店しただけのようにも思える。

　武蔵村山三越は初年度売上目標70億円に対して、2008年2月期でも半分にも満たない31億円。名取三越の2008年2月期の売上高は当初目標の年商60億円には遠く及ばず約37億円、営業損益は5億7千万円の赤字だった。結果として、三越の郊外SCテナント型百貨店は2店ともに、開業から2年ほどで2009年3月に閉店した。三越のSC立地への出店戦略は完全に失敗に終わった。

▶三越SC出店の失敗の要因

　三越のSC出店の失敗は、3つの要因によると分析できる。第一に、SCにおける百貨店業態の役割を理解したMD、売場づくりではなかったということである。百貨店としてしっかり自主で取り組むべきところと、任せるところの取り違えである。具体的には、三越は青果や惣菜を自主運営し、衣料品はそのほとんどを取引先に任せたが、それはまったくの戦略ミスであった（戦略立案能力の欠落）。百貨店が生鮮品を1店舗のために自主運営したところで、規模の経済を追求する量販店最大手であるイオンにかなうわけがない。また、いくら高質で、安心・安全なこだわり食材で差別化を図るといっても、そのようなMDはイオンが一気に展開し乗り出してくるだろう。また武蔵村山三越の2階ファッションゾーンの3分の1（売場面積380坪）を占めるワールドの「エクレクティカ」についても、低コスト運営の戦略から取引先任せの店づくりを選択したのだろうが、この展開はSCの中のテナントである百貨店の中に、さらに専門店テナントが入った形で、顧客からすると百貨店の三越に来店したという気にはまったくならないもので、混乱を与え、来店顧客のニーズや期待から大きくズレた売場であった。

　第二に、SC出店に当たってイオンSCの天井の高い売場環境をうまく使える商品集積感や環境演出などのMD運営手法、ビジュアルマーチャンダイジング（VMD）手法が研究不足であったということである。顧客

が三越の店舗に入った際、ジャスコのゾーンと比較してがらんとした空間の印象となり、客数の少なさも重なって、気軽に立ち寄れる雰囲気にならなかったことである。

第三に、郊外SCの中でも集客性に課題のあるSCを選んで出店した誤りである。鉄道立地による安定的な集客のないSCはさすがに客数不足で厳しい。名取三越は開店後しばらくして仙台空港行きのJR線が開通したが、武蔵村山三越はJR、私鉄、モノレールなど鉄道からのアクセスが悪く、自家用車以外の足は比較的近い場所にある駅との間をつなぐバス便だけで、一人で来店する若い女性客が少ないなど通常の百貨店と客層が違ったため、開店当初から苦戦した。三越としてはSC出店第一号店なのに、いきなり難しい立地を選んでしまった。デベロッパー選択、出店候補選択の誤りも重なった結果が、この不振の要因と言えるだろう。

▶阪急百貨店のSC出店戦略

阪急百貨店は、2004年10月にイオン系のSC「ダイヤモンドシティ・プラウ」(大阪府堺市)に堺北花田阪急を、2008年11月に「阪急西宮ガーデンズSC」(兵庫県西宮市)に西宮阪急を開店させ、郊外SCの核テナントで出店を続けている。その結果、阪急百貨店は日本の百貨店企業で最も数多い郊外SC立地、SCテナント型百貨店を展開する百貨店になったと言ってよい。

▶堺北花田阪急

堺北花田阪急は、「団塊ジュニアファミリー」と「おしゃれな52歳ミセス」を顧客ターゲットとして、「地域に融合したコミュニティ型百貨店」をコンセプトとして開店した。その売場面積は16,000㎡で、1階に食料品、2階に婦人服・子供服、3階に婦人服(ミセス向け)・紳士服・生活雑貨、の構成だった。

しかし、開業初年度の売上高は90億円弱で目標の100億円に届かなかった。MD面では高級食材と「デパ地下」ならではの惣菜店を揃えた食料品は、同じSC内に入るジャスコや専門店との差別化に成功したが、衣料品の不振によって目標を割り込んだ(『日本経済新聞』記事)。来店

の多い30代の、子供を持つ女性を対象に、手頃な価格帯でデイリーファッションのブランドを多く入れた結果、専門店との違いが薄れてしまったからだ。一方、また低コストで店舗を運営するためにパート社員を増やしたことで、百貨店の強みである接客サービスも十分に発揮できなかった。規模が小さいため、売れ筋商品が都心部の店舗に流れ、十分に確保できなかったことも響いた。

　百貨店がSCに出店する場合、SC内の他の業態との差別化を明確にして、百貨店らしさをコンパクトな面積でいかに打ち出すかが重要であり、郊外立地だからといって決してカジュアル、デイリー、低価格品というMD対応ではなかったということだ。また開店当初は阪急百貨店らしさが感じられない店舗だった。阪急が堺に出店ということは、同じ地下鉄御堂筋線の顧客は当然、阪急うめだ本店を知っているわけだが、新しい店で新しい売場開発に注力したためか、本店のイメージのシャンデリアもなければ、阪急イングス（スポーツ）もない、阪急イメージを感じさせない店舗になってしまったわけだ。

　また生活雑貨では「ビレロイ＆ボッホ」「WMF」などの高級ブランド商品も小さいスペースでピンポイントに展開されていたが、商品数も少なく（そもそも一般の商材の品揃えもあってこそ、その頂点の高級ブランドの価値、存在感が出るわけであるが）、様々なブランドをつまみ食い的に盛り込みすぎて、逆に顧客に期待を失わせる売場づくりとなっていた。

　しかし、堺北花田阪急の評価できる点は、その後の店づくりの面で、いくつかの大きな手術（改装）ときめの細かい小さな手当（対応）を実行したことにある。具体的には、開店当初、ミセス向け（3階）と若ママ向け（2階）の2つの年齢層別に（店舗コンセプトにある戦略ターゲット毎に）2フロアに分けて展開していた婦人服を2階の1フロアに統一し、子供服を2階から3階に上げて、3階で子供服・紳士服・生活雑貨とファミリー対応をまとめるゾーニングへと大幅な修正を行ったのだ。これに合わせて2階には化粧品やファッション雑貨の集積、喫茶を移動して、溜まり空間も含めうまく配置された。3階の生活雑貨も当初の反対側ゾーンに移ったが、キッチンダイニング、寝装品、バス・トイレタリーと、コーナー

を明確に配置する改善が図られた。3階に子供服フロアを移したことは、モールの3階にあるフードコートとの顧客回遊性から考えても良い修正だったのではないかと思われる。

また細かな対応としては、1階の食料品はセルフ販売の阪急デイリーマートと、名店コーナー展開の惣菜・菓子のデパ地下的なゾーンとに二分したゾーニングが明確で好調であったが、さらに名店菓子に隣接した部分(開店当初はドラッグストア)に「ギフトサロン」を3階から移動し、食料品からギフト需要を刈り取る体制をとるなど、百貨店の業態特徴を打ち出す修正が行われた。

阪急百貨店は、堺北花田阪急におけるこのような修正を通じて、SC百貨店運営のノウハウをかなり獲得し蓄積したと思われる。従来のように郊外立地なので、カジュアル、リラックス、レジャーのMD強化という発想では通用せず、むしろいかに百貨店らしく、阪急らしく本格的な売場をつくるか。そのほうがSC顧客の期待に沿うということを学んだということである。さらにそれに気づいてから店舗戦略の修正に即座に取り掛かり、それを実現したこと、その成果を得たということは評価できる。

▶西宮阪急

2008年11月、西日本最大級のSC「阪急西宮ガーデンズ」(商業施設面積71,030㎡、テナント268店舗、売上目標年商600億円)の核テナントとして、西宮阪急(売場面積25,000㎡、投資額80億円、初年度売上目標200億円)が地上1階から4階の4フロア体制で開業した。前述のような三越のSC店や堺北花田阪急よりも大型の店舗(約2倍の規模)になっている。

その顧客ターゲットは「洗練された都会的な感性を持つ50代の母親」と「その娘などファミリー層」とし、店舗コンセプトを「西宮上質生活」として掲げ、これまでの郊外SC立地の百貨店とは違う上質MD戦略に取り組んだ。店舗環境的にも大阪の阪急うめだ本店を思わせる玄関上の装飾、2階メイン通路のシャンデリア、阪急イングススポーツの売場を集約して導入(ウォーキングの用品・情報・サービスの集積「イングス・

ウオーク」)するなど、堺北花田阪急の教訓を早速活かした店づくりとなった。

写真5-3 西宮阪急

フロアゾーニングにも特徴が様々にある。1階は食料品が中心であるが、食器・リビング用品売場も1階に持ってくることで、デイリーとギフトの双方の面で、食と住のMDを連動させワンフロアで購入できるようになっている。2階は阪急西宮北口駅からの主力導線でもあり、化粧品・婦人服飾雑貨を展開、3階は婦人服と「イングス・ウオーク」、4階は紳士服・子供服・おもちゃと、ペットの商品・サービスの集積である「阪急ハロードッグ」が配置された。

各フロアには、MDの連動性にこだわったレイアウトの工夫が随所に見られる。フロアを北側と南側(それぞれにエスカレータが設置されている)に分け、北側は1階リビング、3階ミセス向け婦人服、4階子供フロア、南側は3階スポーツ、4階紳士服というリレーションになっており、それぞれの顧客層が縦に回遊し関連購買しやすいように売場レイアウトが考慮されている。

さらにMDの百貨店らしさ、阪急らしさについては、「上質生活セレクト10」ということで特に強調している。その中でも注目は、「コトコトステージ40」(各階)、「子育てコミュニティルーム」(4階)である。

「コトコトステージ40」は、西宮阪急の店内40カ所の拠点で売場プロモーションを行い、食や健康、子育てや生活歳時記的なテーマで暮らしのヒントを顧客に提供するもので、百貨店売場の情報発信性、生活提案性を強化している。具体的な企画としては、紳士服のコーディネート講座や、スニーカーお手入れ講座、親子ゴルフパター大会、スタンプ屋さんのマグネットづくりなどである(2010年7月の例)。

また「子育てコミュニティルーム」は、若いファミリー層を取り込むため育児相談会を開いたりできる、カフェを備えた育児支援施設である。さらに「えほんの部屋」や知育玩具、ミュージアムのような大人も楽し

めるおもちゃ売場なども興味深い。このような子供フロアのつくりは、堺北花田阪急にその端緒があったが、それが西宮阪急で発展し、さらに阪急うめだ本店のリニューアルでさらに活かされるものと思われる。

化粧品も「ナチュラルスクエア」として、オリジンズやロクシタンなどの自然派化粧品のコーナー化がなされ、31ブランドを集積するほか、ヘアサロン、パーツビューティサロン(アイブロートリートメントやアイラッシュデザイニングなど)、ネイルサロンなどのコンサルティング型サービスも集めた化粧品フロアの構成になっており、郊外型百貨店では異例の本格的な展開として注目される。

また西宮の地元MDも掘り起こして紹介されている。例えば「地産地消兵庫産」などの基準で選んだ食のセレクトショップ(1階)や、地域のパティシエのケーキショップ(1階)、地元のクリエーター、作家の手づくりのジュエリーを集めた「アートジュエリーギャラリー」(2階)などを設けた。

このように西宮阪急は、上質な地域生活者という特性に対応した部分もあるが、郊外型と都心型を合わせ持つMDや、生活情報や商品情報を細かく発信し顧客に体験を提供するプロモーショナルな仕掛けなど、SC立地の百貨店として高く評価できる店舗である。

阪急百貨店としては、西宮阪急でSC立地の郊外型百貨店店舗の展開・運営ノウハウをかなり蓄積したと思われるので、このノウハウを首都圏での郊外SC展開(都筑阪急)や、今後の東京大井町阪急開発で発揮されることを期待したいところである。

▶西武岡崎店・西武東戸塚店

西武岡崎店(愛知県岡崎市)は、2000年9月に「イオン岡崎SC」(現在は「イオンモール岡崎SC」の名称で店舗面積95,450㎡)の核テナントとして売場面積16,350㎡で開店した。1～4階の4フロア構成であるが、食料品は1階の半分の面積と一般的なSC立地の郊外型百貨店に比べて狭く、ギフト・菓子・パン・惣菜などの百貨店がSC内のGMSに差別化できるMDにし、生鮮・グロサリーはコンパクトで買い回りしやすい売場に集約した。婦人服は2階(ミッシー&キャリア・サイズなど)、3階半分(プレタポルテ・エレガンスサロン)の1.5フロアで、地方都市のミセスや

SC利用のヤングファミリーの需要に対応できるMDであった。4階には「ロフト」も導入し、西武百貨店のSC立地型店舗で出店戦略を進める場合のモデル店舗とされた。実際、西武岡崎店の売場構成、MD構成はよくできており、その後、順調に売上を伸ばし、2007年売上高102億円まで連続して前年をクリアする成長を示した。(入居するイオンモールSC自体の規模や集客力も奏功したと言えようが、岡崎地区で先行していた既存百貨店の松坂屋岡崎店を2009年閉店に追い込んだ。)

しかし西武岡崎店は、SC型百貨店のモデル店舗として、SC内のすみわけが明確であったし、地域の需要を吸収し確かな業績をあげてきたが、西武百貨店の郊外SCへの出店戦略がその後立ち消えとなり、このタイプの店舗が多店舗化されることはなかった。

西武東戸塚店(横浜市)は、1999年「オーロラモールSC」に開店した。しかし、そごう・西武は、2010年3月に、郊外型百貨店においては、専門店を導入し生産性と集客性を向上させる店舗政策に改めるとして、西武東戸塚店の2階と3階婦人服フロアに19店の婦人服専門店を導入し、新たな婦人服フロアとして編成した。(商品分野として食料品、化粧品、婦人雑貨、ギフト分野では百貨店の売場を維持する。)従来、百貨店の主力売場とされた婦人服売場を専門店テナントゾーンに切り替えるということであるが、そもそもSCのテナントとして入居しておきながら、その中にさらにテナントを入れるという「入れ子構造」であり、まさに売上不振から撤退した武蔵村山三越に近い店舗運営(さらに進んだテナント化運営)となった。それなら百貨店としてSCに出店している意味はすでになくなり、そうであればいっそ三越のように撤退したほうがすっきりすると思うのだが、そこまでして西武名の店舗を維持しなければならないのだろうか。

(2) 地方百貨店の対抗

地方都市の周辺部に既存の百貨店の売場面積の数倍もある巨大な郊外型SCが相次いで出店し、都市中心部の商店街や、そこに立地する地方百貨店は大きな影響を受けはじめていた。

地方百貨店はどこもSCへの対抗策として、カード会員や友の会などで顧客基盤を固めるとともに、百貨店業態として差別化のできる婦人服のブランド強化や、デイリー需要取り込みのために食料品売場の改装を行った。しかしながら様々な対抗策にもかかわらず、ジリ貧の状態が続き、ここ数年の不況で経営不振に陥る地方百貨店が数多い。(最悪の場合、前述のように店舗閉鎖に追い込まれるケースも見られるわけである。)

　ここでは、郊外SCとの厳しい競合の中で何とか対策を模索する地方百貨店の事例、とりわけ地域唯一の百貨店として、川徳(盛岡)、佐賀玉屋、宮崎山形屋の例を取り上げて見ていこう。

　3店の中で、宮崎山形屋は新館を増床し対抗した。川徳と佐賀玉屋は、SCに対抗した売場面積の増床はせず、既存の売場のテコ入れと営業力強化を進めている。その結果として、2000年代の売上前年比トレンド(図表5-3)を見ると、宮崎山形屋と川徳は、近年は売上の減少を5%程度にとどめ全国百貨店平均伸率を上回る健闘を見せている。一方、佐賀玉屋は、しばらくは踏ん張っていたが、2007年以降は下降トレンドにある。

▶川徳(盛岡)

　盛岡市の中心部に立地する川徳(郊外の小型店舗「アネックスカワトク」を含め売場面積35,733㎡)は、2003年の「イオンモール盛岡SC」(商業面積44,000㎡、駐車台数2,800台)、さらに2007年の「イオン盛岡南SC」(商業面積46,000㎡、駐車台数2,400台)と、2つの郊外型巨大SCの進出による断続的な競合影響を受けている。人口30万人クラスの地方都市で、複数の巨大郊外SCがこれだけ相次いで進出し、相当な打撃を受けながら、様々な対抗策を打ち出し、積極的に取り組んでいる。

　川徳のSC対策としては、店舗規模拡大(増床・新店)ではなく、次のような7つの柱での取り組みがあげられる。すなわち、①長年築いてきた顧客基盤(外商・友の会・カード会員)の一層の強化、②量販店・SCにない百貨店の強

◆写真5-4　川徳(盛岡)

みとするMDの強化、③店舗近隣・市内中心部居住顧客のデイリーな来店促進へのMD・サービスの強化、④「北海道物産展」など店内催事の強化、⑤店頭・外商・催事に加え新たな販売形態の開発による客数開拓、⑥百貨店としての質を確保した上での価格対応（「ポイント3倍デー」「えびす講」などの企画や「川徳グッドプライス」商品導入）、⑦商店街連動での市内中心部への顧客来店促進などである。

百貨店MDの強化としては、まず2003年に大規模な売場リニューアルを実施した。3月に地下食品売場を改装した（目玉は鮮魚テナントの入れ替え）。さらに夏には、4階婦人服売場の一角を占めていた子供服売場を6階催事場に移し、催事場は7階レストラン街の厨房部分を縮小して移転。こうしてつくり出した4階のスペースに、手薄だった30～40代女性向け「キャリアゾーン」を拡充した。

その後も、食料品では中心市街地のマンション住まいの高齢者の個食対応を強める目的で惣菜「RF1」の導入（2007年6月）、ギフト名店菓子・婦人パーティドレス・ベターブランドのテコ入れ（2008年3月）、婦人服サイズ・スポーツ・知育玩具の拡充（2009年3月）、フラワーや雑貨を展開し売場環境としてアクセントにもなるブランド「ガーデンセンソユニコ」の導入（2010年9月）などに断続的に取り組んでいる。

川徳の売場展開の良い点としては1階から4階まで各階に喫茶が展開され充実しており、ミセス層のコミュニティ拠点となっている点があげられる。三越の「菓遊庵」（全国銘菓のセレクト）、伊勢丹「A・D・Oグループ」共通の「ギフト」など、三越伊勢丹及び「A・D・O」のMDも積極的に活用している点が目に付いた（2010年9月の店舗視察時点）。

新しい販売形態として、2007年7月に従来の外商部とは別に「御用聞き」のアウトセールを行う外販組織を営業部の下に設置した。この営業は、社員15名が店頭情報を持って市内や近郊に住む団塊世代以上の顧客層の御用聞きに回り、手厚い接客による顧客の掘り起こしを行うもので、訪問活動による顧客ニーズの吸い上げと、催事や売場が提案する企画の情報提供による来店促進も合わせて行っている（『繊研新聞』2007年7月21日付け記事）。

また川徳では、時間と売場スペースを有効に活用する現場の工夫がきめ細かく実施されている。具体的には、2階のヤング・キャリア・ミッシー向け婦人服フロアでは、下りエスカレーター前で中高年ミセス向け婦人服の拠点DSを展開していた(2010年9月の店舗視察時点)。フロアの戦略ターゲットであるキャリア層は、平日は夕方にしか来店しないわけで、それ以外の時間帯では実際の来店の多い中高年ミセス向けの商品を販売する(しかも上りエスカレーター前でなく、下りエスカレーター前で展開し、フロアのコンセプトを壊さず、売上実利を確保する)という施策は、いい意味で「熟考された」「しぶとい」取り組みだと感心させられた。

　川徳の売上高は、2000年356億円であったが、2002年以降連続して前年割れであり、2009年197億円と200億円台を割り込み、10年で159億円を失ったことになる(「日経MJ百貨店調査」のデータによる。2008年売上の2000年対比では70.8％)。しかし、2008年、2009年については売上減少を5％程度にとどめ、全国百貨店平均伸率を上回る健闘を見せている。

　川徳の売場展開の課題としては、1階の洋品雑貨(ソックス・帽子・スカーフ等)の商品の見せ方、3階の紳士服フロアの広さ(売場効率)、地下1階の名店菓子ブランドの集積の弱さが気になる(2010年9月の店舗視察時点)。すでに店舗の売場スペースとしては、全館的に最大限に高密度に使用しているが、強いて言えば、8階(屋上フットサルコート・美容室・理容室・くらしの相談室など)にヘルスケアや健康・介護用品の売場を導入すると既存の美容室やスポーツコート(フットサル)とも合わせて「美と健康フロア」としてはどうだろうか。最後の物販スペースとしても、さらにイベント拠点、コンサルティング拠点としても活用でき、既存の顧客対応にも新規顧客の獲得にも戦略的に展開できるのではないか。

▶佐賀玉屋

　佐賀市でも2000年以降、郊外に大型SCが相次いで出店したため、中心市街地の商店街は壊滅し、市内唯一の百貨店である佐賀玉屋(売場面積17,273㎡、2009年売上高93億円)も苦戦している。店舗周辺に3つの巨大SCが進出し、それに取り囲まれることになってしまったのである。

◯ 写真5-5 佐賀玉屋

　佐賀市の大型SCは、「イオン大和SC」（2000年9月開業、売場面積51,594㎡で開店当時九州最大級、駐車台数2,850台）、「モラージュ佐賀」（核テナントは西友、2003年3月開業、売場面積37,000㎡、駐車台数3,000台）、「ゆめタウン」（核テナントはイズミ、2006年12月開業、売場面積49,200㎡、駐車台数3,577台）で、3つの施設合計の店舗面積は約14万㎡と、佐賀玉屋の約8倍で圧倒している。

　佐賀玉屋は1992年10月、25億円の投資額で12年ぶりの全面改装と本館北側への増床（2,380㎡増床で16,071㎡に）工事を終え、県下最大（当時）の商業施設として開店した。その後もSC対策として、2002年に本館1階と南館1・2階を改装、2004年には戦略フロアとして呉服・和雑貨・工芸と屋上庭園から成る「和のフロア」を本館7階に増床し、差別化を図った。さらに本館3階の婦人服フロアの全面改装（2005年）、本館4階に特選婦人服「ローズサロン」、南館1階にベーカリー「ポンパドール」の導入、駐車場2200台体制への増設（2006年）、店舗から半径4キロの1万世帯を対象に社員700名での宅訪ローラー作戦でギフト需要の喚起、固定客への集客催事（友の会特招会・外商特招会）の開催増加、呉服顧客を婦人服プレタ売場へ紹介する顧客の共有化（2007年）などの対策をとってきた。（市内小型ショップの一部やホテル売店は経営効率の課題から撤退した。）

　このような取り組みにもかかわらず、佐賀玉屋の業績推移は厳しい。2000年の売上高が147億円であったが、2002年以降連続して前年割れし、2009年は93億円と100億円台を割り込み、2000年対比で63.4％と低迷した（「日経MJ百貨店調査」のデータによる。2008年売上の2000年対比では71.8％である）。これだけの巨大SCが人口20万人クラスの都市で、市内、及び近隣に3つも開業し、特に「ゆめタウン」は2009年度年間売上300億円（イズミは202億円）という実績をあげており、中心市街地の

空洞化が深刻化する中で、佐賀玉屋が業績を挽回するのは極めて厳しい状況にあると言えよう。

佐賀市の中心市街地の商店街は、古くからの有力商店街（アーケード街）だった呉服町名店街協同組合が自己破産（2008年3月）、銀天通り商店街振興組合が解散（2009年12月）するなど、空洞化問題を抱える地方都市の中でも最も深刻なケースと見られる。佐賀市は戦前からの町並みで、市内幹線道路も幅が狭く渋滞を招いていたため、旧市街地を避けるように1980年代から国道バイパスを市の北部と南部に開通させ、都市機能も分散化させたが（新聞社などのビルも中心部から周辺部に移転した）、中心市街地の空洞化はこれらの都市政策からすれば当然の帰結とも言える。このような佐賀市の失策のツケが佐賀玉屋に回ったことになる。（さらにこの期に及んで、佐賀市の政策で中心市街地活性化の拠点と持ち上げられても遅きに失すると思う。）

佐賀玉屋として今後さらに留意しなければならないことは、2011年春の九州新幹線の開通に合わせてJR博多駅ビルが大幅に拡張された「博多シティ」（商業面積84,000㎡）が誕生することである。その中に博多阪急（売場面積40,000㎡、初年度売上目標400億円）が開業し、ますます福岡・博多の小売吸引が強まることが予想され、JR特急で約40分の佐賀市の中心商店街と、そこに立地する佐賀玉屋は一層、苦戦を強いられそうだ。

佐賀玉屋は、戦前に呉服町に開業し、現在の中央通りに移転し（1965年）、その後本館6・7階増床（1970年）、南館拡張（1980年）、本館北側拡張（1992年）などと投資してきたが、もはや現店舗体制での営業の将来性は厳しく、採算からすると本館だけに（しかもフロアを集約して）小型化するか、あるいはJR佐賀駅前への店舗移転も可能なら検討すべきではないだろうか。中心市街地で孤立を深めるのでなく、同じ市内でも少しでも客数の多いJR駅前に店舗を移転した地方百貨店の例としては、一畑百貨店松江店（従来の中心市街地の殿町からJR松江駅横にあったジャスコの店舗跡に移転した）がある。

▶宮崎山形屋

宮崎市での郊外SCは、イオン宮崎SC（2005年5月開業、店舗面積

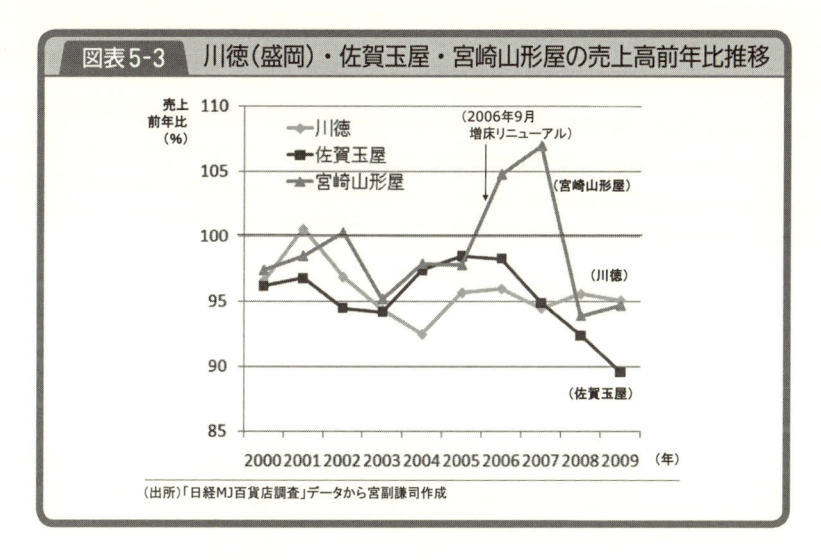

図表5-3 川徳(盛岡)・佐賀玉屋・宮崎山形屋の売上高前年比推移

(出所)「日経MJ百貨店調査」データから宮副謙司作成

60,000㎡、駐車場台数4,000台、初年度売上目標280億円)である。この規模の開業は、地元百貨店の宮崎山形屋(2004年時点、年間売上高155億円)にとっては相当な脅威であった。

これに対して宮崎山形屋は2006年9月に新館(地上5階・地下1階、売場面積5,500㎡)を増床、既存店舗(本館14,600㎡)と合わせて売場面積20,100㎡へ、約4割の増床となった。2007年春には本館もリニューアル(総投資額25億円)し、周辺の契約駐車場も含め、2,000台の駐車スペースを確保した。

全館リニューアルの店舗コンセプトは「上質・高感度百貨店」で、メインターゲットを「団塊の世代とその前後の年齢層」、戦略ターゲットを「団塊ジュニアを中心とする世代」とした。

MDのポイントは、①これまでの路線をより強化する百貨店業態としての本格的MDの充実、②これまでになかった都会派のライフスタイルMD、③飲食機能の充実

写真5-6 宮崎山形屋

であった。

①については本館3階に特選婦人服、本館4階にサイズ婦人服、ミッシー＆エレガント婦人服フロアを構築し、「コーチ」(新館1階)を導入するなどベターブランドを強化した。また新館地階の新装ゾーンに生鮮売場「フーズマーケット」を配置し、その集積性・鮮度を強く訴えた。「高千穂牧場」(乳製品)や地元産品の充実も図られた。

②については「ヤングレディのフロア」(新館3階)で、「セオリー」など7ブランドを大型ショップで展開、紳士でも「パパス」「イルファーロ」など若い感覚のファッションを強化した。また「アフタヌーンティー・リビング」(新館3階)、「ゆとりの空間」(栗原はるみプロデュース、新館4階)、「ボディ＆バスショップ」「生活の木」「イタリアンモダン家具」(本館5階)など、雑貨の充実を図った。

③については「スターバックスコーヒー」(本館1階)、「ワールドグルメバイキング：アレッタ」(新館6階)など新たな飲食を導入した。MD構成としては、本館7階に積み込まれた感じのスポーツ、呉服、友の会・商品券売場・プレイガイドの配置以外は、うまく展開されている。

また新館の建物としての特徴は、既存店舗(本館)と同社所有の私道を挟んだ東側に建設され、連絡通路でなく地階と3～5階は一体化したフロアとしてつなげた点である、これにより別館での売場運営よりも運営効率が上がり、既存に比べてより大きくなった印象を顧客にも与えた(この点が佐賀玉屋の本館・南館の関係とは違うところである)。さらに1～3階の通路を「四季ふれあいモール」と名付け、周囲に喫茶、フラワーショップ、くつろぎスペースなどを設け、街づくり的な開発を行ったことは注目される。まさに、郊外SCに対して、中心市街地の魅力アップに貢献しているということである。

新館の増床によって、本格的都市型百貨店づくりを進めたことが一定の成果を上げ、宮崎山形屋の売上高は2007年約170億円(前年比107％)となった。しかし、その後は2008年152億円(93.9％)、2009年144億円(94.7％)と推移している。(2000年売上高対比85.9％、約24億円の売上マイナスである。2008年売上の2000年対比指数は95.1％である。)

また地域でのSC競合だけでなく、九州の拠点都市である福岡との関係から宮崎商圏を見た場合も、宮崎山形屋の店舗づくりは注目される。つまり宮崎は福岡に高速道路でつながっているが、他の県庁所在都市ほどは距離も近くなく（宮崎〜福岡間は高速バスで所要時間3時間43分、往復運賃10,000円がかかるため）、日常的な移動での結びつきは強くない）。そのため宮崎は福岡からは独立した県都としての商業のポジションを確保できていると見られる。そのような宮崎であるからこそ、この宮崎山形屋が百貨店として本格的な店舗づくりに取り組むことは、一定数存在する地域の良識ある百貨店派顧客を確実につかむことにつながり、地域になくてはならない地方百貨店の今後のあり方としてモデル店舗になるのではないだろうか。

3. 地方百貨店の再生

　地方百貨店の多くが郊外SCに顧客を奪われたり、大都市の商業集積の高まりから売上が低迷したり、あるいは店舗拡大の投資を回収できないまま経営危機に陥ったりする中で、経営のテコ入れを図り業績を回復する企業も見られる。

　また大手百貨店の系列に入っていたが、大手百貨店が支店経営をあきらめ撤退した後、再度百貨店経営に乗り出した地方百貨店もある。ここではこのような地方百貨店の経営再生の事例を見ていきたい。

(1) 大手百貨店撤退後の再生

▶鹿児島丸屋ガーデンズ

　2009年5月、鹿児島三越（売場面積18,734㎡）が閉店した。売上高は2000年の156億円から2008年には98億円（2000年対比63.0％）と低迷していた（鹿児島にもイオンの大型SCが2007年に開業した）。また鹿児島の地域一番店・山形屋（売場面積33,236㎡）に対するシェアも、2000年の24.2％から2008年は18.3％へと約6％も低下し、競合負けは明らか

であった。

　この店舗は、鹿児島市の中心街・天文館地区に立地し、そもそもは丸屋という地方百貨店であったが、全国店舗展開を狙っていた三越が目をつけ、1973年に業務提携、さらに1983年に資本提携し、1984年には商号を鹿児島三越と変更した（2003年には経営的にも完全に三越化し、三越鹿児島店となった）。

　そしてその三越が撤退した後の店舗を、旧経営主体であった丸屋本社が再び運営することになり、2010年4月に商業施設「丸屋ガーデンズ」として開業したのであった。大手百貨店が運営困難として投げ出した店舗を、地方百貨店（しかも旧経営主体）がどのように運営し、再生するのかが注目される。

　丸屋は、店舗のエスカレーターや空調設備入れ替えなどの改修を行い、衣料・雑貨店やミニシアターなどの出店を促し、76ショップで構成する専門店ビルに衣替えした（総事業費は43億円）。全館リニューアルのプランニングは、クリエイティブディレクターのナガオカケンメイ氏に依頼し、「デパートメントから、ユナイトメントへ」という店舗コンセプトを掲げた。この考え方は「百貨店のようでありながら、性格の異なる10のギャラリーを持つこの場所は、ショッピングをするだけでなく、人と人が出会い、つながり合い、つねに何かを生み出すことのできるいわば買い物集会所」と解説されている。

　店舗構成は、地階はスーパーマーケット形式の食料品専門店の集積と、スィーツ、惣菜、フードコート。1〜3階はファッション・雑貨・ビューティ・カフェ。4階はライフスタイル・カルチャー。5・6階は書店。7・8階はレストラン、ミニシアター、ブライダルなどが導入された。各階にはコミュニティスペースやギャラリーを設け、料理教室やアクセサリーづくり体験会などのイベントが開催できるようにした。

　丸屋ガーデンズの初年度売上高は70億円と、三越時代の売上高107億円（2008年2月期）よりも低く設定した。同社では客単価は3,000円と、三越時代に比べ500円程度下がるが、来店者数はやや増えて年350万人と見込んでいる。

鹿児島と同じように三越が地方百貨店に資本参加し、やがて三越化した店舗には、名古屋(オリエンタル中村百貨店)、新潟(小林百貨店)、千葉(ニューナラヤ)があるが、三越が伊勢丹と経営統合し既存店舗の統合・再編を進め、首都圏店舗以外の地方店を地域法人化しており、今後店舗の廃止もあり得るかもしれない。その場合、この鹿児島のように旧経営主体が再び店舗を運営し、百貨店の再生に取り組むケースも将来出てくるだろう。

(2) 産業再生機構の下での経営再建

　地方百貨店の不幸は、1980年代後半のバブル期に売上好調を体験し、その勢いを駆って(あるいは競合対策から)1990年代に入って店舗拡張に出て、多額の投資をしたものの、その後のバブル経済の破綻による消費不振で売上が計画通りに伸びず、回収不能になり経営不振に陥るというパターンであった。

　本章では、このような背景から経営不振に陥ったが、産業再生機構の支援を受け経営再建を進めた津松菱(三重県)とうすい百貨店(福島県郡山市)の2つの地方百貨店の事例を見ていく。

▶津松菱(つまつびし)

　1993年10月、津松菱は、売場面積を8,600㎡から15,500㎡へと1.8倍に増床し、全館的に改装した。完成後の店舗のキャッチフレーズは「しゃれた百貨店」で、2階を紳士服、3階と4階を婦人服売場とし、高級ブランド品の品揃えを充実させた。また家電(エイデン)と書籍(丸善)の有名専門店も導入した。地下にも売場(約900㎡)を設け、これまで一階部分の一部で扱ってきた生鮮食料品を移設し強化した。7階は食堂街とし、中華料理店など5店を導入した。また経営者一族が京都に所有していた江戸時代の由緒ある茶室「松南軒」を店舗の6階に移設して、百貨店としての本格性を高めた。

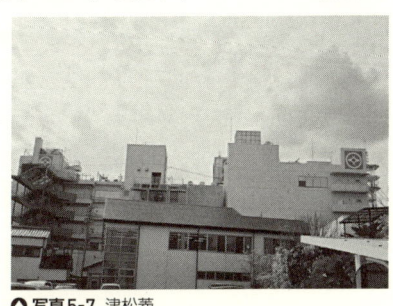

○写真5-7　津松菱

この総工費として60億円を投資したが、当時の津松菱の経営体力（1992年年商98.6億円）からすれば、その投資額がいかに巨額であったかが分かる。（ちなみに宮崎山形屋の新館増床・全館改装投資額（2006〜2007年）は24億円、2005年年商は151億円であった。）

　しかし大増築の後、津松菱の売上は消費不況から低迷し、1993年から赤字続きであった。さらに2000年には名古屋にJR名古屋髙島屋が開業し、広域から集客し急成長する同店の影響を津市も受けることとなった。津松菱はそれに対して2000年9月に1階化粧品売場にクリニークやファンケルハウスを導入し、3・4階の婦人服フロアでもバーバリーなどのブランドの品揃えを拡充した。しかしそれらのテコ入れにもかかわらず苦戦が続いていた。

　津松菱の主力銀行であった百五銀行（本店・津市）は、管理部門を担当する幹部などを津松菱に送り込み、経費削減や不良在庫の処分など「身の丈」に合った経営への転換を促したが経営改善は進まず、累積債務を95億円抱えることになり、2003年10月に産業再生機構の経営再建支援を受けることとなった。

①産業再生機構の下での経営再建

　産業再生機構の下、津松菱は、百五銀行からの債権放棄、71億円の金融支援も受け、過去の大規模増床による過剰債務を軽くするとともに、フェニックス・キャピタル（東京千代田区）の企業再生ファンドが6億円出資し筆頭株主になった。人員削減も進められ、2004年1月末には41歳以上の21人が希望退職に応じた。さらに旧経営陣は退任し、ノウハウの豊かな経営者として中山正勝氏（博多大丸元常務）を新社長に迎えた。

　営業改革、人事・企業風土改革は、新社長の中山氏によって計画され推進された。着任当時の中山氏の店舗診断と営業改革の方針としては次のようなことだった（『日本経済新聞』2003年11月7日付け記事）。

　中山氏は、「1993年の増床で財務体質が悪化した上、商品戦略があいまいになった。増床に伴って子供服の売場が4・5階に分かれるなど、フロアやコーナーの商品構成がばらばらだ。その結果、ターゲットとなる顧客層を絞り切れなくなった」と現状分析した。店舗テコ入れの方

針としては、「地域密着型の百貨店に刷新することを基本とし、8フロアのうち1〜4階を女性向けファッション売場に変える。衣料品だけでなく、雑貨やレストランもファッションだと考えている。具体的には2004年秋から段階に分けて改装する計画だ。テナントの導入を積極的に進め、売場面積に占めるテナントの比率を現在の10％から40％に引き上げる。自社の販売員を減らせる効果も見込んでいる」と語った。

また「津松菱は津市で唯一の百貨店。すぐ近くには競争相手がおらず、社内の危機感も薄かった。ぬるま湯でのんびりしていたと言える。こうした意識を改革するため、2003年10月末に社内委員会を発足させた。店舗改装、人事改革、外商改革などに分け、部長や若手社員ら5〜10人ずつで構成する。地元消費者のニーズを知っている売場の販売員の意見も吸い上げ、改革計画を練り上げていく考えだ」。

経営再建の目標としては、2004年度から3年間をかけ経営再建に取り組み、2006年度（2007年2月期）に売上高100億円、営業利益3億円を目指すとした（2003年2月期の売上高90億円、営業利益3,300万円）。「津松菱の強みの1つは、8万人（津市の人口16万人の半分に相当する）の自社カード会員を抱えている点にある。顧客の購買行動を分析し、効果的な販促策を打っていけば、売上拡大に結びつくだろう」と語った。

営業改革として3期に分けて段階的な店舗の改装が実施された。

②第1期：2004年10月

再生計画に基づく初めての改装では、まず1階のフロア面積約2,400㎡のうち、中央部分の約3割を使用していた地元の文具店を店舗東側（パーキング側）に移し、広くなったスペースで、化粧品（従来の5割増の900㎡に）等、婦人服飾雑貨（2倍の640㎡に）、菓子・ギフトなどの食料品（2割増の910㎡に）等、女性向け売場を拡充し、百貨店らしいグランドフロアを構築した。また案内カウンターも大通側から、利用客の多いパーキング側出入口に移設した（第1期の投資額は約3.5億円）。

当時の津松菱の主要顧客は45〜64歳で全体の5割を占め、商圏の人口構成（33％）に比べ高齢化が進んでいた。逆に消費意欲の高い25〜34歳は人口構成（18％）に比べ少ない11％にとどまっていた。そのため、

主要顧客を満足させつつ、新規顧客を取り込むことが、最重要課題と新経営陣が認識し、その難問解決へ向け打ち出したのが化粧品と食品の強化であった。第1期改装の結果は「改装後は母娘二人連れや20〜30代のOLの来店が目立ち、来店客数は3〜4割増」(中山社長)と、ほぼ予想が当たった格好だ。また産業再生機構の後ろ盾を得たことで「これまでお願いしても入ってもらえなかったブランドに入居してもらえた」(中山社長)。支払利息は減少し、仕入時に取引先から求められていた保証金もなくなり、売場の改装が容易になったという(『日本経済新聞』2004年11月7日付け記事)。

③第2期改装：2005年10月

2005年10月、津松菱は、第2期改装として店舗の5〜7階を全面改装した(第2期の投資額は3億円)。5階には婦人服のほか、キッチン、インテリア、リビング、雑貨、健康食品など8つの新ブランドを導入。旅行や趣味を切り口に日常ファッションを提案する売場も新設した。また6階は貴金属、呉服を充実させ、リラクゼーションショップを導入。玩具売場を廃止し、物産展などの催事場の面積を565㎡と24％広げた。

今回の改装は、従来の主力顧客層であるシニア層には新しいライフスタイル提案であり、団塊ジュニア世代にはこれまで地域で不十分だったMDでニーズの高い領域であり、双方の顧客層に対して来店動機を高めるものだった。他の業態との差別化が発揮できる店内催事の強化(物産展などの本格的開催)は集客性を一層高めるものとなった。実際、この改修で、25〜34歳の団塊ジュニア層が11.8％から15.4％に高まった。

④第3期改装：2006年3月

2006年3月、津松菱の経営再建の仕上げとなる第3期の改装を終え、全館グランドオープンした(第3期の投資額は5億円)。今回の改装は2〜4階部分で、紳士服売場を2階から4階へ移し、新たに2・3階を婦人ファッションフロアとし、1階の化粧品、婦人雑貨との回遊性を高めた。(婦人服フロア側にエスカレーターも設けられた。)商品も積極的に入れ替え、新たに36ブランドを導入、うち15が三重県初登場となった。また明るめの照明や、各階の休憩スペースに置いた大きめのソファも好評

だった。特に2階のプレタポルテ婦人服のゾーンは、本格的な百貨店のサロンをイメージした売場環境になった。

店舗改装を3期に分けた理由について、中山氏は「店内が次々に新しくなるという躍進のイメージを(顧客に)与えたかった」と語った。また改装のたびに全社的なプロジェクトチームを立ち上げ、社員が部門を超えて勉強する機会を3回つくったことになり、その結果、社員のMDや接客販売についてのスキルやモチベーションがかなり高まったという(『日本経済新聞』2006年3月9日付け記事)。

⑤**外商改革**

若い世代を店舗に取り込む一方で、課題とされたのが外商の強化であった。中山社長は「車を運転できない高齢者には、こちらから出ていく必要がある」と考えたからだ。2004年の希望退職の結果、20人いた外商部員が9人に減った。2006年時点で17人まで戻したが、さらに24人に増やし、全売上高に占める外商比率も2006年時点の19%から30%に高める目標とした(『日本経済新聞』2006年3月9日付け記事)。

⑥**人材活用改革**

中山社長が最も重視したのは社員の意識改革だった。就任当初から「企業再生は品揃えやインフラが2割。あとの8割は人の心の改革」と言い続けてきた。例えば、失敗しても見て見ぬふりのなれ合い、新しいことに挑戦しない保守意識。お堀に囲まれた城下町にありがちな気質を改めるため、中山社長は「仕事に関しては上司に何を言っても不利益にならない」と宣言。小さなミスやクレームもこそこそ処理せず社長に伝わるようにした。

2004年10月に実施した1階の改装では、売場の販売員にマーケット分析や顧客インタビューなどを任せ、商品の棚割りも含めてボトムアップ型で内容を詰めた。また売上など経営情報も朝の会議を通じ社内で共有する。接客態度の基本はトップが率先実行し範を示した。従業員の間では「損益への意識が自然と高まった」との声が広がっており、意識改革に成功しつつある。「『社員が笑顔であいさつするようになった』と顧客から褒められると、ついうれしくなる」ということだった(『日本経済

新聞』2007年2月2日付け記事)。

　筆者が2006年3月の全館完成時に視察した際、気がついたことは、社員同士の挨拶、会話であった。婦人服飾雑貨部門の担当と思われる社員が、食料品売場を通った時、「売上はどう？　順調？」「頑張ってるよ」などとお互いに声を掛け合っていた。このような社員間のコミュニケーションの姿にはなかなかお目にかかれない。このような社員のモチベーションは、地方百貨店、小型百貨店ならではの強みとなっているのだろうと思われた。

⑦経営再建の進捗

　津松菱は2005年2月期に純利益が1,800百万円と13年ぶりに黒字に転換した。また金融機関から協調融資を受け、産業再生機構への2億円強の債務も返済し、2005年5月には同機構による支援を予定より早く終了させた。さらに、2006年1月に資本金22億9,700万円を1億円に減資し、資本準備金22億8,700万円を2,500万円に減らし、これらによって41億8,900万円の累積損失を一掃した。

　目標達成度はどうだろう。当初の3カ年計画では、2007年2月期に売上高100億円、営業利益3億円の達成を目指したが、実際は、それぞれ90億円、2億円に留まった。それでも物流改革や販管費・人件費の削減などの合理化により「売上が伸びれば、必然的に利益率が上がる仕組みはできた」という(『日本経済新聞』2006年3月9日付け記事)。その後、2008年8月に中山社長は退任し、津松菱の生え抜き社員の西村房和氏が社長職を継承した。

　津松菱の経営再建は一定の成果を上げ、経営としての「マイナス点」状態から「ゼロ」に戻れたということであろうが、これから「プラス点」を上げるべく、いかに前進していくかが課題である。同店を取り巻く外部環境として、津市の中心市街地空洞化の課題はまだ好転したとは言えない。これまでの改革での取り組みを活かしつつ、さらに顧客の固定化、なかでも優良顧客の維持・育成が今後の成長維持の重要なテーマとなっている。

▶うすい百貨店

　福島県郡山市のうすい百貨店は、1999年11月に約150億円の投資で

◆写真5-8 うすい百貨店(郡山)

従来の店舗規模の1.7倍の大型店舗(売場面積31,500㎡)に建て替え、地下1階から地上10階まで合計11フロアという東北地方最大級の店舗にダブル・エスカレーターや大きな吹き抜けを擁し、「ルイ・ヴィトン」など高級ブランドを揃えた本格的な都市型百貨店となってオープンした。確かに、店舗面積が狭く、形状の悪い仙台の百貨店(藤崎、三越、さくら野など)に比べれば、うすい百貨店のほうがワンフロアも広く、形状も良く、高層で、より本格的な都市型百貨店であり、郡山市の誇りとも言える店舗づくりであった。

　店舗の対象顧客は若者から中高年までのフルターゲット、品揃えも家具や生地手芸用品などまでフルラインであり、しかも三越の支援を受け、東北地方初ブランド18、福島県初ブランド53が導入された[*3]。また内装も三越仕様のサロン風のカーペットであったし、当時の三越店舗のパターンで(1996年開業の福岡三越と同様に)、上層階に「八重洲ブックセンター」や「ディズニーストア」が展開された。

　しかし、開店以降の売上は低迷した。それまでのうすい百貨店は、長年スーパーに近いような地方百貨店のMDと販売形態であったので、このように本格的な都市型百貨店のMDへの一気かつ大規模な転換は、地元顧客にとっては「敷居が高くなって」浸透しづらかったし、社員も本格商品の接客販売やマーケティング企画などをすぐに実践し対応できたかという問題もあったと見られる。

　駐車場は1,000台収容が確保されたが、他の商業施設に比べ大きくなく、なにより店舗は道幅の狭い商店街の中に立地し(大通りに面していないため)、車での進入が難しく、また渋滞も多く、本格的な都市型百貨店として福島県全体の広域から集客するという狙いはスムーズに達成

＊3　三越は1989年からうすい百貨店と業務提携し、商品供給などを行っていた。

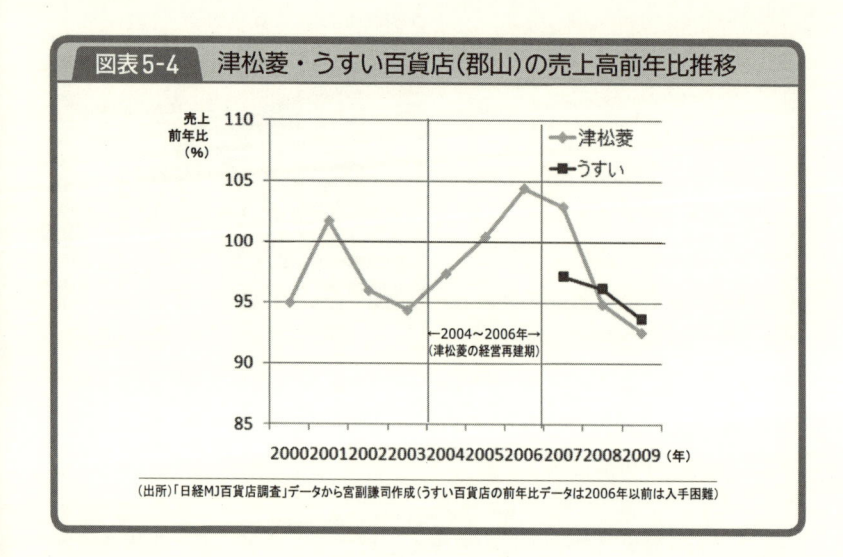

図表5-4　津松菱・うすい百貨店(郡山)の売上高前年比推移

(出所)「日経MJ百貨店調査」データから宮副謙司作成(うすい百貨店の前年比データは2006年以前は入手困難)

できなかった。

　2003年7月期のうすい百貨店の売上高は168億円で、最終損益8億円の赤字、開店時の初年度目標250億円に到底及ばない業績だった。

　このように売上は期待ほど伸びず、一方で巨額な店舗投資が経営の重荷となっていた。三越や金融機関から役員を受け入れ、人件費削減など自主再建を試みたが振るわず、2003年8月に産業再生機構の支援を受けることになった。金融機関の債権が放棄され、また創業家の薄井一族による資本金が減資され、再生機構、秋田銀行、三越等が改めて総額1億円を出資して新会社として、新社長が三越から派遣されて経営再生が図られることになった。

　具体的な経営再生の施策としては、店舗の広い売場を集約し、上層階2フロア(8・9階)を「大塚家具」へ賃貸し、収益を確保するとともに、従業員も20%に近い50名を削減した。

　しかし、MDの基本戦略は大きくは変更せず、本格的な都市型百貨店としてのMDは維持して、その定着・浸透を図る戦略をとった。うすい百貨店が99年の大改築でとった百貨店としての店舗規模の拡張、本格的な都市型百貨店化の戦略は、そもそもは郡山地区へのイオンや西友を

核テナントにした大型商業施設が近隣に開業することへの対抗であったし、地域一番の百貨店でないとアパレルや高級ブランドから商品調達が難しい状況になっていたことへの対策であった。

そのMDを基礎に、売場の生活提案性やギフトの販売力を高めたこと、また地域の団体とタイアップした展覧会やミニ・コンサートを店内で開催し、子供から年配層まで幅広い顧客に親しまれるイベントでの集客など地域密着性を高める営業努力を積み重ねたことなどにより、2005年7月期決算において、新店舗開業以来、初めて黒字を計上するまでに業績回復し、産業再生機構の支援が完了した。(そして2006年には三越の持分法適用会社となった。)

うすい百貨店が本格的な都市型百貨店戦略を維持したことは、現在までのところ成功だったと言える。すなわち、福島県内では、県庁所在地・福島市の百貨店、中合が本格的な百貨店でなく、いわき市や会津若松市からも百貨店がなくなり、さらに言えば、大宮以北、仙台までの東北沿線約300kmの地域では、大きな店舗規模に吹き抜け空間とダブル・エスカレーターがあり、「ルイ・ヴィトン」とまでは言わなくても「ラルフローレン」「バーバリー」などのきちっとしたブランドがちゃんと揃っている本格的な都市型百貨店は、うすい百貨店しかないからである。この地域で価格志向の強い量販店やディスカウント業態が増えれば増えるほど、うすい百貨店の業態的な差別化が進み、すなわち本格的な都市型百貨店としての存在感が増し、地域消費者の百貨店への需要がうすい百貨店に集中するという結果になったとも考えられる。

しかし、2009年には再建計画の一環として8・9階に導入した大塚家具の契約が満了となり撤退した[*4]。これにより、うすい百貨店には、地

---

*4 三越の店舗再建と言えば、集約された売場のスペースに大塚家具がテナントとして出店してきたが(新宿・横浜・多摩センターなど)、大塚家具自体も時代を経て従来通りの大型店の展開は厳しい状態になってきている。撤退した百貨店の店舗跡地や、余剰スペースを埋める役目として大塚家具やヨドバシカメラ、ビックカメラなどの家電量販店、HMVなどの大型CD店が登場してきたが、それらの店舗も、需要の減少もあり、大規模な売場面積も必要でなくなってきており、百貨店店舗スペースを代替する役目が果たせなくなりつつある。

域密着型と本格的な都市型との間で、大塚家具撤退後の広い売場を活かすMD力と販売力が改めて問われている。

(3) 量販店グループ化した地方百貨店のその後

1970～80年代、ダイエーやジャスコなどのGMSが地方に出店してシェアを拡大した時代、それに危機感を抱いた地方百貨店の多くが、伊勢丹、髙島屋、三越などの大手百貨店と業務提携しグループ化していった。

しかし、地方百貨店の中でも東北地方の百貨店では、東京系の大手百貨店と業務提携してそのMDをそのまま導入しても地域ニーズに対応できないとして、ダイエーやマイカル(当時のニチイ)など量販店のグループに入る戦略を選択する企業が多かった。ダイエーグループに入ったのは、中合(福島・会津若松)、三春屋(水沢・八戸)、十字屋(仙台・山形など)、棒二森屋(函館)であり、マイカルグループに入ったのは、山田(福島)、小美屋(川崎)、丸光(仙台・石巻・気仙沼・釜石・郡山・八戸)、武田(青森・弘前)、清水屋(酒田)などである(いずれも1970年代の百貨店企業名と店舗所在地)。

量販店グループの傘下に入る選択をした百貨店のその後の歴史を現時点から振り返れば、それは厳しく悲惨なもので、量販店グループの支援を受けるどころか、量販店本体が経営不振に陥って以降は、百貨店が店舗閉鎖のリストラ対象となって経営規模を縮小することになってしまったのである。

2010年現在、地方百貨店の企業数・店舗数の東西バランスは極めて悪い。九州地区などの西日本に比べ、東北地区の地方百貨店の企業数・店舗数の激減した要因として、百貨店の店舗運営能力がない量販店グループの傘下に入る選択をしてしまったことが大きく影響しているのではないだろうか[*5]。

▶さくら野百貨店(旧マイカルグループ)

マイカルグループになった百貨店は、当初、店名を「ダックシティ」と名乗って共通化を図った。しかしその名称は浸透せず、その後、さらに若向きファッション専門店ビル「ビブレ」へと業態変更させられ、ファ

ミリー向けからヤング向けへ店舗コンセプトを大きく変えた。地方都市ではヤング層はティーンズが主体で購買力も低く、一方で主力の中高年ミセス層が離れていき、一層の売上不振に陥ったのである。

そしてさらに、マイカルグループの経営破綻後、「ビブレ」を継承した「さくら野百貨店」は、2003年3月、基幹店の仙台店を全面改装し、セレクトファッションの「ユナイテッドアローズ」を東北初出店のテナントとして誘致し、再度、都会的で上質な百貨店を目指す戦略で経営立て直しを図り、一定の成果を上げた。

しかし、その後、ファッションビルやSCにも東京の専門店の出店が増える中で、差別性を失くし、集客力を下げ、再び不振に陥っている。結局、「さくら野百貨店」は、2010年、仙台店の百貨店業態維持を断念し、「エマックス」というテナントビル業態となり、「さくら野東北」という名称だった百貨店企業(青森・弘前など)を「さくら野百貨店」と変更した。

さくら野百貨店では、旧丸光百貨店の店舗を継承した八戸店(売場面積13,423㎡)も、マイカルグループ化以降新規出店した北上店(売場面積19,443㎡)も、市内の購買力に対して店舗規模が大きすぎて、売場を持て余しているようだ(2009年12月視察時点、及び2010年9月視察時点)。適正面積へのダウンサイジングは少しずつ取り組まれているが、MDのラインの抜本的な見直しも含め、一層の効率化を進めるべきであろう。

▶中合(なかごう)(ダイエーグループ)

中合は、現在、福島の中合だけでなくダイエー系百貨店の清水屋(酒田)、十字屋(山形)、三春屋(八戸)、棒二森屋(函館)を合わせた5店舗を、従来の店舗名を活かしつつ展開する百貨店企業となっている。(会津若松の会津中合は2010年に閉鎖された。)

＊5 なぜ東日本に量販店グループ傘下になった地方百貨店が多いかというと、百貨店側の期待や要請があったという面もあるが、量販店企業側もダイエーやニチイなど関西系の企業が多く、彼らの東日本への店舗戦略の展開上からも東日本地区の地方百貨店のグループ入りが望まれたという面もある。しかし1970～80年代はそのような思惑があっての提携であったが、次第に量販店本体もGMS店舗を東日本に直接展開するようになって、地方百貨店支援の意味合いは薄れていったと考えられる。

2005年12月に各社が「中合」のもとに合併した後、各店のロゴマークや包装紙など伝統や個性は確保しながら、各店のノウハウを共有し、MDやVMDの強化、食料品を中心に共通する取引先への交渉力の強化、ホームページの共通デザイン化などに取り組んだ。例えば、酒田のメロンなど各店の地元ギフトを選抜し、5店舗共通のギフト商材として中元・歳暮期に相互で拡販する動きである。各店が地元に強い関係を持っていて、それを各店がネットワークしてそれを売りこなせば、グループとしての効果も発揮できるし、地方百貨店として地元にも貢献できることになるのである[*6]。この複数百貨店の連携による運営体制は、前述のように一気に同一企業化したさくら野百貨店に比べスムーズで、効果を上げていると見られる。

　中合は、2009年に全店のMDを統括する商品改革本部を新設し、2010年度から2012年度を最終年度とする3カ年計画を策定し、5店舗のスケールメリット（2010年2月期売上高328億円）を活かした商品政策や人材育成を一層積極的に進めている。従来の百貨店NB（ナショナルブランド）よりも低い価格帯の商品の拡充に向けた新規取引先（クロスプラスなど）の開拓や、差益率改善を目的にした自主売場づくりを本格化しはじめている。また働き方の標準化によって業務生産性の向上を図り、新たに百貨店事業と相乗効果が見込める新規事業を開発していくことにして、新組織「新規ビジネスプロジェクト」を2010年3月に立ち上げた。

　そして2010年7月にダイエー本体から50億円の資金支援を得て債務超過（2010年2月期約13億円）を解消し、取引先の信用不安をなくすとともに、長年ほとんどできていなかった店舗改装に着手した。

▶中三（旧イオングループ）

　青森県を本拠地とする中三は、1990年代にイオンの郊外SC出店戦略に乗る形で、イオンと業務提携し、中三秋田店を「イオン秋田SC」に出店し（1997年）、百貨店多店舗化を目指した。（当時はイオンSCのテナントとして連携した百貨店は中三しかなく、その店舗成長戦略が注目された。）

[*6] この点は、今後地方百貨店が社名を存続しながら業務提携し、百貨店連合を組む場合に参考になりそうな運営方法として注目される。

しかしながら、青森県では百貨店として知名度の高い中三も、県を越えた秋田では知名度が低く、百貨店ブランドやギフトの需要の取り込みなど百貨店の業態特性をSCで発揮できず売上で苦戦し、2003年に撤退しイオンとの提携も解消した[*7]。現在、中三は、三越との業務提携を強め、中元歳暮ギフトや「ハロッズ」など三越MDの導入により百貨店らしさを強調している。

　ここへきて、さくら野、中合、中三など東北地方の地方百貨店は、これまでの量販店グループ傘下の経営から離れ、独自の経営政策を策定し、複数の店舗を抱えることの強みを活かしたMD政策や企画販売ノウハウの共有化などを始めている。量販店が持つ共同仕入・MDのノウハウや、業務の標準化・レイバースケジュール管理などを今更ではあるが百貨店としてしっかり活かすとともに、地域のニーズに根差した営業政策で業態特性を発揮することを期待したい。

4. 地方百貨店の新たな店舗戦略

　消費不況や、地方でのイオンなど郊外大型SCとの競合から、地方百貨店の経営環境は厳しさを増している。しかし、21世紀の生き残りをかけた百貨店業界の新たな胎動は、確実に起こっている。しかも郊外SCとの激しい立地競争やディスカウンターとの熾烈な価格競争を潜り抜けてきた地方百貨店において、その動きが活発化していることは見逃せない。

　例えば地方百貨店では、SC出店に対抗して、本格的な都市型百貨店化を目指すケース(水戸京成、大和富山店など)が見られた。また一方、百貨店のほうが郊外SCに出店するケースも見られた(井筒屋など)。さ

[*7] 青森県の中三が、イオンSCのテナントとして、秋田県へ進出し失敗したことは、地方百貨店がイオンなどの郊外SCに出店する際には、その地方で百貨店として知名度のある(百貨店業態として認知されている)ことが重要で、そうでない場合には、出店しても「百貨店らしさ」を発揮できずに失敗するという教訓を残したと言える。

らに最近では、有力な地方百貨店が不振の地方百貨店を支援し（井筒屋の「ちまきや」支援）、あるいは大手百貨店が地方から撤退した跡の店舗へ出店し（井筒屋・天満屋など）、出店エリアを拡大するという新しい動きも見られるのである。

そしてさらに、地方百貨店が抱える、より本質的な課題として、店舗規模、MD（特に海外ブランドが地方には入りにくいなどといった商品仕入面）などの限界がある。地方百貨店のMDは重点化を行わざるを得ないが、重点化の的を絞りきれないし、絞ってもそれを賄う人口が少ない。どうしても、ファミリー層もミセス層もOLキャリア層も富裕層も狙って総花的な売場から転換できないというジレンマに陥って抜けられない。新しい商品編集、店頭、外商、インターネット、社員ルート販売など販売形態の模索が続いている。

（1）本格的な都市型百貨店化を目指す県都百貨店

▶京成百貨店（水戸）

京成百貨店（水戸）も2006年3月に茨城県の県都百貨店として本格的な都市型百貨店へと変貌を遂げたが、それまでの経緯が実に興味深い。

水戸市ではかつて志満津百貨店と伊勢甚百貨店の2百貨店がバス通り（水戸市の幹線である国道50号線、通称「黄門さん通り」）を挟んで北側と南側に店を構えて競っていた。そのうち北側に立地していた志満津百貨店（1954年開店）は、1971年に京成電鉄と資本提携し商号を「京成志満津」と変更し、京成百貨店が加盟する髙島屋ハイランドグループのメンバーとなった。その後「水戸京成百貨店」の名称となり（1975年）、さらに水戸以外に京成百貨店の店舗がなくなったことから、新店舗移転時の2006年に水戸京成百貨店から「京成百貨店」へと名称変更した。一方の伊勢甚百貨店は、イオングループと提携し「ボンベルタ伊勢甚」となったが、その後業

◯写真5-9　京成百貨店（水戸）

績は振るわず百貨店を廃業することになった。そしてその伊勢甚百貨店があったバス通りの南側の地区が再開発され、地下2階・地上9階のビルが建設され、そのビルのテナントとして水戸京成百貨店が入居したのであった。

従来の水戸京成は、バス通りに面した店舗部分が狭く、奥に入って店舗の面積が広がるという店舗形状であった。それが新しい店舗になると、バス通りに面して構えも良く、形状も正方形と良くなり、売場面積も旧店舗の2倍以上の34,000㎡という本格的な都市型百貨店となった。ここでも、量販店傘下になった百貨店はその後、経営不振から消えてなくなり、大手百貨店グループに加入した百貨店のほうが営業を継続するという明暗を見せたのであった。

新しい京成百貨店のストアコンセプトは「楽しさ快適・好感度百貨店——いいものいいこと・いつもいっぱい」とし、「ルイ・ヴィトン」「ティファニー」「ロエベ」などの高級ブランド、本格的なレストラン街などを備えた県都にふさわしい本格的な都市型百貨店となった。(店舗の印象としては立川の伊勢丹と髙島屋を足して2で割ったようなイメージである。)店舗の施設環境もバス通り側の正面の公開空地(1～3階)を伴った堂々とした正面玄関、シースルーエレベーター(3基)を備えた開放感のある吹き抜け空間(4～9階)、自然光の降り注ぐトップライトドームのあるレストランフロア(9階)、バス通りから直接地下に降りる、水を取り入れた「サンクンガーデン」(地下1階)などのオープンスペースを計画的に配置し、また店舗1階と駐車場との間の空間に地元の専門店・飲食店を複数配置し「パサージュ」を展開するなど中心市街地の活性化に貢献することを目指した店舗づくりとなっている。都市型の店舗環境としては各階エスカレーター横の休憩スペースには店内の催事・施設・商品案内の情報を常時流す電子画面が設置され興味深い。

本格的な都市型百貨店としてのMDは、1階の特選ブティックのゾーンに加え、「ランコム」「シャネル」など外資系をはじめとする化粧品ブランドの充実(17ブランド)。また6階リビングフロアの「栗原はるみ」「私の部屋」「生活の木」「和み屋」「群言堂」など和と洋のライフスタイルMD

の集積や、「ウェッジウッド」などが並ぶ特選食器売場、7階子供服「センス・オブ・ワンダー」など都会的なブランドの導入など全館の随所に見られる。また一方で、地元出身デザイナーの「4298シズカコムロ」(4階)や、地元のコーヒーショップ「サザコーヒー」(4階吹き抜けのカフェ)やケーキショップ「コート・ダジュールクリュ」(地下1階)なども目立つ場所に配置され、地元志向を確実に打ち出している。8階に「ロフト」(生活雑貨)・「丸善」(書籍・文具)などの専門店を配置し、上層階への回遊性を高めている。

業績は、2007年287億円(前年比105.1％)、2008年281億円(同98.2％)、2009年266億円(同94.7％)と当初目標の300億円に達していない(「日経MJ百貨店調査」のデータによる)。その原因は何だろうか。本格的な都市型MDによって外商活動も活発となり広域からの集客を得ているようであるが、やはり従来の主力である地元の中高年ミセス層には敷居が高くなった感があるようだ。また4階婦人服ではミセス向けのセーター・ブラウス・ボトムス売場や「ジェーンモア」「チャージ」「馬里邑」「るんびに」などミセスボリュームブランドには購入客が付いているが、プレタのブランドゾーンが厳しいようだ。(プレタの購買層は東京で買物をすることが多いのだろうか。)(2010年9月店舗視察時点。)また3階に大きいサイズの婦人服の取扱いが面積的にも多く取ってあるにもかかわらず、3階がキャリア向けのフロアであるため、中央エスカレーターからサイズ売場がミセスに認知されづらく、買い回りが弱くなり売上が伸びていないと思われる。さらに問題は、3階及び2階に展開されるキャリア向け婦人服ゾーンであろう。ブランド数も多く、しかも大型の箱になっているが、はたしてそこまでの需要が水戸市にあるのかが疑問である。この層は水戸駅ビルや丸井(水戸駅北口)の集積に任せてもいいのではないか。

同じく2階のヤング・ティーンズを狙ったと思われる売場(「ホコモモラ」など)も惨憺たるもので、地域のヤングはどうしても高校生などになるので、もっと低単価なカジュアルブランド(専門店)を導入するか(それでは駅ビルと同様になってしまう)、化粧雑貨・小物などの溜り

場売場をつくるか(中三青森店2階のように)の改善策が考えられるが、京成百貨店の本格的な都市型百貨店という店舗コンセプトからすれば、ティーンズへの対応をしないという選択肢もあってよいのではないだろうか。また2階の婦人靴・ハンドバッグゾーンの広大さも含めて、2・3階はMDと売場配分の再考の必要がある。

　売上目標の達成に向け、売場環境・ハード面の新しさ、格調の高さから来る敷居の高い店舗イメージを払拭すべく、地元中高年層・ファミリー層に対して親しみや共感を高める努力がかなり細かくなされているのも事実だ。視察したところ(2010年9月時点)、9階レストラン街にある店舗案内表示は、以前はレイアウト図に店舗名の表示だったようだが、南側エレベーター前の掲示には店舗毎のメイン料理の写真を、北側シースルーエレベーター前の掲示には店長の顔写真を手づくりで貼り、顧客に各店舗のイメージを分かりやすく伝える工夫がされている。また7階子供服フロアではエレベーター前に等身大のキャラクター玩具をディスプレイし、このフロアがブティックばかりでないことを示し売場中央へと顧客誘導を図っている。4階婦人服フロアのエスカレーター横の休憩スペースでも地元密着のミニイベント(地元文化センター会員の俳句展など)を開催するなど細かい対応が随所に見られる。

　地域の消費者ニーズに対応して需要を高める方法として、価格の割引や、低価格ブランドに入れ替えるといったMDの対応もあるが、企画や売場環境の対応で顧客への親近感・なじみ感を高めて来店を促進し買上増につなげていく、そのような価値提供の方法もあることを京成百貨店の取り組みは示している。

▶大和富山店

　大和富山店も1932年開店の旧店舗を2007年9月17日に閉店し、同じく9月21日に通りを挟んで北側の再開発ビル「総曲輪フェリオ」の核店舗として移転、新開店した(投資額約100億円)。

　新しい大和富山店の売場はビルの地下1階から地上6階の7フロアで、売場面積は25,300㎡と旧店舗の倍に拡張された。ストアコンセプトは、「毎日が気になる魅力発信・百貨店」で、商品・サービス・店舗環境を

● 写真5-10 大和富山店

含めて情報発信性を高めた。ビル1〜3階の東側と7階には専門店ゾーン「フェリオ専門店街」が展開されている。(金沢・高岡同様、富山もフロアの一部に専門店街がある再開発ビルに入居している共通性を持っている。)

重点ターゲットとしては、既存店舗の中心顧客層の利便性をさらに高めるとともに、上質・高級志向の顧客層、先進性・新しい情報を常に求める顧客層(ヤング〜アダルト)への対応を強化し、富山地区唯一の百貨店として、商圏の幅広い顧客層に支持される店づくりを目指した。

具体的な売場構成は、1〜4階がファッション関連フロアで、1階が特選ブティック、化粧品、2・3階が婦人服やハンドバッグ、4階が紳士服・子供服など。「コーチ」「ハンティングワールド」「エトロ」「コールハーン」「スワロフスキー」で構成する特選ブティックをはじめ、婦人(「マックスマーラ」「リフレクト」など)、紳士(「ポールスチュアート」など)、化粧品(「RMK」「ジバンシー」など)、洋菓子(「アンリシャルパンティエ」「マールブランシュ」)など、北陸初47ブランド、富山初77ブランドというMDの刷新ぶりであった。紳士服では「トロージャン」「ベローチェ」、婦人服では「エッシュ」など大丸のMDが目立って展開されているのも特徴的である。

リビングフロアでも「栗原はるみ」「近沢レース」「生活の木」などライフスタイルMDが北陸初として導入された。

また1〜5階のエスカレーター横には「生活の旬」を発信する常設のプロモーションスペース「ザ・トピックス」が設けられた。またギフトアドバイザー、フィッティングアドバイザーなど販売関連の有資格者を約220人(開店時)配置し、1階・3階・5階に全館の専門的な買物相談・同行販売ができる専任者を配置するなどサービス機能を充実させた。

大和富山店の新しい店づくりで評価できる点は、いくつかあげられる。まず、東京・京都・地元の名店を集積した本格的なレストラン街を設け

る一方、従来の年配ミセス顧客にもなじみが持てる「ファミリーレストラン」を地下に設けるなど、これまで新店舗で対象顧客を全面的に若向きにして従来の顧客を離反させ、売上不振に陥った地方百貨店の事例を十分研究したMD、施設展開に工夫されている点である。

ただし、婦人服のサイズ売場があまり広く確保されていない点、食料品のデイリーゾーンが対面販売で、地方百貨店に多いセルフ方式（スーパーマーケット方式）でなく、少々「品が良すぎる」点は気になるところだ（2009年2月店舗視察時点）。

また金沢のレストラン（「ビストロKawamoto」）・洋菓子店（「NORIOカフェ・パピヨン」）を富山に導入するなど大和が出店している都市の取引先を活用するMD・売場づくりは、複数の都市で多店舗運営する地方百貨店としての強みを遺憾なく発揮していると評価できる。

初年度売上目標は200億円とされたが、実際の開店後の売上推移は、2008年は204億円で前年比102.6％と伸ばした。しかし2009年は187億円（前年比91.7％）となった（「日経MJ百貨店調査」のデータによる）。

▶地方都市における「本格的な都市型百貨店」の検討

「本格的な都市型百貨店」という店づくりのコンセプトはどのように捉えればよいのだろう。「都市型」、すなわち大都市の消費者の嗜好に対応するMDと施設・サービスが整った店舗タイプで、それが「本格的」に、（期間限定や仮設的でなく）常に消費者に提供される店舗ということ、すなわち具体的には、都会的で洗練されたブランドファッションや質や機能を備えた本物商品が常備で品揃えられ、喫茶・レストランやホールなどの情報発信の装置も充実している店舗ということだろう。この視点に立てば、京成百貨店と大和富山店はMD面も施設面もこれに該当すると思われる。

「本格的な都市型百貨店」は、地域の従来型の百貨店や、量販店スーパーなどの競合に対しては明確な差別化となるが、昨今の一般（大衆）消費者の節約志向（買上点数の減少）、価格志向（低単価）のもとでは、買上に結び付きにくいということになる。また地方都市においても新幹線や高速道路で東京や大阪（あるいは地方中核都市）と結ばれると、生活向上意欲

の高いキャリア女性層・40代ミセス層や富裕層ほど購買行動のアビリティも高いので、地元の地方都市から真に都市型MD・施設のある大都市に出かけて買物をする。これでは、地方百貨店が規模も環境も中途半端な都市型百貨店化に取り組んでもまともに太刀打ちできないことになる。また経営的にも情報発信の施設や運営のコストが従来以上にかかることになり、結果的に、地方百貨店としては売上がとれずに経費はかかるということにもなりかねない。地方百貨店が店舗戦略の面で抱える深い悩みの1つである。

しかし県庁所在地で一定規模の人口を持ち、地方中核都市から一定の距離(消費者が買物に行くには時間とコストがかかる距離)がある地方都市に所在する地方百貨店の場合には、「本格的な都市型百貨店」化は、やはり取り組むべき店づくりである。その点でリニューアルした宮崎山形屋などはそれが実現した好例と言えるだろう。(逆に、「本格的な都市型百貨店」化が望まれるのは、高知大丸、西武秋田店、中三青森店などである。)

(2) 店舗規模のダウンサイジング

地方百貨店でも県庁所在都市の百貨店が、旧店舗から移転新築して本格的な都市型百貨店として大型化する動きがある一方で、県庁所在都市以外の地方百貨店では、現有の店舗規模を見直し、使用するフロアを削減し、人件費や施設費を効率化して店舗の経営を維持する(閉店を回避する)、いわば「店舗規模のダウンサイジング」の動きが数多く見られるようになった。

▶大村浜屋

長崎県大村市の大村浜屋は、地下1階・地上6階のフロアのうち、3階以上を閉鎖し、地下1階から地上2階までの3フロアに売場を集約して営業を継続している。地下1階は食料品・家庭用品・ギフト、1階は婦人服飾雑貨・化粧品、2階は婦人服・寝装品・雑貨という構成である。大村浜屋の立地する商店街はまさに「シャッター通り」になって衰退しており、そのような立地環境で営業を行っている。

▶伊万里玉屋・長崎玉屋

◯写真5-11 長崎玉屋

　佐賀県伊万里市の伊万里玉屋は、地上5階建の店舗のうち4階のフロアを閉鎖して売場面積を8,312㎡から6,425㎡へ約77％の規模にダウンサイジングした。1階（婦人雑貨・化粧品・食料品・日用品）、2階（婦人服・紳士服・時計眼鏡）、3階（子供服・おもちゃ・家庭用品・寝装品・催事場）という構成とした。5階のファミリー食堂・文化ホールは営業を継続しているので、エスカレーターは5階まで稼働し、4階のエスカレーター周辺を特設売場として期間限定の企画にのみ利用している。（図表5-1で伊万里玉屋の売上減少率が大幅なのはこの店舗規模のダウンサイジング政策のためである。）

　また同じグループの長崎玉屋（佐世保玉屋長崎店）も、地上7階建の店舗のうち、まず7階フロアを閉鎖して催事場を5階に移動、6階もファミリー食堂・文化ホールは営業を継続するものの使用スペースを減らし、上層階を集約した。2009年にはさらにダウンサイジングを進め、閉鎖フロアとして4階と5階の2フロアを追加し、営業フロアは1階から3階までの3フロアになっている。（6階の空きスペースは中元歳暮期にギフトセンターを特設して活用している。）

　ダウンサイジング後の両方の玉屋に共通な売場構成としては、婦人服、食料品（セルフゾーンが主体）、化粧品、ファミリー食堂があげられる。さらに婦人服では百貨店MDとして、ドレスアップは「レリアン」、ミセスカジュアルファッションは「ハヴァナイストリップ」の2ブランドに集約して展開し、その他は量販店取引先ブランドを導入し地域ニーズとして顕著な価格志向に対応している。（これらのMDが地方百貨店の基本MDと言えるのかもしれない。）このような玉屋のMDは、地域密着型で店舗の足元商圏のニーズに対応しつつ、百貨店業態への期待にも応える具体的な施策であり、地方百貨店の堅実なMDとして注目される。

　同じく九州地区でトキハ別府店（大分県別府市）や井筒屋黒崎店（福岡

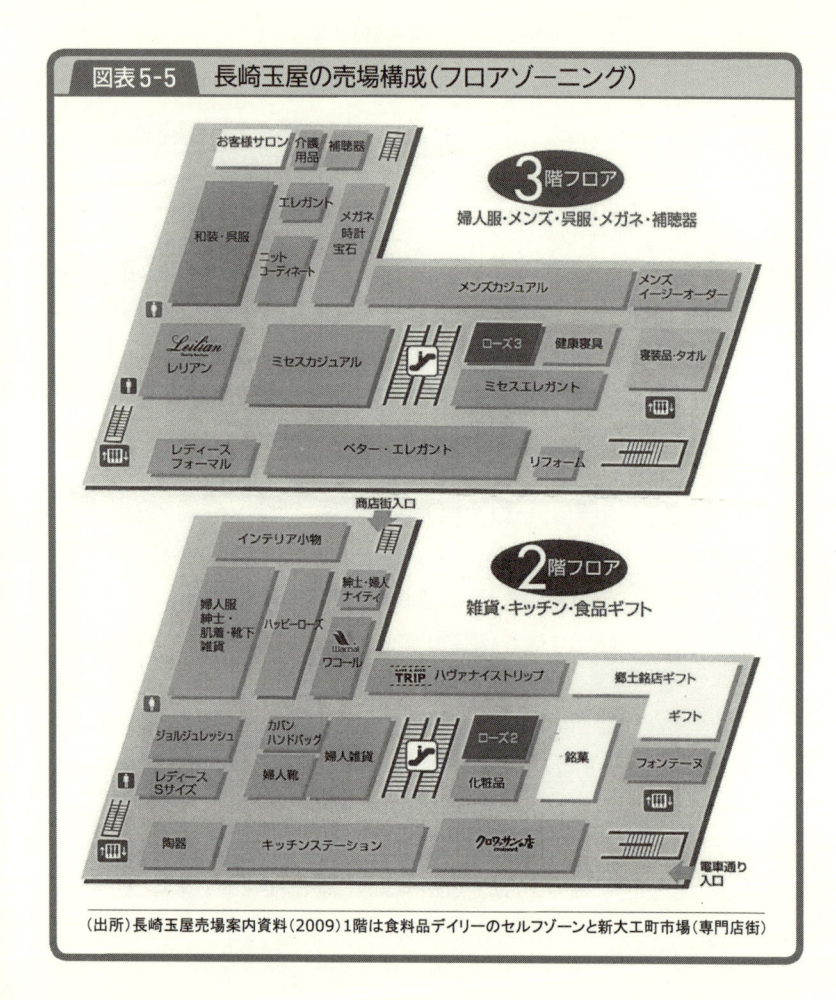

図表5-5　長崎玉屋の売場構成（フロアゾーニング）

3階フロア
婦人服・メンズ・呉服・メガネ・補聴器

2階フロア
雑貨・キッチン・食品ギフト

（出所）長崎玉屋売場案内資料（2009）1階は食料品デイリーのセルフゾーンと新大工町市場（専門店街）

県北九州市）では、売場を縮小しても単に空きスペースにするのでなく、商業以外の企業の事務スペースとして貸し出し、賃貸収入で店舗経営を改善する動きもある。

▶トキハ別府店

トキハ別府店は、地下1階から地上7階の売場のうち約半分にあたる4〜6階部分を企業向けに貸し出した。6階に人材派遣業大手の「リクルートスタッフィング」が約1,000㎡のスペースで電話応対拠点（コールセン

ター)として入居した。そこにはパソコン約100台を設置し、約50人のオペレーターが電話の問い合わせに応じている。オペレーターの多くが30代から40代の女性で、勤務後、食材をトキハで購入できる点などが人材を集めるのに好条件だという。

　地方百貨店の経営テコ入れとしては、問題店舗の全館をテナントビル化するか、あるいは店舗閉鎖・撤退という選択が多い。しかし地方百貨店は、地域の顔として存在する重要性も高く、地域消費者の生活に欠かせない百貨店としての役割への期待に応えながら、店舗規模のダウンサイジングによって収益を確保・改善しつつ店舗を存続させていく道が検討されなくてはならない。

　2010年3月にかつての福岡岩田屋の本館の建物が、パルコによって「福岡パルコ」として再生され好成績をあげている。これを事例に考えると、百貨店店舗の建物をパルコなどの商業デベロッパーに運営を委託し、百貨店企業はその店舗の一部に「メガテナント」(前述のようなダウンサイジングした、百貨店のコアとなるMDだけを展開する小型店舗)として入居するという店舗展開も今後の地方百貨店の店舗のあり方として選択肢の1つではないだろうか。

▶東北地区百貨店のダウンサイジング対応の遅さ

　上記のように、九州地区では百貨店の「店舗規模のダウンサイジング」が数多く取り組まれているが、東北地方の百貨店はどうだろう。例えば、八戸、青森地区のように人口10万～30万人クラスの地方都市で2百貨店が営業している場合では、地域の百貨店への需要や購買力からしても明らかに店舗スペースが過剰で、そのために人件費や施設費・空調費を無駄に使っているとしか思えない。

　八戸市の三春屋(売場面積15,850㎡、2009年売上高59億円、前年比91.7%)とさくら野(売場面積13,423㎡、2009年売上高49億円、前年比91.9%)、また青森市の中三(売場面積16,894㎡、中三4店舗合計の2009年売上高212億円、前年比81.9%)とさくら野(売場面積16,491㎡、2009年売上高61億円、前年比91.0%)ともに前年比が落ち込んでいる。

　三春屋は地下1階・地上5階の店舗であるが、東西のゾーンに分けて

みると、西側ゾーンへの顧客回遊性は厳しく、売場の余剰感が強い。特に4階暮らしのフロアの「バス・トイレタリー売場」は什器も商品陳列もまばらで空虚な展開になっている(2009年12月視察時点)。西側ゾーンは、食料品フロアの地下1階と、駐車場への連絡通路機能のある1階は、現状維持としても、それ以外の上層部分は売場を閉鎖し東側ゾーンに集約できるのではないだろうか。(全館的には7掛け程度か。)またさくら野八戸店は、地下1階・地上6階の店舗で、地元書店が入居した1・2階の百貨店部分のフロア程度が平面としては適度で(2階の紳士服と書店の売場リレーションは良く、顧客の回遊性もあるようだ)、縦ではやはり上層階(6階のリビングフロア)に余剰感が漂う。こちらも店舗としては8掛け程度のダウンサイジングが見込まれる。売場面積10,000㎡規模での売場充実が戦略的にも望ましいのではないだろうか。

　さくら野青森店は、新町通りに面した北側ゾーンと反対の南側ゾーンと明確に2ゾーンに店舗が分かれ、それをつなぐ形でエスカレーターが配置され、店舗形状には恵まれていない。(その形状のため、せっかくのエスカレーターが、北側ゾーンにとっても、南側ゾーンにとっても顧客回遊性の有効に機能しておらず、売場の効率を上げていない。)この店舗も南ゾーンの売場を集約できる可能性がある。

　百貨店2店がほぼ同規模で地域一番店を競うがゆえに、ブランド確保、商品量確保が重要視され、店舗スペースの維持・拡大を外せないということだろうが、このままの店舗規模、売場構成、ブランド揃えを継続していては、近いうちに2店舗ともに経営不振に陥ってしまう懸念がある。九州地区百貨店のような店舗規模のダウンサイジングが必要と思われる。

(3) 小型店舗での出店戦略

　既存店舗のダウンサイジングでなく、百貨店店舗を閉鎖して小型店舗で出店し直すケースもある。例えば、一畑百貨店出雲店(島根県出雲市)は店舗を取り壊し、再開発されたビルの1階に入居し、また飯塚井筒屋(福岡県飯塚市)は既存店舗の一部を百貨店サテライト店として活用し再出発した[*8]。

▶一畑百貨店出雲店

○写真5-12 一畑百貨店出雲店(旧店舗)

　一畑百貨店は、島根県出雲市のJR出雲市駅(電鉄出雲市駅)に立地する出雲店(1964年開店、売場面積5,600㎡、1998年売上高は約29億円)を2000年2月末で閉店した。量販店との競合で慢性的な赤字に陥っているうえ、市が進めるJR出雲市駅周辺の土地区画整理などに伴うものであった。

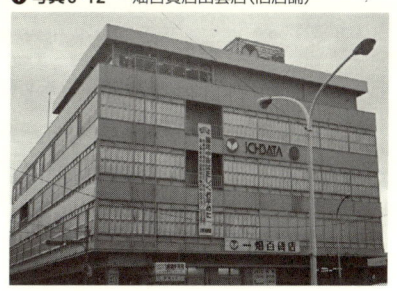

　2001年9月には、その代替施設として「一畑ツインリーブスホテル出雲」(地上7階・塔屋1階の8階建で客室数150)が完成したが、そのホテル1階のJR駅側にアトリウム(公開空地)とそれを挟む形で商業ゾーンが設けられ、そこに一畑百貨店出雲店が百貨店サテライト店として入居し開業した。広さは合計1,000㎡と旧店舗の5分の1以下だが、婦人服や食料品を中心に店頭で年間売上高10億円、外商で8億円を目標に営業開始した(『日本経済新聞』2001年9月記事)。

　この店舗の売場構成は、アトリウムを挟んで道路側に婦人服・化粧品、駅側に食料品、食器・ギフト、紳士用品となっている。化粧品は資生堂・カネボウ、婦人服はミカレディ・詩仙堂・シンプルライフ・ワコール、紳士服はダックス・マンシングなどの百貨店ブランドを展開。また紳士服オーダーサロン、食器・食料品ギフト、グルメ系加工食品グロサリーなど百貨店業態らしい品揃えをコンパクトに行っている。デイリーな顧客の集客にはベーカリー「ドンク」を導入している。

　一畑百貨店出雲店のホテル立地は、顧客の相互性、施設の共有性の面で戦略的であると評価できる。すなわち、地域の優良顧客(百貨店志向の顧客)は宴会などでホテルを利用する機会の多い顧客であり、相互に

＊8　サテライト店とは、百貨店の取扱商品の一部(例えばギフト商品や婦人服など)を展開する小型店舗である。外商の出先拠点であることも多い。百貨店店舗を本体とすると、その百貨店の商圏内の店舗周辺地域に立地し、本体の営業を補完し、あるいは地域顧客を本体に送客する機能を持つことから衛星(サテライト)と見立てられ、この名称となった。現在では本体の商圏に関係なく地域に出店する小型店を指すことも多い。

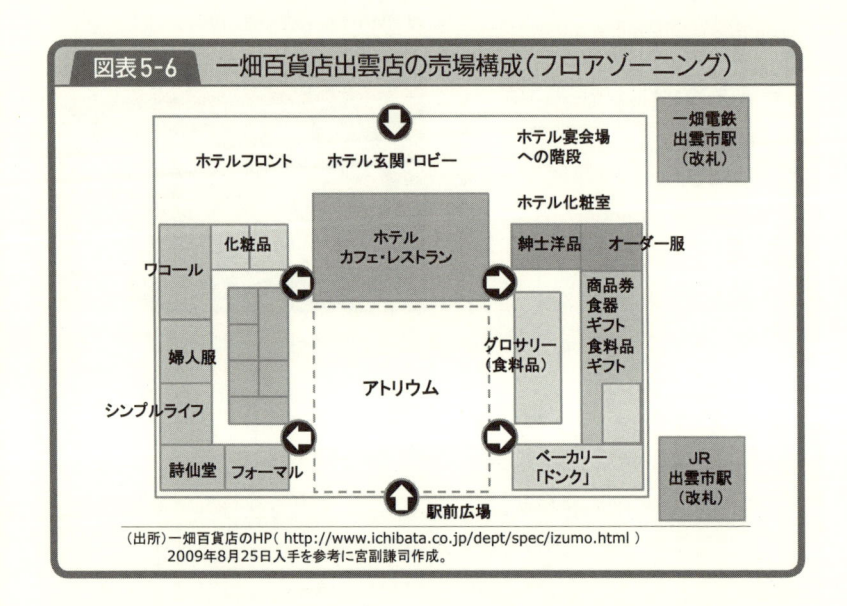

図表5-6　一畑百貨店出雲店の売場構成（フロアゾーニング）

```
                    ↓
ホテルフロント  ホテル玄関・ロビー   ホテル宴会場      一畑電鉄
                                  への階段         出雲市駅
                                                  （改札）
                                  ホテル化粧室
        化粧品        ホテル
                   カフェ・レストラン   紳士洋品   オーダー服
ワコール                                  商品券
                    ←          →      食器
                                        ギフト
        婦人服                 グロサリー  食料品
                                （食料品） ギフト
シンプルライフ        アトリウム
                                                  JR
        詩仙堂 フォーマル   ←         →   ベーカリー    出雲市駅
                                        「ドンク」   （改札）
                           ↑
                         駅前広場
```

(出所)一畑百貨店のHP(http://www.ichibata.co.jp/dept/spec/izumo.html)
2009年8月25日入手を参考に宮副謙司作成。

共通性が高い。ホテル宿泊客もキヨスク的に百貨店のお土産ギフトや旅行での必要品(コモディティ・下着・洋品など)を購入できるし、ホテルのブライダル需要にも対応する。また施設面では、百貨店のサテライト店なのでスペースを持ちづらいレストラン・喫茶やイベント会場、トイレなどはホテルの施設を利用するようになっており、ホテルと連携したうまい店舗づくりとなっている。地方都市での百貨店の店舗のあり方として大いに参考になるケースである。

▶飯塚井筒屋：百貨店業態で閉鎖し、サロン業態で出店

井筒屋は、福岡県飯塚市の中央商店街に立地する地上3階・一部4階建の小型百貨店「飯塚井筒屋」(売場面積3,900㎡、2008年売上高16億円)を2009年8月末に閉鎖し、その店舗施設の1・2階を井筒屋本体直営の「飯塚・井筒屋サロン」として9月11日に開店した。売場面積は2,100㎡と小型化し、従業員を従来の57人から21人に減らして運営コストも削減し、空きスペースとなる3・4階部分を貸し出して賃料収入を得る方針である(初年度売上は10億円の見込み)。

売場構成は、1階：和・洋菓子、化粧品、婦人・紳士用品、リビング

用品、ギフト商品、友の会・ウィズカードカウンター、2階：婦人服とし、小倉本店の人気商品、特選ブランド品をお取り寄せサービス、本店の人気物産催事を飯塚でも開催（オープン記念催しでは「北海道物産展」を開催）、本店のデパ地下商材を毎日直送限定販売、サロンとしてゆっくりと休憩できるアメニティ性のある店舗環境を提供することで地域ニーズへの対応、地域の中心商店街の活性化に貢献する。

　井筒屋は飯塚だけでなく、かつて百貨店店舗を構えていた都市で撤退後にサテライト店を出店し、従来の地域顧客を継承する戦略をとっている。

▶井筒屋のSCテナント出店

　井筒屋はこれまでもサテライト店を福岡、山口の両県内を中心に18店舗展開している。サテライト店は売場面積が600㎡程度で、婦人服、贈答品や洋品雑貨などを中心に扱う店舗。サテライト店1店舗当たりの売上高は年間3億円程度。本店などから商品を取り寄せることもできる。サテライト店にはテナントが入らず、井筒屋が仕入れた商品だけを販売し、また商品別の担当者を置かないので人件費を抑制でき、営業利益率が7％（2009年2月期）と井筒屋単独に比べ5％以上高く、井筒屋は利益率の高いサテライト店を増やし、利益の下支えにしたいという。主力店がある北九州市や山口市以外にいる顧客を取り込むほか、外商との連携で小倉本店（北九州市）などの販売増にもつなげる相乗効果も狙う。

　2009年9月開設の飯塚・井筒屋サロンを皮切りに、2012年度までに10店程度を新たに出店し、売上高を年40億円程度増やす計画を進めている（『日本経済新聞』2009年9月12日付け九州地方経済面記事）。

　特に注目されるのは、大型SCへのテナントとしての出店である。中津や大牟田では、百貨店店舗を閉鎖した後、継承店舗として量販店イズミのSC「ゆめタウン」のテナントとして出店している。

　百貨店サテライト店のSCへの出店は、路面の単独店出店に比べ出店コストが低く、商品を婦人服やギフト用の和洋菓子など高差益の商品群に特化できるメリットがあり、SC側には百貨店サテライトの出店によって百貨店顧客の集客を期待できるという相乗効果がある。実際に中津（売

場面積420㎡)の「ゆめタウン中津」、大牟田(売場面積627㎡)の「ゆめタウン大牟田」への出店初期投資は、中津店4,500万円、大牟田店7,400万円という額で、売上も中津店5.8億円(前年比106.5％)、大牟田店7.8億円(111.3％)の実績をあげている(『繊研新聞』2006年5月22日付け記事)。

百貨店サテライト店のSCあるいは駅ビル出店は、百貨店の今後の出店戦略の重要な部分になるのではないだろうか。

▶博多「サロン・ド・井筒屋U」の開発

井筒屋はJR博多駅の改築に伴って2007年3月で博多井筒屋が撤退した後、福岡市でも小型店での出店の試みを行った。その小型店舗は「サロン・ド・井筒屋U(ユー)」という名称で、福岡市博多区にホテル(ホテル・オークラ)や劇場(博多座)・美術館(福岡アジア美術館)などを含んで再開発された大型複合開発プロジェクト「博多リバレイン」の中の高級ブランドのファッションビル「イニミニマニモ」の地下2階に、1,800㎡の規模で2007年11月2日に開店した。

この店舗は、「自立・成熟した活動的な大人の女性」を対象に「ファーストクラスのおもてなし」をコンセプトとし、商品構成は婦人服・洋品雑貨・化粧品(50％)、食料品(九州初登場の「ザ・ペニンシュラブティック」をはじめとする和洋菓子、九州の名産「九州逸品倶楽部」、焼酎)(30％)、ギフト・リビング雑貨(九州初登場の「ガンプス」など)(10％)、紳士用品雑貨(10％)で、いわば井筒屋が編集した百貨店版のセレクトショップ業態と言えるものである。

婦人服は、その約9割を、イタリアを中心としたインポートで構成。オンタイム、オフタイム、トラベル、パーティの4つのシーン別に編集し、バッグ、アクセサリーなどのコーディネートを提案する販売形態をとった。

接客サービスでは、コンシェルジュの役割をこなせる販売員を配置したほか、仕入・販売を兼務する「カスタマーズスタッフ」と言われるスタッフ7人を置いた。(井筒屋の旅行事業部の旅行手配も紹介する。)

施設環境は、「別邸」をイメージした1軒の家のように構成、ピアノの生演奏をするエントランス、来店客を迎えるコンシェルジュサロンのほか、最大33㎡のフィッティングサロンを5室備えた。従業員は44名で、

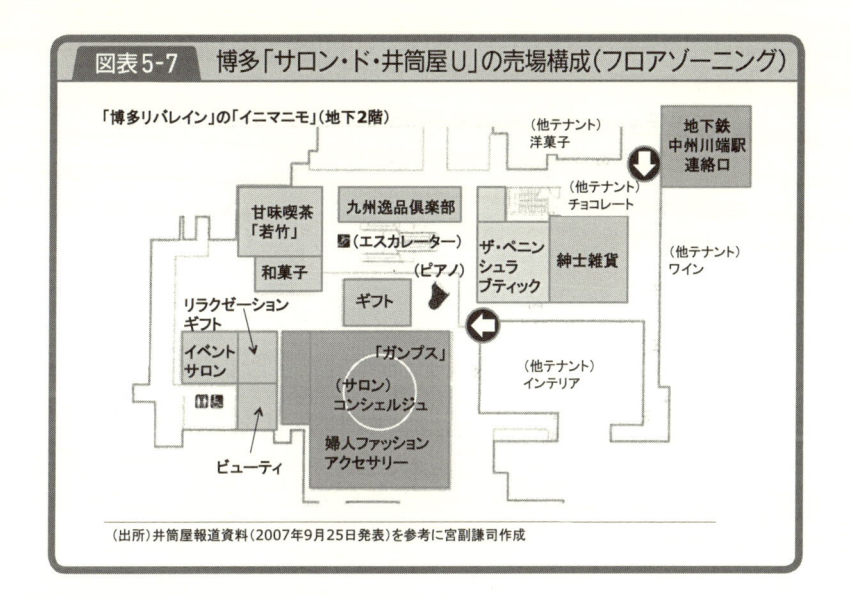

図表5-7　博多「サロン・ド・井筒屋U」の売場構成（フロアゾーニング）

「博多リバレイン」の「イニマニモ」（地下2階）

- 甘味喫茶「若竹」
- 和菓子
- 九州逸品倶楽部
- （エスカレーター）
- （ピアノ）
- （他テナント）洋菓子
- （他テナント）チョコレート
- 紳士雑貨
- ザ・ペニンシュラブティック
- 地下鉄中州川端駅連絡口
- （他テナント）ワイン
- リラクゼーションギフト
- イベントサロン
- ビューティ
- ギフト
- 「ガンプス」
- （サロン）コンシェルジュ
- 婦人ファッションアクセサリー
- （他テナント）インテリア

（出所）井筒屋報道資料（2007年9月25日発表）を参考に宮副謙司作成

年間売上高は初年度15億円を見込んだ。

　この井筒屋の取り組みは、基本的には百貨店サテライト店のSC出店であるが、その中身は、大都市の富裕層をターゲットにして、高質な商品を平場で展開し、付加価値の高い販売手法で売る戦略的・サロン的な業態を地方百貨店が開発したもので、高級なサテライト店を高級なSC出店として、従来と比べ商材も出店先も高級にしたものと見ることができる。

　今後、大都市で業務・商業・ホテルなどを組み込んだ複合的な都市開発が進む中で、都市部での新たな百貨店出店のパターンとして選択肢を広げるものであり、その成果が注目された。

　しかし「サロン・ド・井筒屋U」の業績は振るわず、2009年6月、わずか2年足らずで継続展開を断念し撤退した。これは、1990年代に有楽町西武にあった高質販売業態「PISA」が目指した売場づくりに近く、地方とはいえ九州の中核都市で高額品の需要の高い福岡市であればと期待されたが、残念な結果に終わった。

　このように婦人服を核に、ドレス、単品、靴やハンドバッグなどの雑貨、

美容など、トータル・ソリューションとして販売する仕組み、あるいは新たな「レディスフロア」として、今後百貨店が中核に据えて取り組むべきなのではないだろうか。現在、井筒屋では小倉本店の婦人服売場で、この「サロン・ド・井筒屋U」の取り組みを継承しているので、今後を注目していきたい。

また地方百貨店が新店舗として、地方都市に最初から小型店舗で出店する動きも見られる。例えば、尾道福屋（広島県尾道市）がその代表例である。

▶尾道福屋

福屋（本社・広島市）は、1999年4月、尾道駅前の再開発ビル「ベルポール」にテナントとして入居し、尾道福屋をオープンさせた（投資額10億円）。「ベルポール」は地下1階・地上11階建のビルで、3〜11階は分譲マンションで2階から地下1階までが尾道福屋の売場（4,733㎡）となっている。フロア別には、地下1階：食料品、1階：ギフト、紳士・婦人衣料、服飾雑貨、化粧品、2階：書籍、文具、CD等（テナント：「啓文社」）および喫茶（テナント：「浪漫珈琲」）という構成になっている。

地下1階は、尾道港直送の鮮魚、県内でその日に収穫された野菜等、鮮度・品質を重視した生鮮食品のほか、グロサリー、日配品、全国銘菓、酒に尾道の名店「中屋本舗」（和・洋菓子）、「桂馬商店」（蒲鉾）、「ウオスエ」（鯛の浜焼）、インストアベーカリーまで導入した本格的食品館である。

また1階の婦人・紳士衣料も、セレクトされたカジュアルウェアを揃え、服飾雑貨、化粧品（「クリニーク」「資生堂」）、インテリア雑貨（専門店）、ギフトサロン、ゲストルームなど地域からの要請の多い百貨店機能を盛り込んだ形となっている。

そして2階は地元の書店「啓文社」をテナントとして導入したが、テーブルと椅子をエスカレーター回りと、尾道桟橋を見渡せる窓際に配置、海を見ながらゆっくりと本を読んだり、休憩したりできる空間をとっており、営業時間もこのフロアだけは22時までと、これも大型書店のなかった尾道地区の地域ニーズに対応した形となっている。

このように尾道福屋は3フロアの小型百貨店ではあるが、駅前の好立

地で、しかも近隣に位置する量販店のSC（マイカル、フジグラン）とのすみわけを考慮し、また地域住民のニーズを的確に捉えた高品質な商品と空間を提供し、開店後10年を経て地域に定着している。このような新たな店舗展開は、今後の地方百貨店の店舗戦略のあり方として注目される。

(4) 地方百貨店の新規出店

2000年代に入っての地方百貨店の新規出店は、数が少ない。その中で、鹿児島県霧島市の国分山形屋は、旧店舗を閉鎖し、より大型の新店舗を新築・移転して開店した。地域ニーズに対応しつつ、街の商業の中核として街づくりにも貢献する取り組みを見せている。

▶きりしま国分山形屋

国分山形屋は、旧国分市に1983年開店し営業してきた2階建の店舗（売場面積3,460㎡、2000年売上高24億円）を閉鎖し、市役所の旧庁舎跡地に地上5階建店舗（売場面積10,800㎡）で新築・移転し、2006年5月20日に開業した。移転開業に際し、新たに地元在住者を中心に200人程度を採用した。総投資額は40億円で、初年度に45億円の売上を目指した。また市町村合併に伴い国分市の市名が霧島市となったことから、店名を「きりしま国分山形屋」に変更した。

新店舗のコンセプトは、「生活感動・新百貨店——日々新しい発見と感動を提供する、おもてなし百貨店」で、コンパクトな店舗ながらファッション、リビング、食料品のフルラインの商品構成、催事場やレストランを備えて、実需に対応する地域性と生活提案をする都会性を含めた地方都市の消費者ニーズに必要な要素を盛り込んだ新店舗という印象がある[*9]。

この店舗の注目点は数多くある。

---

*9 筆者は1980年代に国分山形屋の旧店舗（2階建）を視察したが、その店は小規模店舗であるが、売場の中心に百貨店MDの平場、食料品は山形屋ストアのスーパー、ギフト売場は山形屋本体（本社鹿児島市）の外商ショップ、さらに地域専門店などが「カセット」のように組み合わさって1つの店舗が構成されていた。またそのカセットは本社から供給・運営される仕組みのように捉えられ、カセットによる店舗構成と百貨店のチェーンオペレーションシステムの概念に気付かされた経緯がある。（その概念は1994年刊の『新百貨店バラ色産業論』に記述している。）

まず、1階「食のフロア」では、グロサリー・生鮮のデイリーゾーンはスーパー形式、惣菜・菓子は「デパ地下」的な百貨店型、そしてプロムナードを挟んでベーカリー「横浜ポンパドール」、酒蔵、健康食品が専門店ショップ形式で並び、玄関横に気軽に立ち寄れる「キョーワズコーヒー」を配置した、地方都市の需要に最適な規模で、多様な販売形態を街のように配置し、しかも地域のMDと都会のMDを程よく織り交ぜて展開していることだ。

特にパンの「ポンパドール」は南九州初登場で、鹿児島のパン屋でなく、都会の店を導入した点は、多くの地方百貨店が1階の顔に特選ブランドファッションを導入しようとするのとは違う都会性の打ち出し方だと評価できる。パンの実需としても霧島市は市内に温泉ホテル群も多く抱えているので安定して見込めるのではないだろうか。

2階の「婦人服飾雑貨とヤング＆ファミリーのフロア」も、グランドフロアの狭い山形屋鹿児島本店よりも百貨店らしい空間になっており、「クリニーク」などの化粧品や「コムサイズム」の大型ショップが都会性を強く打ち出している。ヤング向けの「グローブ」「ザ・ショップTKタケオキクチ」（ワールド）は吹き抜けの南側でプロムナードに沿ってSC専門店街のように構成されていて、ヤング層が中高年ミセス層とは独立して買い回りができる配慮と見られる。（婦人服飾雑貨は集積感もあり、都会性・地域性を踏まえた品揃えで充実しているが、婦人靴は面積的な制約もありミセス向けの品揃えとするか若向けにするかの難しさがあるようだ。）

3階「メンズ＆レディスとリビングのフロア」は、紳士のスーツなど重衣料は「ダーバン」に絞り、カジュアルの洋品雑貨のウェイトを高めて展開している。また婦人服から婦人肌着へ、さらにタオル・バス用品、家庭用品と商品のつながりを重視したレイアウトになっている。（ただし開店時に導入した「自由区」「エンスィート」など都会的な婦人服ブランドは、不振により

◆写真5-13　きりしま国分山形屋

1年ほどで撤退した。)

4階は「キッズとレストラン・催しのフロア」で、子供関連では、子供服ブランドとサンリオやボーネルンド(知育玩具)など百貨店らしい品揃えとなっている。地域ニーズに対応した実用衣料売場(「おしゃれ生活」)をエスカレーター前に配置した。レストランはファミリー向けというだけでなく、地域の宴会需要やミセスのコミュニティ向けの特別室なども備えたものになっている。

店舗環境は「アトリウム」吹き抜けを配置するとともに、玄関と玄関をつなぐ部分は1・2階ともに「プロムナード」とされ、百貨店ゾーンに相対して吹き抜けを挟んで複数の専門店・ショップが商店街のように並んだ通路を配置して、街を意識させる店づくりになっている。また屋上には「ルーフガーデン・テラス」を設け、桜島方面が望める開放感のある空間をつくっている。(ハートビル法及び鹿児島県福祉のまちづくり条例に基づいたバリアフリー構造で、出入り口、通路、トイレなどに多くの工夫が施されている。)

また地方百貨店ではまだまだ珍しい、買物を「EDY」で決済できる仕組みも導入されている。(これは同店の近郊にソニーの工場があり、ソニー社員の買物に利便を提供するものと考えられるが)新しい店舗で新しい購買方式を見ると、まさに21世紀の百貨店という印象を強く受ける。

5. 地方百貨店の新たな企業戦略

(1) 複数店舗展開の地方百貨店の出店エリア変化

地方百貨店の中でも、店舗数5～7店程度を展開する(多くの場合本店所在地の県以外に複数の県にわたって店舗網を形成する)百貨店企業がある。岩田屋(本店・福岡市)、丸井今井(本店・札幌市)、井筒屋(本店・北九州市)、天満屋(本店・岡山市)、大和(本店・金沢市)、山形屋(本店・鹿児島市)などである。そして、その各社の動向は、2000年代に大きく変化をしている。

すなわち、①経営破綻した岩田屋と丸井今井は、支店を多く閉鎖するとともに伊勢丹の傘下に入った。②井筒屋や天満屋は、不採算店を閉鎖しつつ、他の百貨店店舗を救済あるいは別の百貨店撤退後の店舗を継承する形で新たな店舗を得て、店舗展開を新たな地域にシフトした。③大和は不採算店舗を閉鎖する中で、新潟県から撤退し、石川県・富山県に店舗を集約することになった。④山形屋は、前述のように、宮崎山形屋の増床、国分山形屋の移転建て替えなどを行いながら店舗網を維持している。

▶井筒屋

井筒屋は、2007年3月にJR博多駅ビルの建て替えに伴い博多井筒屋(福岡市)を閉鎖した。(その代わりに小型店「サロン・ド・井筒屋U」を博多区の中洲川端に2007年11月開店した。)また久留米井筒屋(福岡県久留米市)は、郊外型SCの攻勢で減収が続き2009年2月に閉店した。その後、2009年6月に売上が伸び悩む上記の福岡市の小型店、2009年8月に飯塚井筒屋と相次いで店舗を閉鎖し、福岡県の南部・西部(筑前地区・筑後地区)エリアから撤退した。

一方で、JR小倉駅前の小倉伊勢丹が撤退した店舗を「コレット井筒屋」として継承(2008年4月)、さらに経営不振に陥った山口市の百貨店「ちまきや」を「山口井筒屋」として継承して(2008年10月)、宇部井筒屋を山口井筒屋宇部店と再編した。

井筒屋は、かつては北九州市の小倉と黒崎の直営店に加え、上記のようなグループ店と合わせて、福岡県・大分県・山口県に最大時9店舗の百貨店を展開する九州で有数の百貨店であったが、大牟田・中津・博多・久留米・飯塚と撤退し、対象商圏を福岡県全般から福岡県の北九州地区(豊前地区)を基盤としつつ山口県に拡大して、いわば店舗網をシフトする動きを見せている。

北九州地区では、黒崎店は経営破綻した「黒崎そごう」の店舗(JR黒崎駅前)を継承し従来店舗(駅からやや離れた商店街に立地)から移転したし(従来店はインテリア専門館に業態転換)、「コレット井筒屋」も「小倉そごう」「小倉玉屋」「小倉伊勢丹」として経営しても不採算だった店舗を

引き継いだものである。その結果、北九州市に百貨店を3店舗も抱えることになったが、北九州市場を独占するメリットというよりも、市況が冷え込む中で、特に本店である小倉店と、駅前のコレット井筒屋の2店の運営は、顧客が重なる部分が多く店舗づくりの差別化も難しく、本店の売上不振、ひいては井筒屋本体の経営を厳しいものにしてしまったデメリットが大きいと思われる。地域経済の破綻を防ぐために井筒屋が地域の有力企業として支援に名乗り出て引き継いだことで、逆に井筒屋が厳しい経営状況に陥ってしまったのは何とも残念なことである。地方百貨店の地域経済への「貢献の大義」と「現実の経営の苦しさ」の間のジレンマを感じざるを得ない。

▶大和(だいわ)

金沢を本拠地に石川・富山・新潟の北陸3県にわたって店舗を展開してきた大和も、2010年に、新潟店（売場面積20,930㎡、2009年売上高74億円、前年比91.9％）、長岡店（売場面積5,185㎡、2009年売上高26億円、前年比97.2％）、上越店（売場面積6,472㎡、2009年売上高27億円、前年比101.7％）の新潟県内3店と、小松西武撤退の後を継承した小松店（売場面積14,170㎡、2009年売上高32億円、前年比92.1％）（石川県小松市）と相次いで4店舗を閉鎖した。

その結果、大和の店舗網は香林坊店（金沢市）、富山店、高岡店の3店舗だけということになった。

▶天満屋

岡山市を本拠地にする天満屋の最近の動向では、倉敷三越の撤退後の店舗を継承し、既存の店舗から移転し大型化した新倉敷店の開業があげられる。店舗の売場面積は22,126㎡で、従来の百貨店（三越）＋専門店街（くらしきプラザ）という店舗イメージでなく、全体が百貨店（天満屋）でその中にロフトや専門店が点在するという店づくりにより、店舗イメージが一新された。特にOLの通勤時の購買利用を狙った都会的で高感度なMDとし、JR利用で程近い岡山本店との差別化も図られた。

(2) 企業を超えた複数の地方百貨店の連携の動き

▶経営ノウハウ・情報での地方百貨店の連携

　山陽百貨店(兵庫県姫路市)、京阪百貨店、津松菱、一畑百貨店の地方百貨店4社は、地方百貨店ならではの課題を共有し、販売促進やMDの取り組み策などの情報交換を行う活動を2007年8月から開始した。地方百貨店が、大手百貨店と業務提携したり、大手百貨店が主導する百貨店グループに加入して経営ノウハウや商品供給を得る活動とは別の動きであり、大手百貨店とは経営力も地域でのポジションも異なる中で生き残りへ向けた動きとして注目される。

▶PB開発での連携

　藤崎(仙台市)、名鉄百貨店(名古屋市)、天満屋(岡山市)、井筒屋(北九州市)の地方百貨店4社は、2010年4月から共同開発した自主企画(PB＝プライベートブランド)の衣料品の販売を始めた。50代の女性を中心顧客と想定した婦人服で、ブランド名は「リ・アース」、オンワード樫山が製造する。各店舗は専用の売場(約66㎡)を設け、それぞれ年間約1億円の売上を見込む。共同仕入で価格を抑え、通常のメーカー品の7割程度の値段で販売する。低価格志向を強める消費者を取り込む狙いがある。

(3) 大手百貨店の地方店舗運営の変化

▶岡山髙島屋

　髙島屋の100％子会社、岡山髙島屋(従業員数は387名(パート含む)、2009年2月期の売上高は227億円)は、2010年に地元公共交通大手、両備ホールディングス(HD)の出資を受け入れ、経営をてこ入れすることになった。2010年4月に岡山髙島屋会長に就いた小嶋光信両備HD社長は「5年後に売上高3割増を目指す」と話した。

　今回の資本提携は2009年9月に髙島屋の鈴木弘治社長が小嶋社長に要請した。個人消費の冷え込みや「ユニクロ」など低価格業態の攻勢で、2009年は売上高が前年同月比で2桁減となる月が続いていた。JR岡山駅前の好立地だが、岡山市に本店を置く地場同業大手の天満屋との競合

もあり、販売不振に陥っている。

　髙島屋の鈴木社長は「これまでは『髙島屋の店舗だ』というこだわりが強すぎ、地域特性を踏まえたアプローチが弱くなっていた」と説明。単独で立て直しを進めるより、地場企業と提携することで、地域密着戦略を強化するのが得策と判断した模様だ。両備HDはシステム開発部門をグループ内に持つこともあり、物流や情報化の面での取り組みが中心になると見られる。

　両備HDは、赤字の地方交通機関など経営不振企業のM＆A（合併・買収）にも積極的に取り組んでいる。グループ全体の従業員数は7,029人、2009年3月期のグループ売上高は1,387億円のバスやタクシーなど公共交通の地場大手で、スーパーや不動産など多角化も進める。

　一方、髙島屋の鈴木社長は「両備HDとの提携で得たノウハウは他地域の店舗にも取り入れていきたい」と述べた。

　岡山髙島屋は、髙島屋の地域法人というよりも、両備バスが経営する百貨店で髙島屋の資本と「のれん」と「運営ノウハウ」が供与されて「岡山髙島屋」と名乗る百貨店になったということである。（松山市の「いよてつ髙島屋」の資本構成、経営形態に近い。）これは髙島屋が地方企業の運営する百貨店に、「のれん」と「運営ノウハウ」を提供していく形が増えていくことの先駆けとも見える。地方の私鉄企業が運営する商業施設が数多いので（遠鉄百貨店、富士急百貨店など）、今後、上記の形態での「髙島屋」店舗の拡大も予想される。

▶三越伊勢丹地方店の分社化による「地方百貨店化」

　三越伊勢丹ホールディングスは、2010年4月に札幌・仙台・名古屋・広島・高松・松山・福岡などの三越の地方店を分社化した。（2009年10月に設立した各地域事業会社に事業を継承した。）さらに、1都市にグループ百貨店が複数ある場合には、その両者を統合・合併させ、「岩田屋三越」（福岡）、「札幌丸井三越」「新潟三越伊勢丹」を設立した。

　戦後の往時にはセントラルバイイングでの中央集権型店舗運営で一世を風靡した三越は、伊勢丹との統合の中で、支店網をバラし、地方百貨店の集合体のようなありように変化したわけで、歴史的な大転換と言え

ることだろう。今後の地方各社は、賃料や人件費など地方の相場に応じた経営が可能になるのだろうが、業績次第では廃止・撤退もありうる厳しい経営が迫られていることでもある。

　髙島屋や三越伊勢丹の地方店舗の位置づけを大きく変える政策は、今後の百貨店経営のあり方として注目される。さらにホテル業界にあるような業務運営委託方式、FC（フランチャイズチェーン）方式など、大手の企業ブランドを活かしつつ地方に根差した経営を行う手法が多様に検討され導入されるべきだろう。

第5章のまとめ

　地方百貨店は、量販店の郊外SC出店の影響を受けて苦戦する店舗も数多い。また中心市街地商業の不振の中で、経営不振に陥りながら再生を果たした企業もある。大手百貨店と提携したものの、提携先の大手百貨店が撤退した後、再度百貨店経営に乗り出した企業もある。

　また大手量販店グループの傘下となって苦労したが、今後の百貨店企業連携での生き残りを図るなど様々なサバイバルが見られ、その努力は今後の生き残りの手法として注目される。

　一方で、髙島屋や三越伊勢丹の地方店舗の位置づけを大きく変える政策は、今後の百貨店経営のあり方として注目される。地方百貨店も大手百貨店の地方店舗も、大きく位置づけや運営体制を変化させていることに注視していきたい。

　大都市では複数の百貨店間の競争が展開されているが、地方では店舗がその都市・地域に1店になって他の小売業態と戦う商況になっている。まさに百貨店店舗がサバイバルを争う競争にあるわけだが、そうなればなるほど百貨店の存在意義、店舗の機能が再度問われることになる。百貨店がその地域の消費者に選ばれ続けるには、どのような価値を創造しどのように提供すればいいのかを、その本質から考えなければならない時に差し掛かっているのである。

第III部
これからの百貨店のあり方を考える

第6章 百貨店の機能と業態としての価値

1. 百貨店の機能

　今後の百貨店のあり方を構想するにあたって、百貨店文献で述べられている基本機能を把握するとともに、現在の厳しい商況の下でも百貨店で売れている商品、すなわち消費者に支持されている商品から、百貨店に期待される機能を見出していきたいと思う。

(1) 百貨店文献に見る5つの基本機能

　百貨店論の原点とも言えるパスダーマジャン（1957）『百貨店論』は、百貨店の業態としての基本機能を詳しく述べているが、要約すれば下記の5つに整理できる。

①大量生産された製品を大量販売する機能（流通としての機能）

　百貨店は大量生産製品の大量販売機能（安定供給機能）ということである。百貨店は産業革命以降誕生した当初唯一の近代的な大型小売業であり、大量生産される商品を大量に仕入れ、また総合的に品揃えし販売する機能を持っていた。とりわけミシンの発明・導入による衣料品の大量生産を受け、製品の大量販売拠点として百貨店が機能した。さらに百貨店は、その販売方法により、仕入や調達に計画性を有したので製造業の職能を容易にし、製造計画を立案する余裕を与え、かつ最も経済的な方法でしかも長期にわたって生産を組織することを可能にした。この仕組みにより製造業は製造原価を引き下げることも可能になり、百貨店はそういう観点でも貢献したのである。

②生活関連商品をワンストップで提供する機能（小売店舗）

　第二に、百貨店は大規模店舗に生活関連商品を幅広く品揃えし、消費者にワンストップで価値提供する機能を持っている。しかもワンストッ

プでの集積と言っても、商店街にある何でも屋の「よろずや」のような単なる集積性でなく、当時の万国博覧会で採用された陳列手法に沿って商品分野別に区分・整理した品揃えを導入し、消費者に大きな利便を与えた。（複数の売場カテゴリーを一定のMD基準で編集し店舗を構成する事例は、第1章で見た通りである。）

百貨店は、その誕生以来、多くの系統の商品を1つ屋根の下に集めることで、ワンストップで多様な商品を購入できる機会を消費者に提供した。それだけでも当時の消費者に大きな利便を与えたとされる。パスダーマジャンは「ある1つの部門が経営される時、それがまた他の部門を経営するように駆り立てていくという事情が百貨店という業態の永久的な財産になっていったように思える」として店舗における商品系統の増殖や相互作用の効果を百貨店の特徴と述べている。これに関連してさらにパスダーマジャンは、エミール・ゾラの「百貨店の力はそのすべてが相互に助け合い、相互に前進を助け合う種類の商品を蓄えることによって10倍も増した」や、ダブネルの「販売が販売を育てるようであり、さらに全然異なったものが相互に隣り合わせに並べられた時にはお互い助け合っているように見える」との記述を引用して説明を補強している。

そして百貨店の強みは単に店舗規模が大きいということだけでなく、その組織の点やさらには「その根底に横たわる団結の力の中にあったもの」だからとし、「新しい個性を中に持った1つの強靭な組織」としてその意思のある完結した商品構成とその運営を特徴として取り上げた。

③消費者と生産者をつなぎ品質を保証する機能（MD）

第三に、百貨店は消費者と生産者をつなぐ位置にあり、消費者のニーズを汲み取って生活実用品から生活提案商品まで様々な商品の企画・編集提案機能を発揮した。そこで百貨店は、消費者が真に必要としているものを判断し生産者に働きかけ、正しい生産の方向を与えるものであった。

しかもその取扱商品は確実な品質を伴ったものであったため、百貨店の商品仕入に関する一定の品質管理機能が消費者から信頼され、百貨店のブランド性が高く安定的なものになった。

④消費者に向けた店舗を媒体とする情報発信機能(店舗メディア)

第四に、消費者へ向けた店舗を媒体とした情報発信機能である。百貨店は単位店舗規模が大きく、しかも都市部に立地し多層階の建物で成り立っている。そこでは生活実用品の品揃えにとどまらず、前述のような一般の生活の一歩先を行くような生活提案性のある商品の編集や紹介もある。

また百貨店の店舗を情報媒体と捉えた生活文化や生活情報の発信が、催事やイベントとして常時行われ、消費者の生活向上意識や消費行動にインパクトを与えてきた。加えて、百貨店が店内にエレベーターやエスカレーターなどの最新設備を配備して消費者にショッピングの娯楽性(単に購買だけでなく商品を見て回る楽しさも含めた)を提供したことも、百貨店が他の小売業態にない拠点としての存在意義を持たせることにつながっている。

⑤商品の調達と品揃え編集による需要の大衆化機能
(マス化のマーケティング)

第五に、幅広い生活関連商品の調達と品揃え編集による需要の大衆化機能である。百貨店は商品をより低価格でも十分採算のとれるようにすることによって多数の商品の価格を引き下げた。この点を消費者側から見れば、百貨店の主たる活動は、従来ぜいたく品(高額所得者層の利用する商品)とされてきた商品を、大衆向けにも購入しやすくし、手近なものに変えたことにある。

言い換えれば、百貨店は、最初は小さな需要であっても消費者の生活へ浸透させ、一般的な大衆の需要へと育成するマーケティング機能を有すると言ってもいいだろう。

上記の機能のうち、日本の百貨店では、①大量生産された製品を大量販売する機能と②生活関連商品をワンストップで提供する機能は、その後誕生した量販店(スーパー)が担うようになって、百貨店がそれらの機能を持つ意味は次第に薄れたと認識される。②については、近年台頭した大型SCがその総合性をより強く発揮しているとも言える。

そうすると、百貨店としては、③消費者と生産者をつなぎ品質を保証する機能、④消費者に向けた店舗を媒体とする情報発信機能(店舗メディ

ア)、⑤商品の調達と品揃え編集による需要の大衆化機能といった機能を、現代の（さらにこれからの時代の）新しい手法によって実現させることが、百貨店に期待され要請されていると考えられるのではないだろうか。

(2) 100年に一度の不況でも百貨店で売れるものから百貨店に求められる機能を考える

2008年後半から経済環境の悪化、企業業績の低迷、生産調整・人員削減など製造業不振のニュースが続いている。「個人消費も低迷して、百貨店も量販店も売上ダウン、好調なのはユニクロばかり…（2009年時点）」などの記事が目立ち、「100年に一度の経済の苦境」と騒がれた。

この「100年に一度の経済の苦境」は、以前から少しずつ言われてきた産業や経済の構造的変革の波が、米国のサブプライム問題という峰の決壊を機に、一気に、しかも世界的に、同時期にやってきたためと見るべきだろう。企業としては、眼前の急速な売上の落ち込みに対して低価格戦略へのシフトやコスト抑制など、目の前のことへの対応も確かに必要なのだが、時代の転換期を捉えた構造的な対応を行わないと現在の危機を乗り切れないと認識するべきだろう。

そして小売業態も、目先への対応ばかりでなく、その基本に立ち返って、長期視点で戦略の方向性（かじ取り）を切り替えていかなくてはならないだろう。それぞれの業態が、消費者への価値提供にあたって何をなすべきか考えるべきである。

その答えは、この売上低迷の時期に消費者に百貨店が支持され、百貨店の売上が好調な分野にすでに見られる。

例えば、バレンタインチョコギフト、北海道などの物産展催事、メンズコスメやボクサーパンツ、新入学などの社会催事に関連したコンサルティングなどがあげられる。

バレンタインは百貨店が大きく成長させた需要の1つであるが、

◯ 写真6-1　百貨店のバレンタインチョコギフト売場

▼ 写真6-2　百貨店各店の北海道物産展

最近では通常なら入手しにくいヨーロッパのショコラティエ(技術者)やブティックのチョコレートを導入して需要を一層高めている。地方の銘菓や産品を発掘して全国のチャネルに乗せる流通機能も百貨店が担っている。

　雑誌で取り上げられて関心が持たれていたメンズのスキンケアやコスメ、カラフルで多様なデザインのボクサーパンツが百貨店の売場で実際に集積されることで、それを見て手にしたことで一般に浸透しはじめたのである。(イタリア・ミラノの「リナシェンテ百貨店」等では、紳士下着売場はブランド別で箱型売場も含め、新宿伊勢丹の約4倍の面積で大々的に展開し、成長分野への取り組みが積極的である。)

　以上のような百貨店の店頭動向をから見て、この苦境の時期においても、このような商品が、百貨店で消費者の関心や支持を集めているということは、これらこそが、百貨店への消費者の期待なのではないだろうか。

　すなわち、①手に入りにくい商品を身近に見て、買うことができる、②情報収集し知っていた新しいモノを、手にとって確かめ買うことができる、③日常の中でちょっとした楽しい体験ができる、④品質の確かなものを安心して選んで買える、といったことだ。まさに、百貨店にしかできない「価値提供」が求められていると言えよう。それらは言い換えれば、今後、2010年代の新しいマスをつくるマーケティングのヒントが目の前にあるということになる。そして、そもそも百貨店が長い歴史を通じて発揮してきた機能が、ある需要をマスの需要にしていく、いわばマス・マーケティング機能ということだろう。(パスダーマジャンの『百貨店論』での指摘で言えば、⑤の大衆化機能ということになる。)

(3) 百貨店に期待される需要の大衆化機能

大型店舗で総合的な品揃えをして運営する面では、百貨店とGMS（総合スーパー）とは同じように映るが、消費者にとっての価値、機能はまったく違うものである。

▶百貨店はカテゴリーの創造、その中の商品の需要をマス化するマーケティング機能を持つ

日本において百貨店は100年の歴史を持っているが、その業態の歴史を振り返ると、消費者に向けて新しいカテゴリーを海外から導入し、またニーズに対応し、あるいは潜在的なニーズに先駆けて開発してきた歴史であった。

例えば、三越は戦前には石鹸を皮切りに、化粧品、文房具などで三越ブランド商品を開発し市場に送り出し、現在のように一般大衆、多くの消費者が消費する「マスマーケット」へと大きく普及させた。

戦後は、百貨店が、衣料品の需要拡大に貢献した。例えば、1950年代は服地を購入して自ら服に仕立てるか、オーダーを依頼するという形態で需要の具現化が図られたが、1960年代以降、既製服が開発されて圧倒的な主流になった。

伊勢丹は、戦後すぐの時代に、米国百貨店に学んだMD分類法を基本に、当時日本に存在しなかったカテゴリーであるベビーやティーンズの売場を生み出し、またサイズの基準をつくり、MDで需要を創造した。

西武百貨店は、1970年代後半から1980年代にかけて、従来の商品分類に捕らわれることなくダイニングルームの家具・家庭用品をデザイン・カラーで統一して品揃えしライフスタイルを提案する売場「オーマイダイニング」（池袋店9期リニューアル）、スポーツ用品と専門的な情報・サービスの集積（スポーツ館）（池袋店10期リニューアル）、カジュアルな感覚の生活雑貨や遊び要素のあるコミュニケーション雑貨（ロフト）（渋谷店）などで新しい雑貨カテゴリーを開発し、現在のような大きな市場分野に育成した。

またクリスマスやバレンタインデー、新入学時期のギフト需要などは、

百貨店の企画から生まれ、それが消費者のライフスタイルとして普及し、マスの需要に発展したという経緯がある。

百貨店がマスマーケットを創造してきた数々の事例を振り返ってみれば、このような「マスを創るマーケティング」の機能は、そもそもの百貨店の基本機能であることが十分認識される。そして今後、時代に合わせてその機能をどのように発揮するのかを考えるべき時である。

▶GMSは既存のカテゴリーで、マスへ向けて量を売るマーケティング

一方、GMSは、米国でも日本でも、国民の所得水準と生活レベルが一定水準となり、大量消費を行う時代となって、流通環境も整いマスマーケットが形成された後に誕生した業態である。GMSは、そのマスマーケットを前提とした上で、大量仕入・大量販売というマス・マーケティングによって成長したわけである。まさにGMSは、「量をこなすマーケティング」なのである。

GMSは、今後はさらにスケールメリットを追求し、コストリーダーシップを発揮すべく、企業規模の拡大を経営戦略として志向するだろう。またプライベート・ブランド(PB)開発の強化で、より一層「ものづくり」を志向すると予想される。

▶百貨店が大衆化機能を発揮するために

これらから言えることを整理すると、百貨店の新しいマスをつくるマーケティングを一層推進するのには、2つのアプローチがある。

第一に生活テーマとしては、美と健康、文化教養、エコロジー(ロハス)、デジタルネットワークなどの生活分野、商品領域があげられる。雑誌で情報収集しても実際の商品を、実際に近い空間で試したり、専門家から情報収集し自分として納得して購入したりするという成熟化時代の大人の消費者に丁寧に対応する業態として、百貨店が期待される。

第二には、新しい生活について生活体験として、店舗、売場という空間で疑似体験してみたいと思う消費者と、新製品のテストマーケティングの場と持ちたい企業をつないで新しい販売手法を開発することなどがあげられる。最先端の情報技術、映像技術を活用した21世紀のスマートストアが、日本の百貨店になぜ生まれないのだろうか。例えば美術館

では、その絵画の前に立つと自分だけに解説が流れてくる情報端末を持って館内を回って鑑賞できる。百貨店でならCRMデータを活用した自分だけのファッションコーディネートアドバイスが携帯電話やその画面を活用してできるはずである。

これらの生活提案、生活体験の価値の提供は百貨店だけでできる取り組みではない。新製品販売やテストマーケティングで消費者に接点を求める企業（携帯電話通信事業者、食品・化粧品・自動車などの消費財メーカー、テレビ・雑誌、鉄道・航空会社など）との共同で企画し、情報を発信する活動になるものと思われる。百貨店は都市の場という機能を活かして、消費者とメーカーなどの中間でコーディネーション機能を発揮し、そこで、販促収入や手数料収入を得るビジネスモデルを構築する必要がある。

2. 百貨店が持つ業態としての価値

百貨店が持つ業態としての価値は、小売の要素それぞれについて特徴的である。そうした特徴を、百貨店の流通チャネルの価値としてメーカーなど他の業界・企業は評価しており、その価値の発揮に期待しているのである。

(1) 場の価値

百貨店は多くの場合、都市の中心地に大きな店舗を構え、その都市の消費者を多数集客する業態である。

百貨店の売場そのものが商品の陳列・展示で、商品の提案、さらに消費者が手にとって商品に触れてみる場の機能を持っている。（それが現在ではVMD＝ビジュアルマーチャンダイジングの仕組みによって、より体系的にあるいはストーリー性を持ってプロモーションできるようになっている。）

百貨店は、さらに様々な情報発信スペースを店内に持ち、高い情報発

信性を発揮してきた。例えば、店舗1階の通りに面した部分に設けられたそのショーウィンドウは、新製品や話題商品の展示・紹介スペースとして古くから消費者の関心を集めてきた。また上層階の大規模な情報発信・イベントスペースである催事場では、展覧会や物産展、海外フェアなどが開催され、地域の文化拠点ともなってきた。

各階には、そのフロアの商品分野別の、あるいはそこに立ち寄る顧客層に向けたイベント・プロモーションスペースを持っている場合も多い。また、そごう美術館(横浜そごう)、松坂屋美術館(松坂屋名古屋店)など本格的な美術館並みの展示装置や劇場(日本橋三越劇場など)を備えた百貨店もある。地方百貨店でも催事場とは別の多目的ホールを持つ百貨店も数多い(熊本鶴屋、佐世保玉屋、いよてつ髙島屋、岡山天満屋、ながの東急、熊谷八木橋、盛岡川徳など)。

百貨店は、全館的に多数存在するこうした情報発信スペースを統合的に活用して、同時に大規模なプロモーションも可能である。

また多店舗を展開する大手百貨店については、その1社と組むことで、東京・大阪・名古屋など全国的に一斉に催事展開することも、あるいは巡回的に催事を企画し開催することも可能である。

(2) 顧客資産

百貨店はその店舗が立地する地域を代表する優良顧客を何万人単位で獲得しており、重要な経営資源となっている。百貨店が発行するクレジットカード、ポイントカードによる顧客組織化も大きな規模になっている。また顧客組織としては、友の会、外商などの制度を持っているし、各売場単位での購入実績顧客(ギフト、ブライダル、学生服、三月人形など)などを加えれば、かなりの顧客資産を持つことになる。

そして、そのような顧客データベースを分析することによって、その地域の顧客の購買特性や購買動向などのマーケティング情報を持っているのである。

(3) 営業力

　百貨店の営業力では、売場の販売員については、商品の専門知識や接客技術の資格を持った販売員が育成され配置されていることがあげられる。

　そして、他の業態には存在せず、特に注目される営業力を持つのが、外商部の営業担当者である。百貨店の店舗では、店頭の営業部門とは別の組織で構成されているが、外商の売上構成は店舗によっては店舗売上の10〜20%を占める大きな営業力を発揮している。

　外商組織の営業担当者は、様々な機能を有していると見ることができる。すなわち、①消費者、法人、ビジネスのニーズを一番よく知るマーケッター、②ギフトを担当することが多いことから地域の歳時記、風習・慣習(冠婚葬祭、しきたり)をよく知るアドバイザー、③店舗売上を支える顧客層を実像・実数で明らかに知り、重点顧客への確実な販売力を持つ営業担当者(店頭販売員とも連携して営業する)、④取引先、クリエーター(作家など)、官庁などとの広いネットワークを持ち、前述のように百貨店の場で、顧客のニーズを実現する企画コーディネーターでもあるということだ。

　このような外商営業力に注目するメーカーとして、例えば、寝具メーカーの西川産業は、百貨店の外商営業担当者と組んだ営業を長年展開している。羽毛布団が新発売された時代には、百貨店の外商顧客に向けて先行して営業し実績をあげた。顧客資産の項でも述べたように、百貨店の外商顧客は富裕層で、一定の顧客数が確保されているので販売数量も実数で読みやすい。さらに外商営業担当者の営業を通じて顧客の声をメーカーにフィードバックしてもらえるというマーケティング機能もあるため重要視したのであった。2010年に西川産業は、スポーツ機能性を打ち出した寝具を新発売したが(それも従来の寝具売場ではなく、スポーツ売場という百貨店の多様な販売の場をチャネルとして活かした営業戦略であったが)、外商営業担当者の営業力を活かし店頭と外商の連動で取り組み、成果をあげた。

近年の消費不況で百貨店も営業は苦しいが、他の業界(メーカー)も苦しいわけで、メーカーは現状打破のために新たな需要の掘り起こし、営業機会を探している。地域の優良顧客を確保している百貨店の外商営業担当者とのコラボレーションが、今後さらに活発化していくものと予想される。

3. 新しい百貨店収益の可能性

(1) 場の収益化

百貨店は、店内に催事場を持ち、他の小売業態にない販売形態である店内催事を展開しているが、企画の知力、運営の労力を費やしても一定期間の開催で集客し売上実績をあげるだけで終わるのが常である。しかし異業種の中には、そのようなプロモーションの場を収益化する取り組みを着々と進めている企業もある。

▶場のビジネス化:トラベルカフェの事例に学ぶ

「トラベルカフェ」は、カフェという飲食業態にとどまらない、情報発信のメディア機能を発揮するビジネスを行っている[*1]。

具体的には、国や地域についてのテーマを選定し、それに関連する映像や音楽を店内のビデオモニターで流し、情報誌やパンフレットを顧客に読めるように集積し、テーマ型の情報発信を行い、それに関心を持つ顧客を集客し、コミュニティ化を図っている。さらに顧客に出されるコースターやカップ等を関連企業の広告販促媒体とし(販促ビジネス)、また椅子やテーブルなど店内の備品を見本として商談する(ショールームビジネス)などカフェという場の価値をビジネスに最大限に活かしている。

---

* 1　東京丸の内の「丸ビル」1階のカフェでは食品メーカーとの企業タイアップの期間限定カフェを展開している(「キットカットカフェ」など)。また最近では手芸用品企業が「ニットカフェ」という編み物の時間や作品展示スペース、仲間とのコミュニケーションの機会を提供するカフェ業態を、またスポーツマーケティング組織が「ランナーズカフェ」という専門家と消費者(ランナー)との交流拠点であり、商品紹介も行うカフェ業態を運営開発するなどの動きが見られる。

トラベルカフェの運営企業はインストアメディア社であるが、このような宣伝効果を期待する企業（団体）とのタイアップによって次々と出店機会を増やしている。

●写真6-3「トラベルカフェ」

(出所)トラベルカフェ川崎ラゾーナ店HP(http://www.travelcafe.co.jp/shop/lazona/index.shtml) 2011年1月1日入手）

「トラベルカフェ」の1号店は、2004年7月に横浜市内に開業したクルーズ（船旅）がテーマの「トラベルカフェ横浜セルテ店」で、日本旅行の店舗に併設して設置され、カフェの中で旅行の情報や映像などを発信するものだった。2005年8月には、直営1号店の飯田橋店、2006年7月に「フィリピン・トラベルカフェ」、2006年11月に「ニュージーランド・トラベルカフェ」が六本木にオープンした。

「ニュージーランド・トラベルカフェ」では、71席（店内65席・テラス6席）、2台の大型50インチプラズマディスプレイによりニュージーランドの映像などの旅行関連情報を放映し、プロジェクターも1台設置している。定期的にファッションショーや音楽ライブなどを実施し、ニュージーランドが六本木に来た気分を楽しめる。旅に関するパンフレット・情報誌等を自由に見ることができ、パンフレットは持ち帰りも可能である。メディア化のために提供するツールとしては、ネーミングライツ、ビジョン（映像）、ポスター、パンフレット、内装、メニュー、グッズ、音楽、物販、模型などがあり、メニューについても現地の食材を使いながら現地のレシピを再現したり、飲み物も現地産のものを加えたりして効果的なプロモーションを可能にしている。

「トラベルカフェ」の店舗は、その後、海外の政府、観光局や航空会社とタイアップした企画で「スイス」「ゴールドコースト（オーストラリア）」「バンクーバー（カナダ）」などのカフェ、さらに地方公共団体との企画で「長野」「鳥取」「茨城」「北九州」「天草」などのカフェを展開している。

「トラベル」以外のカフェコンセプトとして「アーキテクトカフェ」がある。住まいを中心とした協賛企業とのコラボレーションにより、「デザインのある暮らし」を提案し、見て触れて寛げる「ショールームレストラン」をイメージしたカフェが、「アーキテクトカフェ」である[*2]。

このカフェでは、キッチンで料理教室を開催したり、足湯スペースを設け「炭酸温浴」を常設し、随時体験できるようにしている。また、展示商品は購入も可能で、展示のみでなく実際に触れて試せる娯楽性も併せ持つ。例えば「アーキテクトカフェ汐留」の場合、350㎡の店内に、寝室、キッチン、浴室、書斎などテーマ別の小部屋を設け、中心部に喫茶スペースを配置し、全体が見渡せるようなレイアウトにしている。展示している製品は「アーキテクトカフェ」を通して各メーカーにオーダーできる。キッチン小物や雑貨など在庫がある場合は、その場で購入することも可能である。

喫茶店としての収入のほかに住設関連商品の売上が1カ月に50万〜100万円程度あり、200万円ほどの家具や設備機器のオーダーを受けたケースもあるという[*3]。

店内はすべて協賛会社の商材であり、ライオンやフランスベッドなど協賛会社は現在25社で、月間10万〜30万円程度の協賛金を受ける。飲食収入と合わせた月商は1,000万円程度と推定される。「カフェレストランは消費者のイメージが良く、滞在時間も長い。そこに上質な商材があると、相乗効果で印象がさらに良くなる」。執行役員の西野氏は飲食店が他社の商材をアピールするメリットをこう説明している[*4]。

近年の生活者の動向として、より生活に密着したメディア接触による消費行動が多く見られるという傾向にある。カフェという空間は、生活者はリラックス状態にありながら、限られた空間の中でしばらくの間、特定の情報を見続けるという特性のメディアを体験する場である。つまり生活者にプロモーションを受け入れる素地がある場所での強制視認と

---

* 2　（出所）『繊研新聞』2008年2月29日付け記事を基に加筆した。
* 3　（出所）『日経アーキテクチャ』2008年9月15日号記事に基づき記述した。
* 4　（出所）『日経レストラン』2007年8月号記事に基づき記述した。

なるため、より深く効果的な訴求が可能となる。このようなメディア化スキームは、生活者に密着している他分野事業店舗(飲食・ファッション・スポーツ・病院・ホテル・量販店・複合商業施設など)にも応用展開可能であり、インストアメディア社は、「店舗をメディア化するノウハウ及び技術」を蓄積し、各店舗事業者へのビジネスを拡大させている[*5]。

百貨店は物産展も海外フェアも何十年も前から開催し、会場運営のノウハウもあるのに(せっかく高付加価値型ビジネスに取り組んできたのに)、まったく販促収益化ができていない。そればかりか、むしろ後発の異業種に先を越されているのだ。

バレンタインチョコレート・ギフトや北海道物産展などのように企画開発された商品カテゴリーや実現された商品の販売収益だけでなく、それに取り組んだことで得られるノウハウは知的財産にして保全するなど、企画性や創造性も確実に百貨店の経営資源とする経営のスキームも確立しなければならない。

60年代、70年代において、百貨店が商社やアパレルや広告代理店に先駆けて行動し、エネルギーを費やして実現した営業企画ソフトやサービスノウハウやブランド商品権を、今日まで、まったくと言っていいほど知財として保全してこなかったことが、現在の百貨店業界および百貨店企業を物販だけの低い収益性に留めていると見ることはできないだろうか。

(2) 高付加価値サービスの有料化

最近店舗数を増やしているスウェーデン系の家具専門店「イケア」のカタログを見ていて大変驚いた。

まずカタログがコンビニエンスストアで350円で販売されていることだ。百貨店は歳暮・中元であれだけ企画を詰め込み豪華な冊子にしていて無料で配布している。(あの編集力や写真のコンテンツをWebや店頭のディスプレイに流用して徹底して活用することもほとんどない。)

---

*5 (出所)インストアメディア社2007年10月31日Press Releaseに基づき記述した。

そしてイケアの家具は、購入者自身が車で家まで持ち帰り、自分で組み立てることを前提として最終製品化以前のパーツで販売しているのだが、消費者がカタログや店頭の完全商品のイメージだけを見て価格が安いと判断して購入する。配送を依頼すると「商品宅配」で料金を徴収され、「家具の組み立て」を依頼するとそこでも料金を徴収される仕組みになっている。特に家具の組み立て料金は、購入商品価格の20％（最低料金3,000円）と設定されている。組み立て依頼すると使用する商品として出来上がるまでに価格の20％も上乗せされるのに、表面的には安いと思って消費者は購入しているわけである。

　その価格設定の発想を百貨店の販売で適用するなら、専門性の高い販売員にアドバイス、コンサルティングを受けて購入する場合は、付加価値サービス料金として商品代金の20％を上乗せしていただきたいところだろう。

　すでに美容室やホテル、航空会社の利用では、消費者はそこでの付加価値に対してプラスした価格設定を理解し納得して支払っている。百貨店は専門人材を配備した売場では、その人材育成や人材維持に多額のコストをかけているにもかかわらず無料サービスというのは、どう考えてもおかしい。百貨店は、いつの間にか広く定着した「百貨店のサービスは無料」という呪縛に自ら陥り、せっかくの付加価値についての収益化の機会を逃してしまっているのだ。

(3) あまりに「人が好すぎる」百貨店の経営

　百貨店の経営は、様々に収益化・利権化の可能性があったにもかかわらず、それに取り組まず、後発の企業にちゃっかり収益化されてしまい、手を出せなくなってしまっている。あまりに「人が好すぎる」経営であった。百貨店人材が持つそうした創造性や企画性など付加価値創造のノウハウや、それによってできあがった知的財産を競争優位の経営資源にし、さらにその発展の投資に回すという他の業態にできない収益モデルの構築が正に急務である[*6]。

　もしそのような取り組みで収益化ができていれば、現在のように「ユ

ニクロに比較して収益性がない」などとマスコミから誹りを受けることもなかったのにと、残念でならない。

第6章のまとめ

　百貨店の持つ業態としての価値は、「場の価値」「顧客資産」「営業力」であると述べたが、これは第1章で見た百貨店店舗の5つの競争力要因(「立地」「形状」「顧客資産」「MD力」「販売力」)にほとんど重なる。競争に強い百貨店は業態としての価値を発揮する百貨店ということになる。言い換えれば、業態としての価値を認識し、それを発揮できない百貨店は競争に敗れ、消えていくということになる。

　そしてさらに、現在の(今後の)競争においては、業態価値を発揮するための最新技術を積極的に導入するとともに、これまでにない収益化(ビジネスモデルの創造)が求められ続けるということだろう。様々な異業種の企業は、すでにそのような技術の取り込みによって成長し、収益をあげている。百貨店がその取り組みをためらっている余裕はないはずだ。

＊6　マーケティングやMD運営のソフトノウハウの収益化については、宮副謙司(1994)『新「百貨店」バラ色産業論』で21世紀百貨店の収益の柱としてすでに言及しているので参照されたい。

第7章 百貨店MDの再考

1. MDの定義

(1) これまでのMDの定義

　小売業界ではMDという言葉がよく使われる。例えば「わが社のMDの特徴は高感度な女性客へ向けた高質で都会的センスの品揃えである」とか、「MD政策の基本は価格対応にある」といった具合だ。実務では当たり前のように使われるMDという言葉ではあるが、その定義というと、商品政策、商品計画、品揃え、あるいは品揃え計画から実際の陳列、さらに在庫管理までの業務フローを指す場合まで実にさまざまに捉えられている。業態や企業によっても違いがあるようだ。

　MDの語源は「マーチャンダイズ（Merchandise）」と言われる。マーチャンダイズには動詞と名詞としての意味があるが、まず動詞として捉えた場合、「取引する」「商う」「販売を促進する」という意味で、そのマーチャンダイズにingをつけて動名詞化したものがMDと考えると、MDは、売買活動、商い活動を指す。そこから流通・小売段階での営業活動という意味でMDという言葉が英語のまま使われるようになった（小山, 2001）[*1]。

　またマーチャンダイズを商品という名詞の意味で捉え、それにingがついたとすると、商品化すなわち「商品づくり」とも理解することができる。メーカーが生産した製品を流通が仕入れ、それを消費者に受け渡す時に、消費者にとって価値のあるもの、使用する価値のある商品に変えていく（商品化する）活動と解釈したほうが分かりやすい。

▶学術的な定義

　学術的なMDの定義としては、田島（1988）によると、「マーチャンダ

---

*1　小山周三（2001）『現代の百貨店』日本経済新聞社、pp.137-143.

イジングとは、流通業がその目標を達成するために、マーケティング戦略に沿って、商品、サービス、およびその組み合わせを、最終消費者のニーズに最も適合し、かつ消費者価値を増大するような方法で提供するための、計画・実行・管理のこと」とされている。また「その主体は、商業者の活動であり、製造業によって生産された「製品」を、品揃え(サービスを含む)、陳列、演出、販売促進、値付け等の活動を通じて「商品」に育てるのがMDである」と定義されている[*2]。

さらにMDの具体的な活動については、「マーチャンダイジングはそれ自体の中に、高度に戦略的な意思決定から、より具体的な戦術的決定、そして多くの日常的業務(オペレーション)まで含んでいる。したがって適切なマーチャンダイジングのためには、トップによる戦略決定が適切であることはもちろん、ミドルによる適切な戦術決定、および、第一線における日常業務の適切な遂行と管理が不可欠」であり、階層によるMDの捉え方を区分し、それぞれのレベルでのMD運営があることが示されている(田島,1988)。

実際の小売業でも、店舗全体の管理の立場から店舗レベルで、売場の編集や構成を調整する場合と、売場管理の立場から売場レベルで商品の編集や構成を調整する場合の2階層のMDがあると言うことができる。

▶全米マーケティング協会による定義の変遷

マーケティング関連の言葉というと、全米マーケティング協会(略称：AMA)の定義が紹介されることが多い。そのAMAによるMDの定義を見てみると、時代を追って改定されてきたことが分かる。すなわち1960年には「企業のマーケティング目標を達成するために特定の商品、サービスを最も役に立つ場所と時期と価格で、数量を扱うことに関し計画し、管理すること」とされていた。

現在は「インストア・ディスプレイを展開するメーカーの販促活動、および、小売業における商品(アイテム)と商品ラインの明確化」となり、小売業にもメーカーにも適用される活動と定義している。また対象範囲

[*2] 田島義博(1988)『マーチャンダイジングの知識』日経文庫1043、日本経済新聞社、pp.30-34。

も、アイテムとラインという2つのレベルのMDがあることが言及されており、小売業では、売場におけるアイテムレベルのMD(商品の編集)と、店舗におけるラインレベルのMD(売場の編集)といった複数の組織階層での活動であることが指摘されている。

(2) 本書におけるMDの定義

そこで本書では、学術団体・協会団体の定義を参考にするとともに、実務で用いられている定義も踏まえてMDを定義しよう。

MDとは、消費者との接点の場において、①需要に対するカテゴリーの形成(基本単位の生成)、②そのカテゴリーの組合せ・編集による店舗の形成(売場編集の体系化)という組織マネジメントの側面を持つ。さらに、市場の変化に対して、③その品揃えが最適になるように、商品の仕入・販売・管理に関わる業務の計画・実行・管理・改善、すなわちPDCA(Plan-Do-Check-Action)を行い、また④店舗レベルでも品揃えと同様に、売場の拡大・縮小・改廃などを行い、市場への最適化を図る活動、と捉えられる(図表7-1)。

すなわち、MDとは、一言で言うならば、需要へ対応するカテゴリーの形成とその編集という体系化と、さらにそれを常に最適化する活動と定義できる。

図表7-1 小売業のMDの定義

MD実行主体	MDの定義		MDの目標指標
	体系化	最適化	
売場レベル	商品の編集(品揃え)	商品編集の計画・実行・管理	粗利益率 在庫消化率
店舗レベル	売場の編集	売場編集の計画・実行・管理	店舗収益率 施設・人材稼働率

(出所)宮副謙司(2008)「MDの捉え方」東京大学MMRCをもとに加筆・修正

またMDの実行主体として、カテゴリー単位の場合は売場責任者、複数のカテゴリーで編成された規模の大きい店舗の場合は店舗責任者(店長)の2つのレベルが考えられる。すなわち、売場責任者が売場レベルで体系化と最適化を行うMDと、店舗責任者が店舗レベルで売場の編集を行い、その体系化と最適化を図るMDの2つのレベルのMDがあると見ることができる。

①売場レベルでのMDの体系化

　小売業は、消費者の需要、ニーズに対して、それを満たすと想定されるカテゴリーを形成し、それにふさわしい商品を仕入れ、品揃えし販売する。すなわち、一般には品揃えが展開される場として売場が形成されることになる。小売業が複数のメーカーから商品を選択し調達し、メーカーの製品ミックスを超えた編集が売場という場で実現される。

②売場レベルでのMDの最適化(品揃えの計画、実行、管理)

　小売業の商品計画から発注・仕入、売場での品揃え、販売、管理までの具体的な業務フローは、小売業における重要なPDCAと位置づけられる。本社の商品部での商品戦略立案から商品計画、仕入、品揃え、販売、

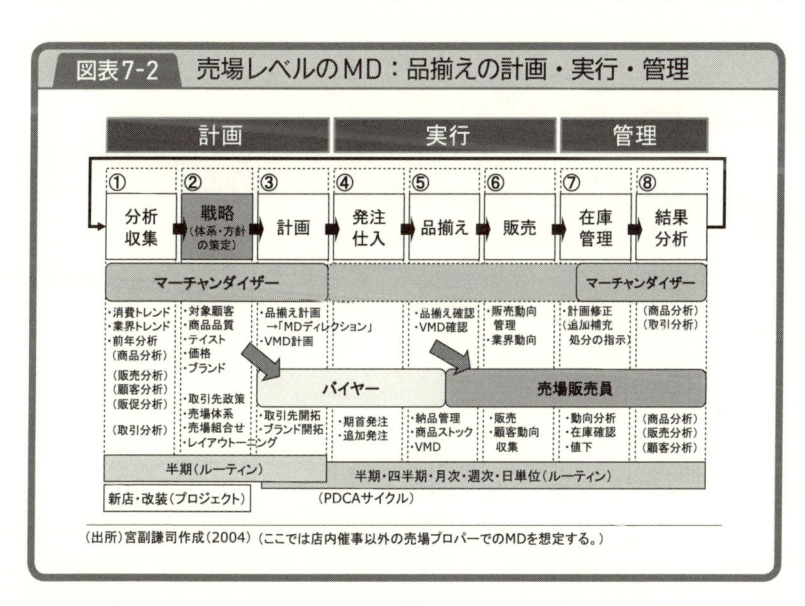

図表7-2　売場レベルのMD：品揃えの計画・実行・管理

計画				実行		管理	
①分析収集	②戦略(体系・方針の策定)	③計画	④発注仕入	⑤品揃え	⑥販売	⑦在庫管理	⑧結果分析
マーチャンダイザー						マーチャンダイザー	
・消費トレンド ・業界トレンド ・前年分析 (商品分析) (販売分析) (顧客分析) (販促分析) (取引分析)	・対象顧客 ・商品品質 ・テイスト ・価格 ・ブランド ・取引先政策 ・売場体系 ・売場組合せ ・レイアウティング	・品揃え計画 →「MDディレクション」 ・VMD計画 ・取引先開拓 ・ブランド開拓	バイヤー ・期首発注 ・追加発注	・品揃え確認 ・VMD確認 ・納品管理 ・商品ストック ・VMD	売場販売員 ・販売動向 管理 ・業界動向 ・販売 ・顧客動向 収集	・計画修正 ・追加補充 ・処分の指示 ・動向分析 ・在庫確認 ・値下	(商品分析) (取引分析) (商品分析) (販売分析) (顧客分析)
半期(ルーティン)			半期・四半期・月次・週次・日単位(ルーティン)				
新店・改装(プロジェクト)			(PDCAサイクル)				

(出所)宮副謙司作成(2004)　(ここでは店内催事以外の売場プロパーでのMDを想定する。)

在庫管理までの業務フローに沿って業務を遂行し、店舗の営業を指導していくこと、競合や顧客ニーズといった市場変化に応じて、最適な商品構成、売場展開を常時修正していく流れとなる(図表7-2)。

③店舗レベルでのMDの体系化(売場の編集)

複数の売場を組み合わせ、編集して店舗を構成する場合は、その組み合わせ、編集によって、消費者のニーズに最適に対応できるかが問われることになる。そして店舗レベルでのMDの体系化手法が重要になる。

▶空間設計

店舗において、顧客の商品買い回りや店舗個性の打ち出しを考慮した売場の編集とその配置は重要である。フロア平面での横の売場構成と、各階の縦のフロア構成を「売場ゾーニング」と言う。

まず、店舗レベルで「横のゾーニング」(平面での売場構成)と「縦のゾーニング」(階層別の売場構成)がある。横のゾーニングは、売場の基本面積をベースに、地域特性や競合環境を踏まえた商品量、販売体制に店舗変数を加えてマーケットサイズに合わせた売場面積の決定をする。そして店舗の全体面積とその中での自営部分、テナント部分などのスペース配分をシミュレーションし決定する。

縦のゾーニングは、複数フロアがある百貨店や総合スーパー、専門店ビルなどで適用されるが、多くの場合、店舗1階には、その店舗のコンセプトを主張する売場や、客数で稼ぐ商品カテゴリー(婦人雑貨、化粧品など)が配置される。地下に食料品売場、上層階に催事場やレストランなど顧客の目的性の高い売場や施設を、集客拠点として配置することが一般的である。それらが顧客の流れ(顧客導線)をつくる仕掛けとなるわけである。

次に、横のゾーニングは、1フロアにおける売場の配置を設計する。エスカレーターやエレベーターからの顧客導線や、商品や売場の関連性を考慮した売場、ブランドなどを配置する(図表7-3)。

さらに、売場レベルでは「売場内レイアウト」として、1売場内での販売什器・棚、ディスプレイを配置する。顧客が売場の奥まで入ってきて売場内をまんべんなく回るように、また売場として販売したい重点商品

図表7-3 店舗レベルの空間設計

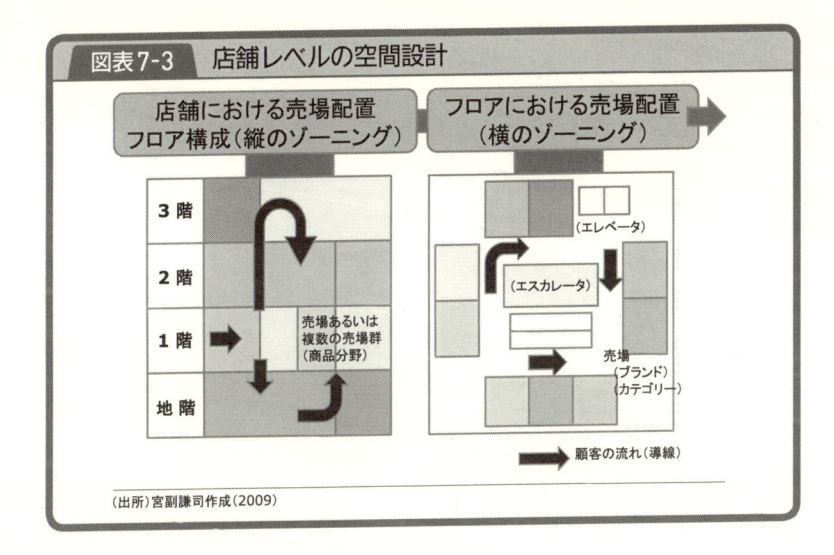

店舗における売場配置
フロア構成（縦のゾーニング）

フロアにおける売場配置
（横のゾーニング）

3階
2階
1階　売場あるいは複数の売場群（商品分野）
地階

（エレベータ）
（エスカレータ）
売場（ブランド）（カテゴリー）

→ 顧客の流れ（導線）

(出所)宮副謙司作成(2009)

が顧客に目立つように陳列を行うのである。そして1つの什器や棚単位でも、その中の構成、すなわち「棚割り」を設計する。棚の上段、中段、下段にそれぞれどのような商品（アイテム）を置くとより効果的か、見せるための商品や在庫としてストックする商品などを考慮して配置する（図表7-4）。

④店舗レベルでのMDの最適化（売場の拡大・縮小、導入・改廃）

売場が編集されて店舗づくりが完了しても、営業を続けていくうちには、顧客のニーズや競合状況に応じて定期的に見直していくことが求められる。最適な売場の編集とするため、取引先や専門店ショップの開拓、連動を前提として売場の拡大・縮小や、新規導入や改廃を行っていく、すなわち最適化を図っていくことが重要になる。

具体的には取引先開発による新たなブランドの導入、外部専門店、テナントの導入という業務がそれにあたる。それをスムーズに行うには、中長期の視点で消費トレンドを捉えたブランドやショップなど取引先のリサーチや、関係先との交渉力が求められる。

図表7-4　売場レベルの空間設計

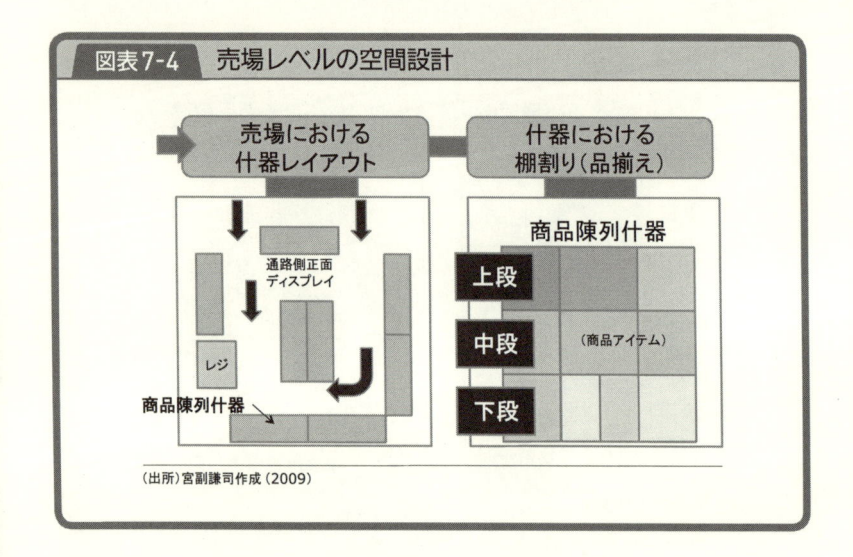

(出所)宮副謙司作成(2009)

2. 百貨店のMD

(1) 他の業態との比較で見た百貨店MDの特徴

百貨店の業態特性である、多様な取扱商品、多様な販売形態、多様な仕入形態という要素は、当然ながら百貨店のMDを他の業態と比較して特徴づけることにつながっている。

▶多様な取扱商品

商品分野が異なるとそのMDのPDCAサイクルも異なる。衣料品、ファッション関係の商品は、大きくは春夏物、秋冬物というシーズンに分かれ、その中で、紹介期・実売期・処分期に期間が設定され、商品の発注・納品、販売、値下げ・処分などのフローでMDが運営されるが、雑貨では、季節に応じてその季節で販売を完結する商品が次々と品揃え・販売され入れ替わっていくというフローと新製品の導入・商品確保などが加わってMDが運営される。また食料品は、生鮮食料品と加工食品などMDフローがまったく異なる。百貨店では、取扱商品が多様な分、そ

のMDフローも多様で、現在の状況を見て行うべきMD業務と数カ月先のことを見据えて現在取り組むべきことを同時にうまく遂行するという高度な運営が行われることになる[*3]。

▶多様な販売形態

第二に、百貨店は店頭の通常販売以外に催事や外商などその他の販売形態を多く持っており、売場の品揃えの良し悪しがストレートに営業成績に反映されるCVSなどと違って、売場販売員の接客販売力や担当者以外の外商担当者との連携(顧客紹介)などの人的販売力や催事企画による集客など他の変数によって成績が左右されるという特性を持つ。それだけ純粋にMD力でなくて、売上を確保する手段があるということは、MDだけに社内のマネジメントのエネルギーが傾注されるわけではないということでもある。

▶多様な仕入形態

第三に、百貨店は多様な仕入形態で運営されている。その詳細は第1章で述べたが、委託仕入と消化仕入は、百貨店が商品の多様化に対応するとともに、売場を変化させる仕組みとして意味を持った。人気のあるブランドやショップを導入展開しやすいというメリットももたらしたのである。また百貨店の立地や量的販売力を背景に、こうした仕入形態が増加した時代もあった。しかし、売れ残っても百貨店のロスにならないため、仕入が安易に行われ、適正な仕入を行う能力が低下していったのである。このようにして、百貨店のMDについての主導権は次第になくなり、MDの組織能力が大きく後退したのも事実である。

(2) 百貨店のMD:商品編集のMDの限界と売場編集のMDへの関心

百貨店の店舗において、上記のように委託仕入や消化仕入の売場、すなわち取引先主導の売場の比重が増え、さらにテナントが数多く導入さ

---

*3 この点はGMSも同様であるが、GMSの中では、イオンのように、衣料・住居用品・食料品の組織的に切り離して、商品分野毎に「専門店化」する動きも見られる。特に衣料品は、「トップバリュコレクション」のように商品の企画から生産、販売まで一貫して関わる製造小売(SPA)を志向する取り組みも2010年から始まっている。

れるようになると、百貨店が自主的に売場レベルで商品編集とその最適化の意味でのMDを行える範囲は限定されるようになった[*4]。

そうなると、百貨店が自主的にMDに関わる分野としては、必然的に上位レベルで店舗におけるブランドの導入を中心とした売場の編集、その体系化と最適化（売場の拡大・縮小、導入・撤退）となり、それらが百貨店にとって主たるMDの関心事になる。

(3) 自主か取引先・テナントかではなく、売場レベルか店舗レベルかで捉える

百貨店が「商品レベルでのMD」の比重を下げたことが、そのまま百貨店がMDを放棄したと捉えるのは、的確ではない。むしろ「商品レベルのMD」から「店舗レベルのMD」に比重が移ったと捉えるべきである。

百貨店の自主的MDとそれ以外とに区分する考え方があるが、それはMDの定義を売場レベルでの商品編集とした狭義の捉え方であって、本書のように、2つのレベルでMDを捉えれば、「売場レベルのMD」で百貨

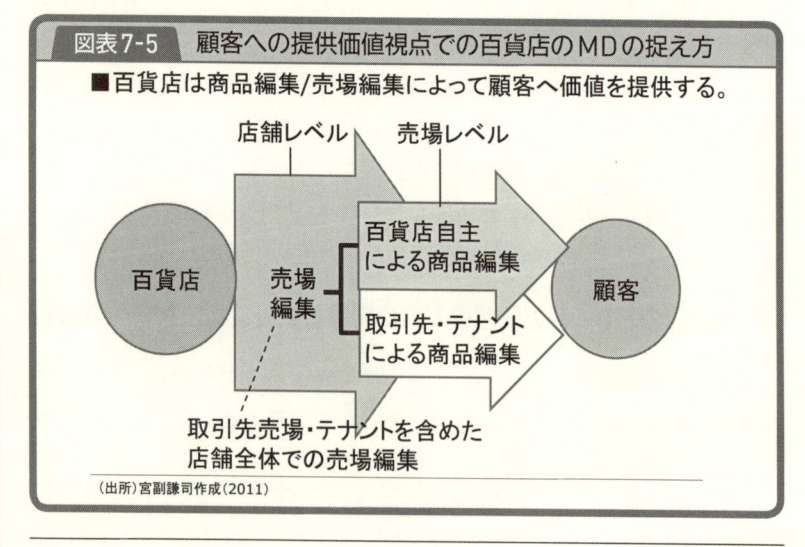

図表7-5 顧客への提供価値視点での百貨店のMDの捉え方

■百貨店は商品編集/売場編集によって顧客へ価値を提供する。

（出所）宮副謙司作成（2011）

[*4] ただし、伊勢丹のように、委託消化など取引先主導とされる売場にまでも商品政策・販売運営について発言力を持つ企業も一部にはある。

店が自主性を発揮するのではなく、「店舗レベルのMD」で、すなわち売場の編集と最適化で自主性を発揮することがあってもよいことになる。

そもそも、顧客への価値提供視点で百貨店のMDを考えるのであれば、図表7-5のように売場レベルでは、百貨店自主による商品編集と取引先・テナントによる商品編集での商品価値の提供と、それら百貨店自主売場、取引先主導・テナントの売場などを店舗レベルで売場編集することでの価値提供があるわけで、百貨店が自主売場での商品編集を減らし、取引先・テナントの売場を拡大することは、「売場レベルのMD」から「店舗レベルのMD」へと軸足を移したということにすぎないのである。

(4) 百貨店企業別のMD関心事の違い

伊勢丹は、MDの関心が売場レベルであることは、伊勢丹のこれまでの取り組みからも明らかだ。例えば、伊勢丹は婦人靴・ハンドバッグ・シーズン雑貨・紳士カジュアルウェアなどの百貨店重点商品分野について、「ニューズスクエア」という売場名称で自主的MDを展開、基本の品揃えを整備するとともに、販売動向に合わせたその最適化の業務もMDフローによって標準化するなど売場レベルの商品編集の業務を確立している。また商品の最適化への関心は、さらに進んで川上の商品企画や製造工程にも影響力を発揮し、モノづくりやSCM（サプライチェーンマネジメント）にも伊勢丹のコーディネーション能力を高めようと取り組んでいる。

一方、髙島屋、西武百貨店は店舗レベルでの売場編集に長年積極的であった。具体的には西武百貨店は1980年代に「スポーツ館」「LOFT」（趣味雑貨・生活雑貨）など商品領域を特化した「専門大店」と言われる店舗内業態を開発し、店舗のゾーニングも大きく変化させた。髙島屋は2007年3月の新宿店の改装で、商品テイストのコンセプトで縦ゾーニングを切りながら、そのコンセプトで紳士服と婦人服を同一フロアで展開する横ゾーニングを展開する手法を導入し店舗を一新した。また2011年完成の髙島屋大阪店の全館リニューアルでも拡張されたレストラン街ゾーン運営や、専門業態館的な「タカシマヤメンズ」の展開で店舗レベ

ルのMDの強みを発揮している。この2社は、店舗レベルでの売場編集、テナント編集を発展させて商業デベロッパー会社を設立した経緯もあり、百貨店業態運営が主体の伊勢丹との違いを見せている。

また阪急阪神百貨店も、西宮阪急や博多阪急など新店舗を相次いで開発する中で、売場と売場の顧客回遊性、リレーションを深く考慮した売場配置を進めており、「店舗レベルでの売場編集」の進化が著しい。

このように、企業によるMD関心領域の違いは、MDに関する組織能力の違いにも当然つながっていくことになる。

3. MDの組織能力とそれを活かした成長戦略

(1) 百貨店の組織能力と成長戦略

企業の組織能力(ケイパビリティ)とは、企業が組織的に仕組みとして持つ経営能力、経営ノウハウのことで、長年をかけて蓄積され、他社にない強みを指すことが多い。企業が持つ、他社に対して競争優位を発揮するような中核的な組織能力を「コア・ケイパビリティ」と言い、近年の経営戦略論でよく用いられる概念とされている。

百貨店企業で組織能力と言う場合、大まかに言って「販売能力」「MD能力」「店舗施設管理(デベロッパー的)能力」の3つがあげられるだろう[*5]。そして百貨店各社は、その中のどの組織能力が自社として強いのか、競合に対して差別的優位性があり今後伸ばすべきなのは何かを検討することによって、自社の成長戦略を描けるのである。

▶販売の組織能力への重点化

店舗において、顧客に接し、顧客へ販売する組織能力を、その企業のコア・ケイパビリティとして、それを一層発揮するように、人材や投資をシフトする戦略方向である。店頭販売体制をフリーセレクション型

---

*5 宮副謙司(2005)「どの組織能力を強くするかで決まる百貨店勝ち残りのシナリオ」『ストアーズレポート』2005年4月号、ストアーズ社、pp.20-23.

品揃え売場やコンサルティング型対面接客売場等のタイプに分け、必要な販売人材を適切に配置できる仕組を確立する。また、この形態の場合、重要なのは顧客資産管理である。店舗の戦略に沿った優良顧客の維持・育成・開拓のためには、顧客起点に立って販売側が売場横断型、あるいは連携型の体制を組む(現在の外商部活動の中の個人対象販売と店頭販売が機能再編する)必要も出てくるだろう。例えば、同じようにブランドショップが並んでいても、個々に経営が異なる駅ビルやSCなどのテナントビルでは、一括購入やブランドを超えた顧客へのアドバイスはできないが、百貨店は、ギフトやブライダル等ライフステージ毎の総合的な需要への対応や、美と健康等ライフスタイルテーマについて店舗全体で企画を共通にして統合的に販売体制を構築するということだ。このような取り組みによって、百貨店の業態特性を発揮できる余地が数多く眠っていると考えられる。

▶MDの組織能力への重点化

本社の商品部での商品戦略立案から商品計画、仕入、品揃え、販売、在庫管理までのMDフローに沿って業務を確立し、店舗の営業を指導していくこと、及び店舗においてMDツリー(売場構成)を体系化し、競合や顧客ニーズといった市場変化に応じて最適な売場構成に常時していくMDの組織能力をコア・ケイパビリティとして重点化する方向性も考えられる。そこではマーチャンダイザーがバイヤー(狭義)や売場販売員の上位に位置づけられ運営される。

百貨店は、そもそも数多くの商品取り扱い、幅広い取引先(例えばデザイナーや芸術家・文化人、国内外の産地とのリレーション等)の中から顧客への提供品を選択し、買い付け仕入れ、売場に品揃え編集する業態特性、強みを持っている。そうした仕入選択眼や企画編集能力を百貨店自主売場の部分だけでも育成していくことが重要である。それが、店舗レベルでのMD、すなわち、取引先のブランドショップも含めた売場の編集とその最適化の調整業務にも適用され、委託や消化の取引先に対してもその導入、店舗レベルでの売場編集という立場から主導する能力の向上につながるからである。

▶店舗施設管理(デベロッパー)の組織能力への重点化

　百貨店の売場に外部から専門店などテナントを導入し、その管理を行う、言わば商業施設運営のデベロッパーのような組織能力も保有する百貨店も近年増加してきている。店舗の一部、あるいはかなりの部分をテナントのゾーンにして運営する場合は、この組織能力への重点化を進めていることになる。

　例えば、店舗経営不振から専門店テナントビル化した単店舗型の地方百貨店は、この形態への移行を余儀なくされたわけであるが、大手百貨店では髙島屋が、この組織能力の構築と発揮を戦略的・積極的に捉えて、以前からグループ会社の東神開発をここに位置づけて商業施設の開発・運営を進めて実績を積んでいる。

(2) MD能力を本格化させた「MDカンパニー」化という成長戦略

　百貨店は今後、どのような組織能力に重点化する戦略を描くべきだろうか。どの選択が成長性、収益性、独自性の観点で望ましいのだろうか。

　結論を先に言えば、筆者はMD能力重視型が有望ではないかと考えている。販売能力重視型の成長は店舗面積の拡大、すなわち販売員数の増加によって成り立つものである、そのため収益性も物販収益から逸脱することはなく、営業利益率は2％、高くても5％くらいと限度がある。また現状はその販売力の多くを取引先に依存しており、自社社員の販売員の能力養成は一朝一夕にはいかないし、既存の取引先の値入れ構造を変えることは現実的ではない(難しい)。(ただし、第8章で述べるような接客販売を発展させた顧客紹介や提携手数料収益が得られるビジネスモデルを獲得できれば変わってくるが。)

　一方、MD能力重視型では、マーチャンダイザー及びバイヤーの養成が重要な鍵となるが、まず一定人員で一定の店舗数をカバーし、次第に支援範囲を広げることが可能である。さらに発展し商品企画、商品開発に進展していけば、単に物販だけでよりも高い収益を達成可能だろう。物販ビジネスから、店舗支援と商品企画のソフトビジネスへ百貨店のビジネスモデルが変化する可能性が出てくるわけである。(店舗レベルの

MDとしてテナント導入・運営管理も行うなら、デベロッパーの組織能力の一部はMD組織能力と重ねて捉えることができる。)

　この領域に最も近く達しているのは伊勢丹であろう。伊勢丹は主宰する「A・D・O（全日本デパートメントストアーズ開発機構）」(33社)の地方百貨店に対しMDを支援し、情報システムの提供も行い、その組織能力を活かしたソフトビジネスでの拡大戦略も着々と進めている。今後アジアの国々で百貨店市場が成長していく際に、百貨店運営の組織能力、とりわけMDの組織能力の「輸出」が求められる時に、その能力が発揮できるものと期待される。まさにMD能力を提供する「MDカンパニー」化という戦略である。

(3) 百貨店の将来は、多様な選択肢から各社独自に選ぶ時代に

　これまでの百貨店の経営改革は、経営資源の選択と集中と言いながら、「店舗の重点化」と「商品の重点化」を主体に進められてきた。すなわち店舗の重点化は不採算店舗の閉鎖や専門店テナントビルへの業態転換であった。また商品の重点化は、婦人服をはじめとするファッションゾーンの拡大であって、インテリア・リビング、家電・パソコン、文化雑貨領域の売場は大幅に削減された。しかしながら、この10年このような改革を経て百貨店は、はたして業績を回復し業態として再生したと言えるだろうか。単に人件費削減から店舗を閉鎖し、効率性だけから取扱商品を重点化するという、対象を誤った選択と集中の結果、百貨店は他の小売業態と比べた業態特性も、百貨店間の差別化も失ってしまい、縮小・衰退の道を自ら選んでいるように思えてならない。人員削減だけが先行的に進んで、次の戦略を描こうにもリソース（人材）がいなくて戦略が制約されてしまうという悲劇的な百貨店もあるくらいだ。

　そうした反省に立つならば、今後は店舗や商品の重点化ではなく、企業の組織能力の重点化の段階から中長期戦略を構想し、明確な方向性とそれに基づいて組織や人材配備をシフトしていく抜本的な構造改革を図るべきではないか考える。

　百貨店は、複数の組織能力で成り立っている。これだけの可能性を持

つ小売業態はほかにない。そしてどの組織能力を重視し、どこに軸足を置くかは、まさに百貨店企業、個々の経営の選択である。そう考えると、百貨店企業はどこも横並びで同じような店舗、経営ということでなく、各社独自の組織能力を生かした経営を行い、さらに独自の成長戦略を採用していくことになるだろう。

第7章のまとめ

百貨店は小売業であり、商品を顧客に売るビジネスであるという見方は、確かに正しいのだが、それは百貨店について一面でしか見ていないことになる。そのビジネスが組織あるいは、その仕組みとしてどのような能力によって実現されているかという視点で見た場合、いくつかの能力が明らかになる。そしてそこで発見された組織能力は、独自性があり競争力のある能力であれば、それを別の対象に適用してみるという新たな発想をすることにより、これまでにない成長の道が新たに見えてくることが多い。

例えば、かつてヨーロッパで主要な交通機関が馬車から自動車へと変化した際に、馬具を製造販売する企業はすべて消滅しただろうか。生業をたたんだ例も多いかもしれないが、その中で、その中核となる組織能力を「馬具の製造・販売」と捉えるのでなく、「高質な革製品を確かな技術で製造し販売する能力」と捉えた企業は、優良な顧客資産も活かしながら、今日の特選ラグジュアリーブランドに自己変革できた。組織能力の認識とその発揮によって、価値提供の対象を世界的な多くの消費者にまで広げ、新たな成長の歴史につなげられたのである。

組織能力の見極めによって、その企業、業界の将来が大きく変わってくることをこの事例から百貨店も学ばなくてはならない。

第8章 百貨店接客の再考

1. 接客の再考

　日本の小売業が対応する商品領域・販売形態は実に多様である（第1章参照、図表1-1）。その中で販売形態は、「接客販売」「セルフ販売」などに分かれるが、1990年代以降の消費者の価格意識の高まりや、その浸透・定着の傾向の中で、GMSやCVSなどのセルフ販売業態から価格業態が数多く生まれて発展した。すなわち、衣食住などそれぞれの商品領域で価格を武器とした家電量販店、ドラッグストア、ホームセンターなど専門DS（ディスカウントストア）が台頭するとともに、一方で総合的なDS業態も顧客の支持を集めるなど、セルフ販売業態は実に多様化した。

　一方、「接客販売」の業態は専門店や百貨店であるが、「接客販売」ということで一括りにされたままで、セルフ販売業態ほどには進化していない。

　小売業態の顧客への価値伝達、価値提供の手法である「接客」を、いくつかの視点で紐解いて再考するとともに、百貨店として新しい接客手法を見出していくことが求められているのではないだろうか[*1]。百貨店業態の基本が接客であるとよく言われるが、そうであればこそ、接客の基本とその新しいあり方を検討しなければならないと思う。

(1) 接客の定義

　そもそも、接客とはどのように定義されているだろうか。マーケティング論の代表的な文献であるコトラー&ケラー『マーケティング・マネジメント』では、業態を分類する要素として「フルサービス販売」「セル

---

*1　宮副謙司（2010）『コアテキスト流通論』新世社、p.242では、接客業態の提供する顧客への付加価値として業態の情報性、個別性、集積性、利便性などをあげている。

フサービス販売」という販売形態で分類している。そして、顧客の購買行動プロセスを「商品の探索─比較─選択」の3つの段階として捉え、各段階で販売員が顧客を補助することがフルサービス販売、人手を介さないのがセルフサービス販売と定義している[*2]（図表8-1）。

接客をフルサービス販売と同様に捉えるならば、フルサービス販売の定義を接客に置き換えることができる。

ただ、コトラー&ケラーの販売形態の考え方では、顧客の購買行動プロセスを商品の探索から選択、すなわち商品の購入決定までとしているが、小売業の実務では、代金支払いなどの購入手続きという接客活動も確実に存在する。（イオンなどの量販店では、レジ対応＝接客という概念である。）また購入後の商品メンテナンスや、さらに最近より多く見られる購入後・使用後の感想の公表（シェア）も購買行動プロセスに含まれると考えれば、購入後の企業から顧客への働きかけ関係まで接客の対象と見なければならなくなる。

▶企業から顧客への価値提供活動として接客を考える

企業と顧客の関係において、企業側から顧客への価値提供・価値伝達

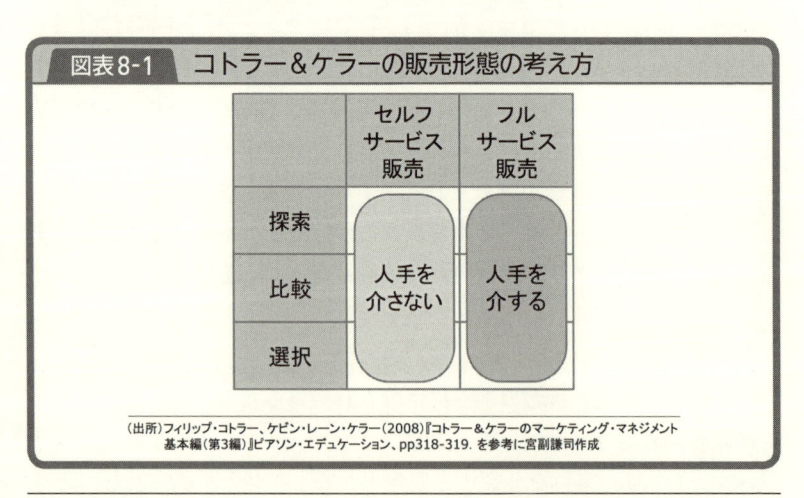

図表8-1　コトラー&ケラーの販売形態の考え方

	セルフサービス販売	フルサービス販売
探索	人手を介さない	人手を介する
比較	人手を介さない	人手を介する
選択	人手を介さない	人手を介する

（出所）フィリップ・コトラー、ケビン・レーン・ケラー(2008)『コトラー&ケラーのマーケティング・マネジメント 基本編(第3編)』ピアソン・エデュケーション、pp318-319. を参考に宮副謙司作成

[*2] フィリップ・コトラー、ケビン・レーン・ケラー著、恩蔵直人監修、月谷真紀訳(2008)『コトラー&ケラーのマーケティング・マネジメント　基本編(第3編)』ピアソン・エデュケーション、pp318-319.

の活動の視点で、接客の概念を考えてみよう。

　顧客が商品の探索・比較・選択という購買行動をとるとすれば、それに対する小売業側の行動を考えなければならない。そう見ると、どの小売業にも、売場での品揃え行動が基本としてあり、そこに場合によって（業態によって）販売員の販売行動が加わるという関係が見られる。

　第7章で考えたように、小売業のMDには売場レベルと店舗レベルの2つのレベルのMDがあるので、商品を軸にした小売業の顧客への価値提供・価値伝達は、店舗全体のレベルで見た場合の売場編集と、売場レベルでの商品編集の2つのレベルがある（図表8-2）。

　ここまでは多くの小売業で共通であり、そしてそのようなMDによる価値提供に加え、さらに人手を介する価値提供を行う部分を「接客」と捉える。

　したがって、MDによる価値提供だけであれば、それはセルフ販売業態であり、それに販売員の価値提供が加わる、つまりフルサービスになることが「接客」であるということになる。

　しかし、顧客の購買行動のプロセスを改めて考えると、顧客の購買行動は、店舗に来店した段階からスタートしている。来店して購買対象の

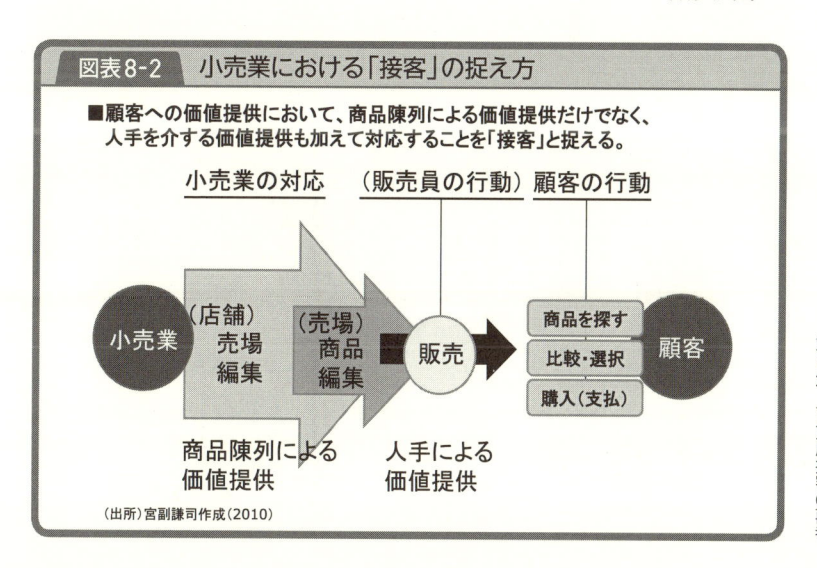

図表8-2　小売業における「接客」の捉え方

■顧客への価値提供において、商品陳列による価値提供だけでなく、人手を介する価値提供も加えて対応することを「接客」と捉える。

小売業の対応　　（販売員の行動）　顧客の行動

小売業 →（店舗）売場編集 →（売場）商品編集 → 販売 → 商品を探す／比較・選択／購入（支払）→ 顧客

商品陳列による価値提供　　人手による価値提供

（出所）宮副謙司作成（2010）

売場を探し、その売場にたどり着いたら商品を探す、そして商品を見出し、比較・選択(購買意思決定)する。そして購入手続き(支払いや場合によって配送手続き、ギフト包装などを含む)を行い、購入後、退店するという流れである。小売業が顧客に満足してもらうためには、その価値提供は顧客の来店から退店までを対象にして、その流れに沿って対応するべきである。

▶新しい接客の捉え方

そうすると、小売業の接客とは、顧客の来店から退店までを対象にして、顧客の購買行動の流れに沿って、人手を介して価値提供を行うことと捉えられる(図表8-3)。

この接客の概念に基づけば、従来の接客は売場での販売員による顧客への対応の部分でしかないということになる。そこで本書では、従来の売場での販売員の顧客への対応は「接客販売」として、「接客」の一部と捉えなおすことを提案したい。

(2) 百貨店の接客の課題

百貨店の基本は「売場(現場)での接客」とよく言われるが、はたして

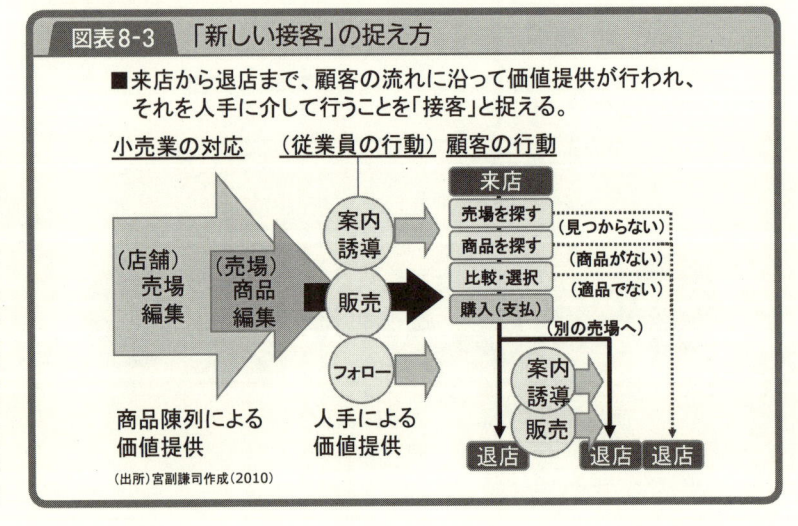

図表8-3 「新しい接客」の捉え方

■来店から退店まで、顧客の流れに沿って価値提供が行われ、それを人手に介して行うことを「接客」と捉える。

(出所)宮副謙司作成(2010)

そうだろうか。まず、新しい接客の捉え方をした場合、接客は売場での接客販売の部分を超えて、顧客の来店から退店までの購買行動にトータルで対応することになる。その観点での顧客対応の接客は十分だろうか。

例えば、百貨店の場合、顧客の購買行動を見ると、来店したら確実に購入（消費）するホテル、美容室、レストランなどのサービス業と違い、来店しても売場が見つからない、売場が見つかっても欲しい商品がない、商品が見つかっても比較・検討した結果、自分にとって適した商品でないといったいくつかの要因で購入しないで退店することが多く見られる。その意味で百貨店は「購入確率の業態」と言うことができ、その確率の向上が重要であるというビジネス特性を認識しなければならない（藤本,2010）[*3]。

そのためには、顧客の購買行動や意識(特に買わない理由)をつかんだ

図表8-4　大丸の店頭業務の付加価値分類

	付加価値業務	低付加価値業務	非付加価値業務
定期多頻度業務	接客販売・待機(商品提示、入金、包装) 欠品補充(売れ筋商品点検、品切れ点検) 商品の点検 商品の整理 清掃 発送伝票の承り 修理承り(サイズ直し) 店頭の商品ディスプレイ 顧客情報収集 固定客づくり 固定客対応	レジ業務 単品管理台帳の消し込み ・商品が売れた場合などに単品単位で数量管理を行う作業	
定期少頻度業務		値下げのための商品整理 値下げ検品の実施	タイムカードの集計 シフト表の作成 値下げ伝票の起票及び処理、値札付け替え 売上見通しの基礎データ作成・売上見通し 在庫調査 棚卸 個人売上目標の設定 販促計画の立案
不定期多頻度業務	店内案内 お客様からの注文対応(店頭にない商品の取り寄せ手配など)	商品取替え対応 商品戻り対応 修理承り(顧客の持ち込み) 電話対応 売場用品の点検、請求、整理	固定客名簿管理(メンテナンス、ダイレクトメール発送、電話勧誘) 単品管理台帳への記入(商品入荷時・返品時) 入荷点検(商品受け取り、開梱作業) 商品のストック、店だし
不定期少頻度業務		完全買取商品の値下げのための商品整理 委託仕入商品の返品のための商品整理	完全買取商品の値下げ作業(伝票起票及び処理、値札付け、検品) 委託仕入商品の返品作業(伝票起票及び梱包)

(出所)新井田剛(2010)『百貨店のビジネスシステム変革』中央経済社,p.115,図表6-2.

---

* 3　2010年11月筆者の東京大学での研究会報告に際しての藤本隆宏教授の指摘。

り、顧客の購買分析とそれに基づく販促計画を検討し実行したりする業務も重要と評価するべきである。

しかしながら、百貨店各社が90年代以降取り組んできた業務改革は、何を差し置いても「売場での接客」(売場で顧客に直接相対する「接客販売」)を重視し、それに関わる業務が「付加価値業務」であり、一方、それに関わらない業務は「低付加価値業務」あるいは「非付加価値業務」と評価され、削減あるいは排除されてきた。例えば、大丸が近年取り組んできた営業改革においても、図表8-4のような業務分析がされている[*4]。(大丸の例は新井田(2010)によって開示されているので事例として使用するが、業界の改革の端緒である西武百貨店の90年代の改革から業界各社のほとんどがこのような価値分類での業務評価であったと記憶している。)

この課題を踏まえると、百貨店の接客は顧客の来店から退店までと捉えた時に何を行うべきか、店舗の価値をいかに的確に顧客に伝え、顧客の探索・比較・選択の行動、さらに他の売場への購買誘導なども含めた買上後のフォローも行って購買の確率をいかに高めるかであり、そのための業務こそが百貨店にとっての付加価値業務と評価されなければならない。多くの百貨店で非付加価値業務と扱われている「固定客名簿管理」「販促計画の立案」も重要な「接客」に関わる、付加価値のある業務なのではないだろうか。そうした意味で、現在の百貨店には接客の再考が求められているのである。

以下では、小売業だけでなく異業種の顧客への価値提供の手法の事例を見て、百貨店の接客の革新のヒントを学んでいきたいと考える。

2. 異業種の接客に学ぶ

顧客への価値提供・価値伝達の視点では、京都花街のお茶屋での顧客

[*4]　新井田剛(2010)『百貨店のビジネスシステム変革』中央経済社、p115, 図表6-2.

対応が経営学的に分析され紹介されている[*5]。また東京・渋谷の商業施設「SHIBUYA109」(以下、渋谷109)での「カリスマ店員の時代」以降の接客も注目したい。さらに最近の情報通信技術を活用した異業種の取り組みを見ていくこととする。

(1) 京都花街の接客

京都の祇園・先斗町などの花街にある「お茶屋」は、いくつかあるお座敷で飲食や芸舞妓さんの芸や会話を楽しむ場である。そこでの「接客」はどのように行われているか、百貨店の接客に活かすために見ていこう。

お茶屋の経営者は「お母さん」と呼ばれ、顧客の好みや利用の目的に合わせて、芸舞妓や料理などを手配し、お座敷のしつらえを組み立てる。まるでイベントの企画、コーディネーターの機能を発揮している。さらに顧客が相談すれば、料理屋や二次会の場所の紹介、お土産や宿泊先の手配まで対応する。しかもそれらの経費はすべてお茶屋が立て替え、後

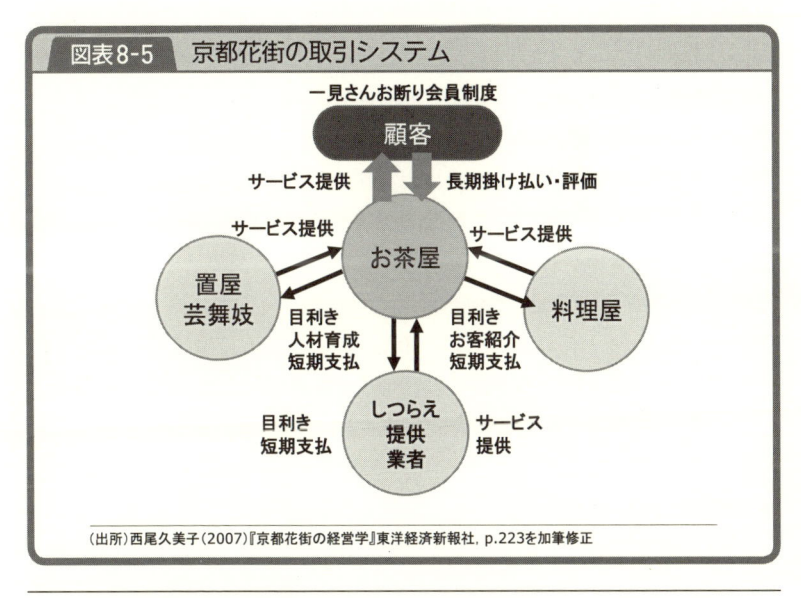

図表8-5　京都花街の取引システム

(出所) 西尾久美子(2007)『京都花街の経営学』東洋経済新報社, p.223を加筆修正

---

* 5　西尾久美子(2007)『京都花街の経営学』東洋経済新報社。本書の京都花街の接客についてはこの文献をもとに記述した。

日お座敷利用分と合わせ顧客に請求する仕組みになっている。(支払の立替もするため顧客与信の面からも「一見(いちげん)さんお断り」という完全な会員制となるのも納得の行く話である。)

お茶屋のお母さんは、その店ならではのサービスを提供するために、しつらえの独自のセンスを研ぎ澄まし、料理屋や芸舞妓たちのサービスの質を見極めて、顧客に応えるためサービスの組み立てを考えるのである。

▶チーム編成による「おもてなし」接客

お座敷の場で芸舞妓は、お茶屋のお母さんの指示を逐一受けて動くわけでなく、多くの場合、お座敷に一緒にいる芸舞妓だけの判断で場を進めていく。しかも座敷に行ってみるまでどの芸舞妓と一緒になるか分からないし、事前に打合せがあるわけでもない。お座敷の状況をつかみ、それに応じて判断して自分のすべきことを組み立てていく。芸舞妓同士の目配せやちょっとした仕草で誰が何をどうするのかといった手順が伝達され、酒や料理が運ばれ伝えられる。

そもそもお座敷では、複数の芸舞妓が「チームを編成して接客をする」わけであるが、その場で初めて一緒に会った場合でも、芸妓と舞妓、さらに舞妓でも1年目か、2・3年目か、それ以上かなどは、髪型、化粧の仕方、かんざし、着物、帯の着方で、キャリア、スキルが一目で分かるので、メンバー間で誰がお酌するのか、誰が舞いやゲームをするのかといったチーム内のメンバーそれぞれの役割が暗黙のうちに定まって、接客が実現される仕組みになっているという。部外者から見ると、「きれいなかんざし、着物だなあ」といった外観も、仲間内からすればルールとして決められた「キャリアによって違う制服」のようなものなのである。

芸舞妓たちは、お座敷で顧客の表情や顔色をチェックすることはもちろん、その後の客足からも顧客満足度に細心の注意を払い、おもてなしの技を磨いている。

▶お茶屋と料亭の違い

一般の料亭は、板前さんがいて料理を出す飲食業であるが、「お茶屋」は飲食業ではない。芸舞妓は「置屋」から、料理は「料理屋」からそれぞれ持ち込まれるのであって、お茶屋が自前で人材を抱えたり、自前で料

理をつくったりしているわけではない。お茶屋のコアは、顧客をもてなす場(環境)であり、そこで繰り広げられ提供されるサービス(体験)は、お茶屋の「お母さん」が芸舞妓(人材)、料理(モノ)をコーディネートし、企画・演出することで成り立っている。まさにサービスのプロデュースである。

このような京都花街の接客からの百貨店としての学びは、①お茶屋の「お母さん」が顧客への価値提供をプロデュースし、必要なリソースを手配し価値提供を設計して提供をリードしている、②現場の芸舞妓は、チーム編成で顧客に価値提供を行うが、リソースのスキルが制度化され、その能力をうまく活用した提供価値を現場で即座に設計し提供できる仕組みになっている、ということだろう。

(2) 渋谷109の接客

『繊研新聞』(2010年4月13日付け)の記事によると、2010年3月の渋谷109の売上好調テナントとして「WC」(ダブルシー)、「ワンウェイ」「リズリサ」「ダズリン」「エモダ」「ミン・プリュム」「ミーア」「SBY」があげられている。それぞれどのようなコンセプトで特徴を持ったショップなのか、店内で配布される「109プレス・109ガイド」に記述された表現で紹介すると次のとおりである。

「WC」(8階)は、若槻千夏さんのデザイン・プロデュースのブランドで、明るくポップなデザインが豊富で、キャラクター「クマタン」アイテムが人気ということである。「ミーア」(8階)も、南明奈さんがプロデュースするファッションブランドで、「スウィートカジュアル+LAカジュアル×ドメスティックスパイシー」がコンセプトのショップである。

「エモダ」(7階)は、「MODE=トレンドの発信を軸に、スタイリング・素材・形で常に新たな提案を取り込み、女性の『おしゃれを楽しみたい』という気持ちに応える、ハイセンスでもありリアルクローズでもあるブランド」である。「リズリサ」(5階)は、「ノスタルジックとトレンドをフュージョン、フリルやレースなど大人になってもGirlたちの大好きなSweet & Cuteがたっぷり詰まったブランド」「ただ甘いだけじゃなく、

内なる芯を抱きつつ、ポジティブで思慮深い一面も見せる」と特徴が説明されている。

「109ガイド」から各ブランドの紹介文を記したが、この表現も百貨店などのフロアガイドと違い顧客に話しかけるような、ブログ等で友達に伝えるような表現になっていることにいまさらながら驚いた。

▶ガールズプロデューサー

そして注目すべきことは、これらの好調テナントが新しい世代の女性プロデューサーの手によるブランドであるということである。「WC」はウィゴー社、「エモダ」はマークスタイラー社が運営するショップであるが、どちらも知名度のある元タレント、読者モデルがデザインやプロデュースに関わるブランドで、彼女たちへの顧客の共感や支持が顕著である。

「WC」はほかにないデザインで安く買えることだけでなく、「タレントをやめてまでがんばっている若槻千夏の生き方にも共感する」、有名人へのあこがれというよりも仲間感覚の顧客の支持だという。「エモダ」については、「こう着こなすんだっていう強さがデザインから出ていてすてき」「多忙なスケジュールをこなしていて尊敬」「エモダの成長が楽しみだから毎日ブログチェックする」など、元読者モデル、販売員でプロデューサーを務める松本恵奈さんのブログには、こうしたファンからのコメントが毎日届くという。南明奈さんのプロデュースする「ミーア」も含め、今人気のブランドに新しいプロデューサー像が見えてくる。ビジュアルやメークやファッションはもちろん、性格やライフスタイルまで人間として憧れられる、共感が持てるプロデューサーの存在がブランドの重要な要素になっている。

これまでの渋谷のファッションリーダーの推移を振り返ると、1980年代はDCブランドを創造するクリエーターやデザイナーで(「パルコや丸井の時代」と言える)、続く1990年代は「エゴイスト」「ミージェーン」などのカリスマ販売員であった(「渋谷109の時代」)。そしてここ数年は、ブランドをプロデュースする読者モデル・ブロガー等がもてはやされてきた。それは有名なだけでなく、その人が創り選ぶファッションへの本気度、ほかにない個性があること、そして作り手と買い手が一緒に作り

上げている感覚があることが若者層の心をつかんでいる(「渋谷109の時代」の新しい段階)。

▶109好調ショップのプロデューサーの「接客」

　渋谷109の好調ブランドのプロデューサーは、自らがコーディネートまで考え、店頭やブログでの発信に積極的に関わっている。そこに若い顧客層を捉える新しい接客スタイルがあり、従来型接客の百貨店などとの大きな違いが見られるのである。

　「WC」若槻千夏さんは、ポスターやカタログのビジュアルまでイメージを絵にして企画するという。ファッションへの思いは相当に強い。そういった情熱が顧客にも伝わってくる。「クマタン」というクマのキャラクターTシャツは原宿では男の子も着て歩くほどになった。そのデザインの独特さやぶっ飛び感は他店では買えない個性である。個性的な商品は、どんなふうに着こなすかがさらに聞きたくなることだが、販売スタッフも若槻さんの情熱や商品コンセプトなどを確実に理解しつつ、顧客に等身大で提案して顧客からの共感を得ている。

　「エモダ」では松本さんの来店日には売場で顧客と記念撮影をする。それが顧客にとってのわくわく感を醸成するし、顧客のロイヤルティ(ファンの気持ち)を高める仕掛けになっている。また、松本さんのブログでは、自分自身の手持ちのほかのブランドをミックスさせながらのコーディネート紹介も定番になっており、それに魅かれて購入する顧客も多いという。ブログには「松本さんが店頭で販売スタッフに着こなしをアドバイスしているのを見て仕事に対する本気さが伝わってきた」「迷っていたら自分に合うコーディネートを店員さんが教えてくれて感動した」といったコメントが寄せられている。

　以上のように、新しい接客スタイルには、明らかな特徴が見られる。第一にそのショップの価値を創造し提供する、情報発信するキーマンが存在するということだ。「WC」は若槻千夏さん、「エモダ」では松本恵奈さんというプロデューサーがそのキーマンだ。第二にこのキーマンが顧客に対して様々なコミュニケーション手段を活用して情報を発信し、顧客も反応するというマルチコネクトで双方向なコミュニケーションが成

立していることである。インターネットのブログ、カタログ、そして店頭でと数多くの接点と手段を持って接している。第三にその内容も友達のような親近感とキーマンへの尊敬の気持ちなど深い交流がある、いわば共感を呼ぶ仕掛けでコミュニティを形成しているということだ[*6]。

▶百貨店のヤング層向けテナントゾーン

　最近の百貨店業界の動向としては、大丸の大阪心斎橋店が「マーケットとのずれ」を課題として北館を増床した際に、その地下1・2階に若い女性向けのファッション専門店を集めて「うふふガールズ」というゾーンを形成した。同社はそれを、「新百貨店モデル」と称し、その「革新性」に自信を持っているが、それは同社にとって新しい取り組みなのかもしれないが、他の百貨店は以前から導入している売場形態でしかない。マーケットとのずれを修正するとすれば、若い顧客層向けのテナントを導入して顧客ニーズに修正対応できたとするのではなく、渋谷109のショップの販売員に見られるような接客スタイルを百貨店としてどうこなして取り組んでいくのかを検討することが重要ではないだろうか。

(3) 東急ランキンランキンの接客

　東京急行電鉄の新業態「ranKing ranQueen（以下ランキンランキン）」は、店舗の持つメディア性を最大限に発揮し、消費者の反応を見る、あるいは消費者を新しいクチコミチャネルとして活用するマーケティングとプロモーションの拠点として注目される[*7]。

　「ランキンランキン」は、2001年7月、東京・渋谷駅に1号店（売場面積は約100㎡の規模）が開設された。立地は東急百貨店東横店の西館2階で、JR、地下鉄銀座線、京王井の頭線の乗り換えに多くの人が通るコンコース部分に位置する。

　この店のコンセプトは、今流行しているもの、これから流行する新商品ばかりを集め「見て、確かめ、触って確認することのできるリアルな情報誌」という。扱う商品のカテゴリーは、食品・飲料から化粧品、本、

---

* 6　繊研新聞2010年4月19日付け記事を参考に記述。
* 7　『日経MJ』2003年7月10日付け記事を参考に記述。

CD、雑貨、各種チケットなど種種雑多である。

　ランキングの種類はランキングカテゴリーと呼ぶが、カテゴリー数は200にも及ぶ。2010年3月12日時点の渋谷店のカテゴリーの具体例は、「ピリ辛スナック」「九州ご当地ラーメン」「鍋グッズ」(食品)、「香り×ホーム」「フェイススキンケア」「お部屋そうじミニグッズ」(生活雑貨)、「合コン直前準備グッズ」「卒業メモリアルグッズ」など女性が関心を持つテーマや、生活歳時記をうまく捉えた生活実感のあるテーマになっている。そのカテゴリーの中でのランキングが注目で、その順位に合わせて品揃えされ、人気商品をすぐ見て触れて確かめて買うことができる仕組みだ。そのランキング情報は、東急ハンズ、オリコン、東急ストア、キヨスクなどの販売データによりランク付けしている。

　また顧客層としては、来店客の7割が女性。実際に購買客になると、83％を女性が占める。購買客の7割は20代、30代の女性だ。

▶企業が注目する場としての価値

　新商品コーナーは店内のスペースを新商品の広告宣伝、販売促進などに気楽に使える場所として貸し出している。来店客を対象とした商品アンケートの実施や、店外の100インチビジョン(渋谷店のみ)、店頭のイベントスペースなどを利用し、様々なプロモーション展開も可能だ。

　利用企業は200社に上り、食品、雑貨、CD、映画やコンサートのチケット、携帯電話・インターネット接続サービスのキャンペーンなど、幅広い利用実績がある。新商品以外に新サービスやキャンペーン商品の展開も行っている。手頃な値段で利用でき、販売することができる広告媒体で、販売終了後にはPOSデータも提供されるので、開発した商品の試験販売をする時などにも使える便利な場所だ。スペース内にサンプル等も設置可能で、新しい商品を試してみようと商品を手に取り、使ってみる人も多い。新商品コーナーから売れ行きに火がついた商品で、ほかの販売チャネルで扱われることになった商品がいくつも出ている。

　「ランキンランキン」は、このようにその場で繰り広げられる「見せる」ことを顧客への重要な価値と認識して情報性を強調した業態となっている。さらに「見せる」価値を実現するために多くの消費財メーカーの情

報発信も手助けし、そこでの販促ビジネスを新しい収入にしているのである。

(4) 美術館：先端技術を使った美術館の作品鑑賞ツアー

次に参考事例として紹介するのは、ICT（情報通信技術）を積極的に活用して消費者に価値を認識してもらうツアーである。

日本は現在、美術展が非常に大きな市場となっており、2009年に世界各地の美術館で開かれた特別展の1日当たりの来場者数調査では、日本の展示会が1位から4位を独占している[*8]。今、美術展や美術館に行けば、高い入場料をものともせず、繰り返し来場し、関連グッズにも惜しみなくお金を支出する消費者を多く目にする。そして、「歴女」や「仏像ガール」といった言葉が生まれていることからも分かるように、単に歴史上の人物や仏像・寺社が好きというだけでなく、知識欲が旺盛で、対象のみならずその周辺部の事柄まで徹底的に調べて、深い知識と理解を持つことに満足を覚える消費者が増えている。美術展に足を運ぶ人には、当然こうした傾向を持つ消費者が多い。

こうした市場の拡大、美術展入場者の質的変化を受けて、美術館や博物館などはユーザーの満足度を高めようと様々な試みをしはじめている。

東京上野の国立西洋美術館では、2010年3月末からマルチメディア型の観賞ガイド「国立西洋美術館公式iPhoneアプリケーション　Touch the Museum」の無料配布を開始した（写真8-1）。

利用者自身がアプリケーションをダウンロードしたiPhoneを美術館に持参して利用する。絵の舞台となった土地などを紹介するハイビジョン映像や学芸員による作品の解説、建築史家の藤森照信氏の案内による同館本館の建物巡りなど充実した内容になっており、開始約2カ月で3万回超のダウンロードを数えたという。

また、東京六本木の国立新美術館で開催されたオルセー美術館展

---

*8　英アート情報誌『The Art Newspaper』2010年3月31日付け。

2010「ポスト印象派」では、iPhoneなど向けに公式アプリケーションを無料配布し、自宅などで主要出品作の高精細画像を拡大機能つきで見ることができた。ダウンロードした画像を保存すれば、そのままカタログにもなるものだ。

写真8-1 国立西洋美術館「Touch the Museum」

I Phone スクリーンショット ITの積極的な活用

(出所)国立西洋美術館広報資料(2010年3月29日発表)

　さらに、同じく六本木にある森美術館では、2010年7月「ネイチャー・センス展　吉岡徳仁、篠田太郎、栗林隆」の展覧会場で入場者にiPadを閲覧できるようにした。そのiPadには、作品を紹介する動画や学芸員のインタビュー映像などをアプリケーションソフトとして搭載した。

　こうしたiPadやiPhoneを積極的に活用しようとする背景には、美術展来場者の「作品を深く理解したい」「じっくり作品を観賞したい」「作品の説明板は文字が小さくて読みづらい」「有料の音声ガイドの解説だけでは物足りない」といったユーザー側の不満を解消し、その美術館のヘビーユーザーになってもらおうとする美術館サイドの動きがある。

　ただ、絵画や彫刻といった美術品を展示して見せるだけでなく、その作品が生まれた当時の作者の置かれていた状況、風土、時代背景や作品の中の細かなディテールまで深く掘り下げて情報提供することで、その作品自体と美術展の価値を高めている。

3. 百貨店接客の戦略的な捉え方

▶小売業における接客の新しい動き

　小売業においても接客の変化が顕著に見られる。図表8-6のように顧

図表8-6　接客の新しい動き

顧客の行動		人手を合理化	人手を介する
探索	来店から売場まで	VMD ←（ユニクロなど）	→ コンシェルジュ 店内ツアー（東武）
	売場から商品まで	VMD／商品検索 ←	
比較選択	商品比較	電子POPランキング ←	→ コンサルティング（松屋銀座）
	選択（購入意思決定）	モニター端末 ←	→ カフェ
購入手続（支払）		セルフレジ ←（イオンなど）	
購入後・退店			→ ツイッター発信（渋谷109など）

(出所) 宮副謙司作成 (2010)

客の購買行動プロセスを軸に見ていくと、セルフ販売業態ではVMD（ビジュアルマーチャンダイジング）の充実や電子POPや動画モニターなど情報通信技術を活用し人手をより合理化する動きが見られ、接客販売業態では、探索段階にコンシェルジュを配備したり、比較・選択段階に専門人材によるコンサルティング拠点を設けたりと顧客により個別に対応する動きが見られる。（従来の接客販売業態でも、セルフ販売業態で進む人手を合理化する接客手法から取り入れられるものは積極的に取り入れ、そこで余った時間とリソースをより人手を介する活動に注ぎ込むことを検討していいかもしれない。）

(1) ツアーとカフェ

さらに百貨店で新しい取り組みを始めている例が見られる。それが「ツアー」と「カフェ」という接客手法である。

▶店内ツアー

東武百貨店池袋本店では、2010年6月17日から顧客に売場や商品を紹介して回る店内ツアーを始め、好評を博している（『日経MJ』2010年6月25日付け記事）。そのツアーとは東武百貨店が毎回テーマを決め、そのテーマに沿って関連の売場を複数選び、参加する顧客（毎回10名程度）

●写真8-2 東武百貨店池袋店の「店内ミニツアー」

を案内し、それぞれの売場で商品の専門家(バイヤーや専門販売員)が商品の品質・機能の特徴・こだわりや開発の背景・仕組みなどを詳しく説明するものだ。添乗員役は、ベテラン社員が務め、約2時間かけて回るツアーになっている。

(出所)東武百貨店広報資料(2010年6月9日発表)

その参加者の多くは常連客とのことだが、「こんな商品があるとは知らなかった」という声が多いという。

同店の売場面積は約83,000㎡と国内でも最大級の広さを誇っているが、広すぎて店内を回りきれない顧客が多く、毎週同店を訪れている常連客でも店の全体像をほとんど知らないという事実があった。

ツアーでは商品を売り込むことはせず、説明に徹する。顧客が商品を試したり、効能を知ったりすれば、次に来店した時の購入のきっかけになると考えているからだ。実際、今年3月に実施した試験ツアーの時には、参加した3組6名のうち2組が1週間以内にツアーで回った売場を再び訪れ、約3万円のスポーツシューズなどを購入していったという。高価な商品であっても、その商品の効能や価値が価格に見合ったものであることをツアーで知ることができたために、購入に至ったのだ。

このツアーは、毎回テーマが決まっているので、顧客側からすれば、自分の関心のある売場・商品が店内のどこにあるのか、ベテラン社員の先導で店側が案内してくれる上に、その商品はどのような特徴・効能を持っているのか等疑問に思うことを店員に色々と質問しても、買わないことを負担に感じないで済むというメリットがある。

このことは、顧客に対する情報伝達の方法を見直して、百貨店で買物をすることの価値を知らしめることができれば、消費者はあまり価格を

気にせずに購買するということを示している。そして同時に、百貨店が提供できる付加価値は、単に丁寧な接客だけでなく、顧客の知識欲を満たし、様々な商品・ブランドを広い店内で発見できる楽しさという「場」としての魅力にあるということではないだろうか。

▶ツアーとカフェ

顧客の流れを考えれば、売場での商品選択・購入のプロセスの以前に「ツアー」があると、そこで顧客は商品や生活に関する専門家の情報を効率良く聴くことができ、的確に情報収集が可能になるということだ。

また「カフェ」は、商品や生活の情報をそれらが集中した場から入手できるだけでなく、それに関心のある顧客からの口コミ情報を得る場としても機能するだろう。さらに顧客が「カフェ」で集めた情報を少々休みながら自分なりにそしゃくし、購買の意思を固めることに結び付くと考えられる[*9]。

このように売場の接客に「ツアー」と「カフェ」は有効に機能する。そして顧客に商品の価値を紹介し伝達する「ツアー」について考えてみるに、百貨店には「ツアー」に活用できる人材が、バイヤー、専門販売員、

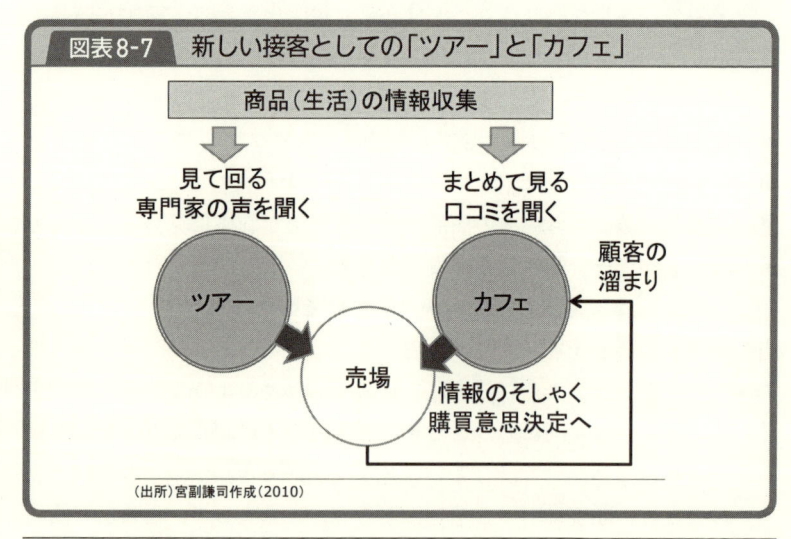

図表8-7　新しい接客としての「ツアー」と「カフェ」

商品（生活）の情報収集

- 見て回る　専門家の声を聞く → ツアー
- まとめて見る　口コミを聞く → カフェ

顧客の溜まり

ツアー → 売場 ← カフェ
情報のそしゃく　購買意思決定へ

（出所）宮副謙司作成（2010）

---

*9　カフェ業態については、第6章で「トラベルカフェ」を事例として詳述している。

顧客担当の外商担当者と実に豊富に揃っているのだ。(さらに言えば、従来の外商組織の顧客対応、営業のあり方がすっかり変革するということにもなろう。)

(2) 専門人材によるコンサルティング型接客

コンサルティング型接客の事例として、東京銀座にある百貨店「松屋銀座」のキャリアウーマン向け販売サービス形態である「ジ・オフィス」を取り上げる[*10]。

この販売サービス形態は、通常売場での販売ではなく、婦人服フロアの一角に設けられた拠点(サロン・カウンター)で特定の顧客の注文に対して担当者が接遇するものである。対象とする顧客は、大手企業の部課長以上クラス(年収800万円以上)の働く女性層である。

百貨店には顧客担当制としては外商組織があるが、「ジ・オフィス」は、キャリアウーマン層を対象顧客とし婦人服や服飾雑貨を店頭でコーディ

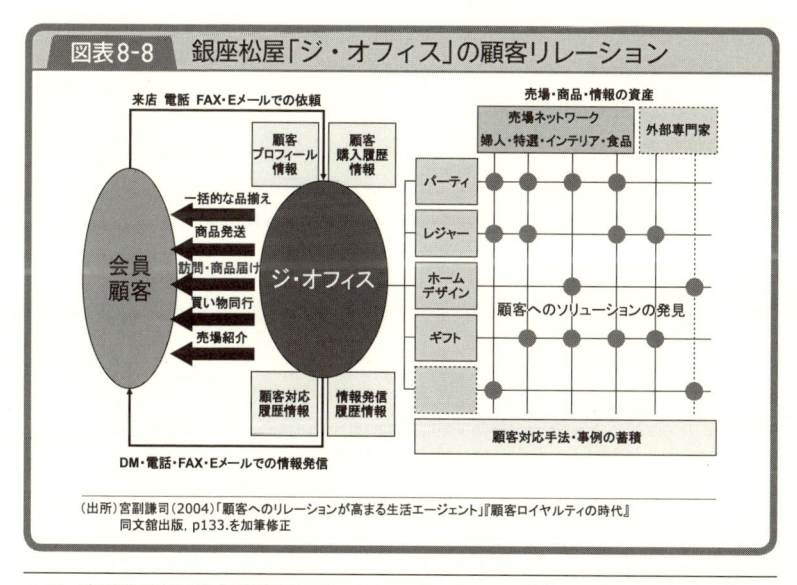

図表8-8 銀座松屋「ジ・オフィス」の顧客リレーション

(出所) 宮副謙司 (2004)「顧客へのリレーションが高まる生活エージェント」『顧客ロイヤルティの時代』同文舘出版、p133.を加筆修正

* 10 宮副謙司 (2004)「松屋銀座「ジ・オフィス」のケース-顧客へのリレーションが高まる「生活エージェント」」(嶋口充輝・内田和成編著『顧客ロイヤルティの時代』第8章所収、同文舘出版に詳細な記述がある。

ネート販売することから、従来の外商組織とは別に店頭営業部門(婦人服部門)の1売場として位置づけられた。

この取り組み事例を、今後の百貨店の業態モデルの参考事例として見た場合の成果としては下記があげられる。

第一には、セクレタリー機能からアドバイス機能への転換があげられる。その開設当初はキャリアウーマン顧客層の「能動的消費」に対応するようなセクレタリー機能(顧客の意向に対応するだけの機能)が価値提供の中心だった。しかし、顧客とのやりとりの中からの生活知識、商品知識の獲得、あるいは販売手法の積み重ねから販売員のナレッジが向上し、顧客に積極的にアドバイスしていく機能を高め「受動的消費」に対応するものに変化した点が注目される。「ジ・オフィス」の顧客層は、他の百貨店に口座を持つ顧客も多いと思われるが、サービスが信頼につながって、他の百貨店にあっても松屋にあるものならできるだけ松屋で購入されるという顧客の松屋(「ジ・オフィス」)へのロイヤルティ意識を醸成した。

このような信頼形成の背景には、「ジ・オフィス」担当者が単価の安い商品でも要望を聞き、手配し、届けるなど販売員のきめ細かい顧客対応の蓄積があったからと思われる。顧客からの問い合わせのあった新商品について担当者が学習し、そのナレッジを別の顧客に接客する際に活用するという循環ができあがった。

第二に、他の売場部門との連携と業務分担での価値実現ということである。2001年度は全館リニューアルで新規にインポートブランドが導入されたが、ブランドショップの店長は「ジ・オフィス」に顧客を紹介し、「ジ・オフィス」がその顧客の衣料品以外の購入やサロンでのもてなしを担当しブランド店長を支援し、一方「ジ・オフィス」はその会員をショップに送客するという役割分担ができあがった。これがうまく作用し、会員顧客数の増加と顧客への対応の充実が図れたと分析される。

▶特定顧客の会員ビジネスでの新たな収益獲得

これまで物販に付属したサービスと思われた特定顧客へのコンサルティング販売は、しっかりした体制で顧客対応することによって、むし

ろ、探索や手配の利便性と専門性に顧客が効用を感じて、商品単価以上のサービス対価を支払う多価モデルが成立すると考えられる。つまり、商品にマージンをつけて売り、収益を上げるというこれまでの小売業の方法論ではなく、サービスのエントリーフィーとして会費を徴収する考え方である。そしてこのエントリーフィーの部分が企業にとって高い収益となる(伊藤,2003)[*11]。

例えば伊勢丹は、自社カードで会員140万人を有する「アイカード」について、初年度は無料だが、2年目からは、2,000円の年会費を徴収している。2,000円の会費を140万人から集めると年間28億円と相当な額の収益となるが、現在はカード利用額に応じた割引還元の原資にあてているのにすぎない。伊勢丹カードは特定多数向けで少数の会員向けの付加価値サービスでないのに、エントリーフィー的ビジネスモデルの萌芽がある。

松屋の「ジ・オフィス」は、割引でない、より顧客に根ざしたサービスを付加価値として、顧客へのコンサルティング機能を発揮しているのであるから、顧客は年会費を取られても付加価値を十分に感じるに違いない。

▶顧客資産を軸にした企業提携とソリューション提供機会の拡大

コンサルティング型接客は顧客の生活全般について的確なソリューションを選択しアドバイスすることから、従来の物販中心の百貨店取引先にない企業と提携する機会を増やし、そこから新たなビジネスチャンスを生み出す可能性が高い。

ある百貨店では、高級時計の1年間メーカー保証に対し、顧客から3年間の保証をつけてほしいという要望が高まり、東京海上火災保険と提携して百貨店独自の3年間保証をつけた。すると、この保険のおかげで、東京海上火災保険は、百貨店の優良顧客に食い込み、その他の保険の加入を拡大したという。会員顧客のニーズは、時計の保険だけでなく、ゴルフ保険や火災保険、あるいは生命保険までニーズが広がっていく可能

---

*11 伊藤元重(2003)『流通戦略の新発想』PHP新書245、PHP研究所。

性がある。百貨店の顧客資産がその顧客へ向けた他の事業開発につながり提携戦略が実を結んだと言えるだろう。提携手数料も百貨店の新たな収入源になる。

(3) これからの百貨店の接客の可能性

▶接客という価値提供と新たなビジネスモデル

　事例で見たように接客を高付加価値の提供と位置づけている企業は、どれも対象とする顧客をしっかりと確保して、そのセグメントとしての顧客特性、あるいは個々の顧客特性を把握して、その情報性によって取引先への交渉力を持ち、収益を上げていることが分かる。

　それに引き換え接客型業態の代表でもある百貨店は、約15年もポイントカードなどのCRM（カスタマーリレーションシップ・マネジメント）に取り組み、優良顧客、戦略顧客のデータを確実に保有しているはずなのに、その顧客データの分析・活用はいかほどのものだろうか。百貨店は顧客情報を活かせないことでの機会ロスを長年確実に続けているし、それにどの企業も気づかないというのは大いに残念なことである。

　接客というと、かつては、モノを販売する行為がすぐ連想され、顧客に対しての丁寧さやおもてなしの態度が取り沙汰されることが多かった。しかし再考してみると、接客とは、もちろんモノを販売するという活動行為はあるものの、それより高い概念として顧客の購買行動プロセスに沿って、企業が顧客へいかに価値を提供していくかの活動であると捉えることができた。さらにその価値提供活動は、小売業の場や人材を重要なマーケティング資産として評価する取引先がモノの取引以外に対価を払う（小売業に収益をもたらす）ことであることが、事例を通じて明らかにされた。

　接客を主とする業態である百貨店が取り組むビジネスモデルは、物販収益の1つでなく、さらにいくつかの収益モデルを持つ可能性があることは明らかなのである。

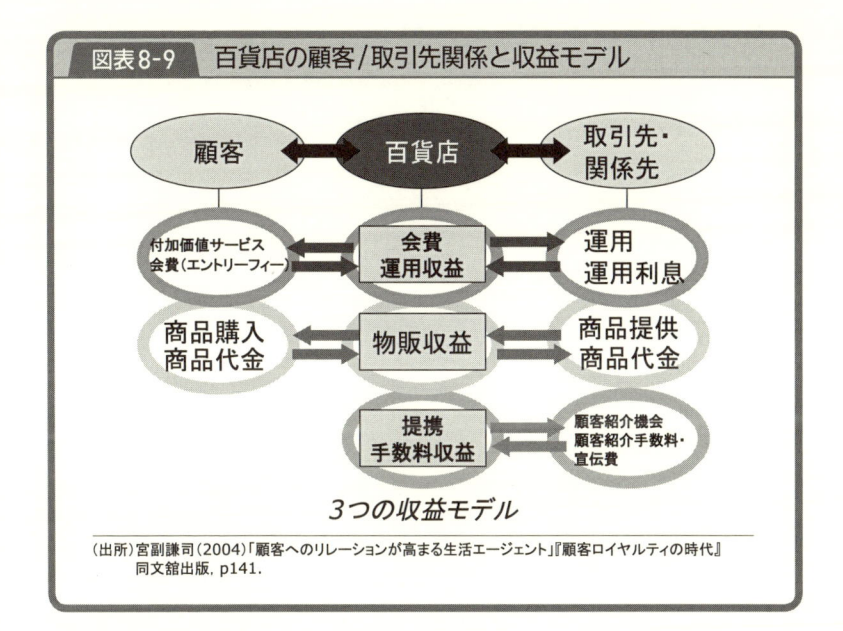

図表8-9　百貨店の顧客/取引先関係と収益モデル

```
顧客 ←→ 百貨店 ←→ 取引先・関係先

付加価値サービス          会費              運用
会費(エントリーフィー) ← 運用収益 ←     運用利息

商品購入              物販収益 ←      商品提供
商品代金                              商品代金

                      提携          顧客紹介機会
                      手数料収益 ←  顧客紹介手数料・
                                    宣伝費
```

3つの収益モデル

(出所)宮副謙司(2004)「顧客へのリレーションが高まる生活エージェント」『顧客ロイヤルティの時代』同文舘出版, p141.

第8章のまとめ

接客とは顧客への企業の価値の提供・伝達手法なのであるから、企業側が、提供したい価値を明確に構築しておかねばならないし、提供する場合にどのようなリソース(人材・情報媒体など)を活用するのか、まさにプロデュースしていく設計と実行能力が重要になる。そのような主体性を百貨店は持ち合わせているだろうか。それが今、問われているような気がする。

また百貨店の接客の再考は、販売手法の改善を指すものではない。価値伝達の手法の開発、顧客資産を活用したビジネスモデルなどビジネスモデルの多様性を意味する。これは百貨店業態の可能性を示すものであり、その選択肢から何を選ぶかが百貨店企業個々に違うことになる。百貨店の将来は、個々の経営意思によっていかようにも広がるということである。

第IV部

新百貨店モデルと店舗戦略

第9章

新百貨店モデル

1. 顧客への提供価値の観点からの構想

(1) 今日的な百貨店機能としてのマーケティング・コーディネーション

▶マーケティング・コーディネーション

　百貨店は、これまで消費者の生活を豊かにすることを基本の目的として、新たな商品分野を創造し、その中の商品の需要を多くの消費者に広めていく（大衆化・マス化する）マーケティングの機能を果たしてきた。

　日本において百貨店は、100年の歴史を持っているが、その歴史を振り返ると、消費者に向けて新しい商品とその商品分野を海外から導入し、消費者のニーズに対応し、あるいは潜在的なニーズに先駆けて開発してきた歴史であった（第6章参照）。百貨店の「マス・マーケットを創造するマーケティング」、言い換えれば「需要のマス化を図るマーケティング」の機能が、百貨店の基本機能と考えれば、百貨店が今取り組むべきことは、現代の生活テーマを対象に、現代の最新の手法を取り入れてその機能を発揮することにあると思う。

　それは、百貨店が消費者のニーズを理解し、またそれに応えるための外部の取引先や関係先（外部の資源）をマーケティングしておき、その中から最適な取り組み相手を見出して、そこと協働で消費者のための価値を創造するとともに、百貨店の店舗・売場という場や様々に持つ販売形態（内部の資源）を組み合わせ・調整し、その価値提供する仕組みを再構築することである。それを一言で言うならば、「マーケティング・コーディネーション」ということだろう[1]。（考えてみれば、小売業の主活動とさ

---

[1] 「コーディネーション」とは、諸々の経済活動を調整し効率的な資源配分を実現するかという概念であるが、ここでは、様々な要素を調整・統合して最も望ましい効果を生み出す機能として捉えている。

れるMDとは、マーケティング・コーディネーションの一部である、商品に関するマーケティング・コーディネーションと捉えられる。）

マーケティング・コーディネーションの実現に関して、百貨店業態は、他の小売業態に比較して3つの特徴的な経営資源を持っている。すなわち、その地域・商圏で長年蓄積された優良顧客、幅広い商品やサービスの取引先・関係先、そして人を介した接客販売をはじめとする店頭・催事・外商・通販など多様な販売形態（価値伝達手段とも言える）である。それらの経営資源を適宜選択し結び付けて、顧客に向けた価値創造と価値提供・伝達を行うのである（図表9-1）。

商品の編集と多様な販売形態での価値提供という百貨店の「マーケティング・コーディネーション」の例としては、1996年に東急百貨店本店7階催事場で開催された「英国紅茶物語展」があげられる。

それは、英国紅茶やテーブルウェアの歴史・名品が催事場に展示され（有料催事）、さらにその会場横では、テーブルウェア（食器）・紅茶（食料品）が品揃えされ販売されるという文化催事と物販催事の両側面がある企画であった。（取引先としてテーブルウェアのブランドや紅茶メーカーが関与した。）さらに、売価30万円相当のテーブルウェアセットな

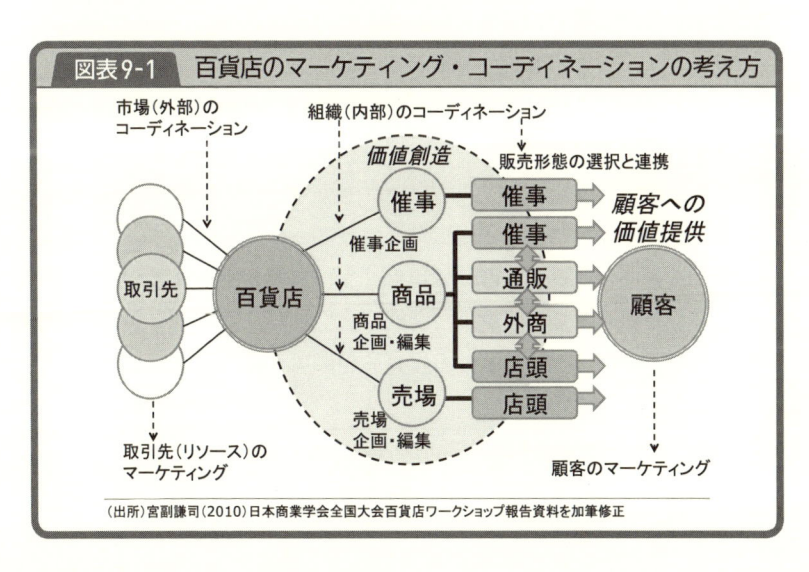

図表9-1　百貨店のマーケティング・コーディネーションの考え方

(出所)宮副謙司(2010)日本商業学会全国大会百貨店ワークショップ報告資料を加筆修正

ど外商顧客向け商品が企画され、展示販売されていた。この取り組みは1つのテーマで食器と食料品といった商品分野をまたいで催事が企画され、店頭・催事・外商といった複数の販売形態によって価値提供された百貨店のマーケティング・コーディネーションの典型と言えるものであった[*2]。

このように、マーケティング・コーディネーションは、ある1つのテーマで、生活に関係する価値を編集し、店頭・催事・外商などの多様な販売形態を生かして情報を発信し、あるいは販売する、いわゆる「集客」と「実売」を両立させることができるものである。そして、外部である取引先の商品、さらに人材や企画も経営資源(リソース)として百貨店に引き入れ活用するとともに、内部である組織の要素として、販売形態や仕入形態の選択肢の中から顧客に最適な形態を選択し、顧客に向けて価値発信と価値提供を具現化する活動と捉えられる。

▶外部(市場)のコーディネーション

活用対象となる外部のリソースは、取引先から仕入れる「商品」だけでなく、取引先の「人材」「企画」なども重要なリソースとなる。例えば、スポーツメーカーによる情報提供によるスポーツ教室の開催や、食品メーカーによる新製品の試食会・料理イベントなどもマーケティング・コーディネーションの具体例である。

また百貨店では、取引先・関係先も商品の仕入先ばかりでなく、服飾デザイナー、生活雑貨クリエーター、美術工芸品作家、デザイナー、芸術家など幅広いメンバーが、リソースの供給者(サプライヤー)となる。これだけリソースの供給者が幅広いということは、それだけ価値を生み出す機会も多く、生み出される価値もリソースの相乗効果(シナジー)から創造的で革新的なものになる可能性が高いということだろう。

外部資源の活用は、これまでの百貨店の歴史を振り返っても、珍しい

---

*2 しかし東急百貨店は、この取り組みが「新百貨店モデル」としてのマーケティング・コーディネーションの代表例とは認識しておらず、その後、この企画は、継続して開催されていない。さらに残念なことに2010年には東急百貨店本店では大型書店がテナントとして導入され催事場が廃止された。

こと新しいことではなく、かなり以前から行われていた。例えば、取引先の販売員というリソースを活用した委託仕入、派遣店員制度などもその事例に当てはまる。(そもそもそれらの制度はアパレルメーカーから百貨店への要請によって始まったことではあるが。)外部資源の活用は、百貨店の成長の歴史であると言ってもいいかもしれない。今後の百貨店のあり方(新百貨店モデル)においても、その活用は考えられる重要な手法になるのである。

▶内部(組織)のコーディネーション

百貨店内部の経営資源として、販売形態では、売場での商品物販だけでなく、催事での販売、Webやカタログでの通信販売、店舗スペースやWebなどを活用した情報発信も含めた顧客へのビジネスである。言い換えれば、ある場合は店舗や売場という場を使うし、店舗や売場を介さない価値提供活動もある。

このような販売形態から対象顧客にふさわしいものを選択し、ある場合は複数を連携させながら、百貨店の場や人材も活かしながら、生み出した価値を提供することになるのである。

このように、百貨店の場合、マーケティング・コーディネーションを展開する対象顧客や、使えるリソースや、伝達手法としての販売形態が幅広いということは、マーケティング・コーディネーションの機会が、他の業態に類を見ないほど数多いということである。このことは、他の小売業態に対し強い競争優位性を発揮するし、イノベーションを創発する機会もより多いという可能性を持つことになる。さらに長年これを行っていけば、着実に組織能力(ノウハウ)として蓄積され、一層リソースに幅や選択肢が広がることになるのである。

百貨店がこのマーケティング・コーディネーションの機能をしっかりと表明し、外部からも認識されれば、メーカーもメディアも百貨店との取り組みを活発化させるだろう。

(2)百貨店が対象とする顧客層

21世紀の百貨店がマーケティング・コーディネーション活動で重点

的に対象とすべきは、幅広い不特定多数の大衆でなく、消費をリードする顧客層ではないだろうか。例えば、マーケティングで「新製品の普及曲線」と言われる理論にあてはめるならば、「イノベーター(革新的採用者)」(全体顧客の2.5%)、「アーリーアダプター(初期少数採用者)」(13.5%)が動きはじめて需要が大きくなる(大衆化する)ことで「アーリーマジョリティ(前期多数採用者)」(34%)の需要に至るというようなマス・マーケティング(大衆化)活動ということになる。

マニア的と言われる革新的採用者は別にして、百貨店がまず対象とすべきは「アーリーアダプター」層である。この層は、性別や年代ではなく、生活意識(マインド)や感度でセグメントされる顧客層で、常に生活の豊かさを求め、情報や体験を通じて生活を活性化させようとする高感度で生活の良識を持つ、あるいはその良識を求める顧客層である[*3]。

例えば、第一には、生活の質を求める団塊世代シニアや30代以上の生活活性化の意欲の高い主婦層である。1980年代は、自分の生活を豊かにするために様々な生活体験を行うことで生活領域を広げていく意識だった。だから消費者は、百貨店の販促宣伝的な生活提案や、売場での疑似体験的な情報だけで満足していた。しかし1990年代以降はその動きが、生活体験といったある時間だけのものでなく、自分自身の人生を豊かにするものとして生活の中に深く定着し長く日常的に行われるものとなっている。そうした志向の消費者に本格的な質の高い生活実現を支援することが重要になってきている。

海外での買物経験を通じて、本物を見る目を身につけ、新たなライフスタイルやデザインセンスで日常生活を充実させようとする意識から「ベター商品」を求める顧客層があり、その生活全般ニーズに応える業態は百貨店しかない。百貨店の主力顧客層にするべき層である。

第二に、生活の常識を求める若いファミリー層である。結婚、新生活、出産など新しいライフステージを経験する層で、百貨店は、そのような人生の節目需要に対しフルラインのMDで、しかもその生活テーマにつ

---

*3 生活の良識派という顧客の定義については、麻倉佑輔・大原茜(2003)『最新・全国百貨店の店舗戦略』同友館、pp.162-163に詳しい記述がある。

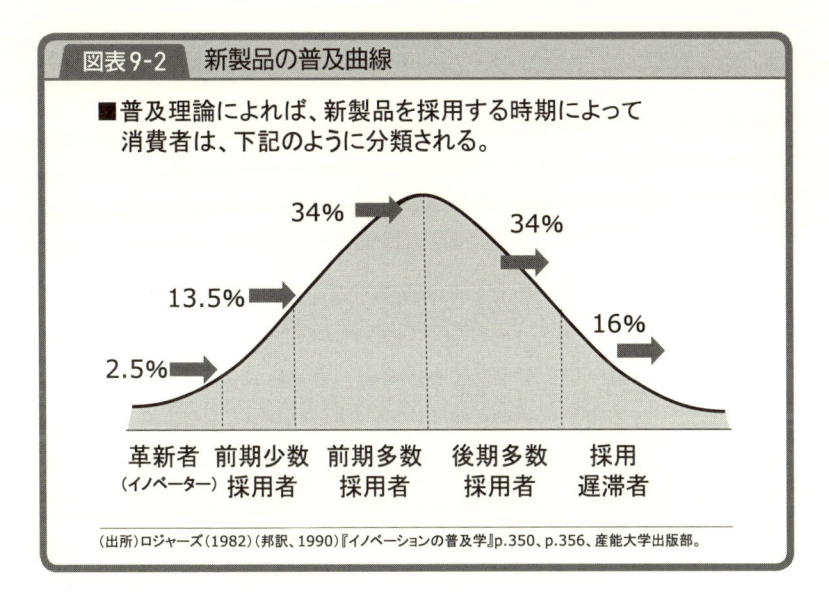

図表9-2　新製品の普及曲線

■普及理論によれば、新製品を採用する時期によって消費者は、下記のように分類される。

- 2.5%　革新者（イノベーター）
- 13.5%　前期少数採用者
- 34%　前期多数採用者
- 34%　後期多数採用者
- 16%　採用遅滞者

（出所）ロジャーズ（1982）（邦訳、1990）『イノベーションの普及学』p.350、p.356、産能大学出版部。

いての常識・情報に詳しい専門人材を揃えた業態であり、生活の良識をアドバイス、コンサルティングして顧客を育成し、百貨店支持顧客につくり変えていくことができるのである。

一方で、普及曲線で見た場合、後期多数採用者や採用遅滞者にあたる顧客層に対しては、百貨店しか大型店の業態が存在しなかった20世紀中盤までとは違い、現代においては、百貨店が対象としなくてもGMSやディスカウントストアなどの業態がその層の需要の受け皿として控えているわけだから、百貨店は無理に対応せず（多くの場合に価格対応せざるを得ないことになるし）、その層の需要はそれに合う業態に任せておけばいいのである。

また別の見方をすると百貨店は、普及曲線でいうと前半に採用する顧客層（全体の顧客の約半数）へ価値の提供を働きかけ、それに反応した顧客層を集客し売上に結びつけ、それによって収益をしっかり確保できるビジネス構造にしておかねばならないということでもある。（高い付加価値を提供する百貨店の接客は、それなりの対価を顧客から頂く収益モデルであらねばならないということである。）

(3) 様々なマーケティング・コーディネーションの事例

▶催事開発

　各百貨店で開催され人気を集めている「北海道物産展」は、百貨店の代表的な店内催事であるが、マーケティング・コーディネーションの視点から見れば、北海道の食品・工芸品の生産地をリソースにして、その発掘を行い、一定期間、百貨店の催事場に集積して編集し、消費者に提供するマーケティング・コーディネーションと捉えることができる。さらに現在のように一時的な催事(その場合、百貨店は会場提供者)と捉えずに、常備として百貨店顧客に提供できる販売形態にするならば、百貨店は重要なコーディネーター、プロデューサーとなって、川上(生産地)から川下(消費者)までをつなぐ機能を発揮することとなる。東京や大阪などの大都市にある地方の道府県の物産と観光情報の「アンテナショップ」のようなショップ(売場)を常備することも可能だろう。(第6章で紹介したように「トラベル・カフェ」では、すでにこのビジネス化に成功している。)

▶商品開発

　そもそも百貨店の店舗で展開される商品編集は、マーケティング・コーディネーションの代表例と捉えられる。(百貨店としての自主的MDということである。)例えば、衣料品の自主的MDの場合は、生地、縫製加工、アクセサリー・付属品などのメーカー(川上)からアパレルメーカー(川中)まで、また地域的にも日本の産地だけでなくヨーロッパからアジアまでも範囲とした商品企画・製造・流通の関わりとなる。これまでの百貨店の取り組みには、戦後のファッションをリードするコーディネーション力を発揮した時代があったが、近年では、その能力は一部の百貨店の一部のブランドに限られている。しかし、このコーディネーション能力は、今後の百貨店にとっても重要な組織能力であることに変わりはなく、その継承と再度の確立が課題である。

　また、これまで行われてきた商品のマス化のマーケティング活動の実績と、その能力の蓄積から考えれば、さらに百貨店が新しい時代の商品

開発を行う可能性もある。例えば、日用品の商品開発でもその適用は可能である。2009年4月のイトーヨーカ堂の折り込みチラシに、特売でなく、グッチ裕三、平野レミ、奥薗壽子などの料理愛好家が企画や推奨を行い、あるいは料理方法のレシピ付きを価値訴求する鍋、フライパン、調理器具が掲載されていたが(2009年4月)、この発想をさらに進めて商品開発を企画することができる。すなわち、有名な料理研究家・愛好家の料理レシピはもちろん、素材の選び方、調理の方法までを動画ソフトにして、それをキッチンで調理する傍ら、家庭用ゲーム端末の「Wii Fit」や最近発売されたタブレット型情報端末「iPad」など、家庭でも簡単に見られる情報端末に映して、それを見ながら調理ができるといったクッキング・ソリューションの機能を付随機能として持つ鍋・フライパンが開発されるととても面白い。そのような体験ができるクッキング・ソリューションを付加価値として差別化する新製品開発は、マーケティング学者コトラーの「製品概念の学説」でいう付随機能まで備えた製品の開発となるし、量販店のPBにはない百貨店ならではの商品開発と言えるのではないだろうか。

▶売場開発

新しいカテゴリーの売場や、既存のカテゴリーでもモノに情報やサービスをミックスした新しい売場の開発が期待される。例えば、スポーツ分野では、顧客のそれぞれの運動履歴や体力、健康状態、今後の目標など個別のニーズに応じたトレーニングや、スポーツの選択を専門家のアドバイスによってできたり、雑誌『ターザン』とタイアップした年間の健康スポーツの情報が個々人向けに得られたり、トレーニングウェアやシューズを開発し、その試着・試用を百貨店の売場や屋上、店舗周辺で可能にするような売場開発は、百貨店の持つリソースを十分に活用したマーケティング・コーディネーションと言えるだろう。

1979年開設の西武池袋店「西武スポーツ館」では、当時の百貨店では少なかったスポーツ用品の品揃え・商品集積を充実させ、売場を別館として拡大したばかりでなく、それぞれのスポーツ分野の専門家が接客し、情報提供やアドバイスをするといった価値提供を行った。さらにその建

物の上層階には、「池袋コミュニティカレッジ」という文化教室を設け、屋上テニスコートやスポーツスタジオ、ジョギングのトラックなど、顧客が実際にスポーツを学び楽しめる装置まで備えた売場づくりであった。

さらに西武池袋店では、複数の住関連の企業と連携して、一戸建「モデルルーム」を店内につくり、住宅建材、スペース収納、電化製品、照明、ハウスリネンなどを空間環境として体験し確かめて購入できるようにした「インテリア館」など、1970年代後半から80年代にかけて、時代を先取りしたマーケティング・コーディネーションの実践が数多く見られた。（残念ながら、そのような売場は現在の西武池袋店には残っていない。）

このように、百貨店のマーケティング・コーディネーションは、従来の単なるPBの商品開発、1週間だけ催事場で展開される催事開発、単にコンセプトに沿った品揃えだけの売場開発とはかなり違ったものになる。

ただし百貨店は、これまでマーケティング・コーディネーション、あるいはそれに近いことにまったく取り組んでこなかったわけではない。これまでに行ってきたことを今一度、この視点で見直せば、当てはまることは数多いのではないだろうか。

▶百貨店がすべて自前で行うのでなく

百貨店の大衆化機能をメーカーから見れば、それは大変貴重なマーケティング・チャネルであり、百貨店が持つ顧客資産が何よりも明確で重要な取引の注目点であろう。百貨店が顧客資産を明確に訴求できれば、店舗立地やスペースを活用したいメーカーは多いはずだ。

1980年代の日本の百貨店は、「総合生活産業」というテーマを目標に掲げ、多角化に取り組んだため、マーケティング・コーディネーションは活発化したが、すべてを百貨店の自前で企画し実施する多角化であったため経営資源を散在させることになり、結果としてその多くが破綻した。しかし、21世紀の百貨店のマーケティング・コーディネーションは、その反省を踏まえ、他の産業の動きを取り込み、他社を活用してコーディネートしていく「したたかさ」が必要だと思う。

2. 新百貨店モデルでの価値提供の仕組み

　百貨店とは、マーケティング・コーディネーションによって生み出された価値を、今度はMD（店舗としての売場編集と、売場での商品編集）と接客販売という手法を通じて顧客に価値提供を行う業態であると見ることができる（図表9-3）。

　小売業の価値提供の基本は、MDの展開であるが、（現在の）百貨店の場合、2つのMDの展開形態があることから今後の戦略を構想しなければならない。

(1) MD：2つのレベルのMD

▶売場レベルでの商品編集

　百貨店が行う売場レベルでの商品編集は、百貨店が自主的にMDを行う「百貨店の自主的MD」ということになる。すなわち、百貨店社員が独自のコンセプトで自主的に商品を選定し、仕入れて売場に品揃え・編集し、百貨店社員が主体的に販売し、在庫責任を持つ売場展開である。その対象売場は、現在では限られた売場であり、百貨店独自のセレクト

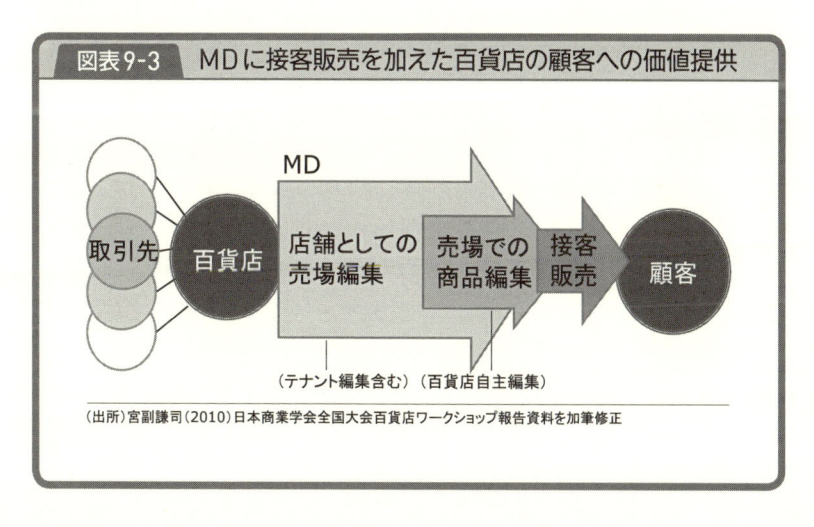

図表9-3　MDに接客販売を加えた百貨店の顧客への価値提供

取引先 → 百貨店 → 【MD：店舗としての売場編集（テナント編集含む） → 売場での商品編集（百貨店自主編集） → 接客販売】 → 顧客

（出所）宮副謙司（2010）日本商業学会全国大会百貨店ワークショップ報告資料を加筆修正

ショップ的な展開になる場合が多い。例えば、髙島屋の「スタイル&エディット」(婦人服)・「CSケーススタディ」(紳士服)、三越の「菓遊庵」(地方銘菓)などである。

百貨店自主MDに対するのが、アパレルメーカーなど取引先主導MD(消化仕入の売場など)となるのだが、そのように対立する概念で捉える従来の認識は正しくない。自主かお任せかの売場運営の議論はすでに30年続いていて、百貨店とアパレルの対立構造になっているが、それでは百貨店の運営課題は解決しない。第1章で見たように百貨店店舗の場の仕切りは、経営主体である百貨店が行わなければ、店舗を構えている意味がない。取引先に任せる売場もあってよいが、またそれが多くてもよいが、店舗レベルで導入すべき商品・売場を百貨店が主体的に選択して、取引先に売場の運営を委託するにすぎないのである。

▶店舗レベルでの売場編集

現在の百貨店では、取引先に運営を委託する売場の構成比が高まって、店舗の売場のほとんどになっているのが実態であるが、それを百貨店が自主的MDでなく取引先依存のMDになってしまったと見るのではなく、「売場レベルのMD」ではなく「店舗レベルのMD」が主になっていることを示していると理解するべきである。店舗全体のレベルでの売場編集(店舗レベルのMD)がなされ、それにより付加価値が顧客に提供される店舗なのだという解釈をすればよいことになる。

(2) 接客販売

百貨店の接客販売は、店舗の価値を顧客に伝えるためのMDと並ぶ手段である。店舗・売場での接客販売については、実際のところ取引先社員が主体で行われているという現状があり、その体制は継続され、百貨店主導の範囲は制約されるとしても、売場・ブランドを横断する形での顧客に情報を提供しアドバイスし案内する接客体制や、予約接客・有料接客で活動する百貨店社員の体制整備が必要である。

▶ブランド横断型アドバイス接客販売

化粧品、インテリア、スポーツ、食料品フロアでのブランドを超えた

商品選択をアドバイスする接客機能は、百貨店の業態特性を強く発揮するもので、さらに積極的に取り組む必要がある。

現在の事例としては髙島屋各店の「コスメティックカウンター」(化粧品)、東武百貨店池袋店「婦人ファッションアドバイザー」(婦人服)、髙島屋玉川店「フーズ・ビューロー」(食料品)などがある。

▶アポイント接客販売

松屋「ジ・オフィス」や東急百貨店本店「ゲスト・ソリューション」などでは、アポイントメント接客が行われている。従来のように売場で販売員が待ちの姿勢で販売する体制でなく、あらかじめ顧客のニーズを理解し、その接客にどのような専門性・スキルが必要かを考慮し最適な販売員を配置することで、顧客満足も上がり、百貨店側も無駄な販売待機の時間が削減され、コスト的にも有効だ。

▶有料接客販売

付加価値を明確にした専門家による接客販売は、付加価値提供の対価としてきちんと有料化すべきである。例えば、大阪梅田の阪急メンズ館のコーディネートアドバイスサービス「スタイルメイキングクラブ」(入会金3,000円)などはその典型例である。また伊勢丹メンズ館出身の人材によるコーディネートビジネス「ライフブランディング」(東京南青山)では、ファッションやインテリアなどのアドバイスやコンサルティングを行い、買物総額の15%をコンサルティング料金としている。このような事例は、百貨店人材の付加価値の高い接客は自信を持って有料化していいということを証明している。美容室は技術によって料金設定が違うし、ホテルの飲食ではサービス料を消費者は抵抗感なく支払っているわけで、百貨店の専門性の高い接客についても、有料システムが成り立つはずである。百貨店の高付加価値の接客人材は、他の業界における有料接客の人材と比べ遜色ないし、専門性や情報性を高めるための教育投資をかなりしてきているわけだから、ぜひ有料とすべきである。(現在では価格訴求が強みだったはずの家電量販店までが「家電コンシェルジュ」など付加価値を訴求する接客を強調しはじめている。しかも数人しか配置されていないにもかかわらず大々的にアピールしている。)

百貨店は「サービスは無料」という固定概念から脱して、付加価値の高い部分は、それ相当の対価を顧客から頂くビジネスモデルとすべきである。

(3) 機能を促進させる仕組み

百貨店は、MDと接客販売による価値提供をさらに促進させる集客機能、顧客回遊促進機能を持っている(図表9-4)。

▶集客機能

集客機能として一般的なものに、店舗対象の顧客全般へ向けた営業企画・販促計画があげられる。営業企画・販促計画は、期の設定として半期・四半期・月次・週次といった単位で、どのように消費者の需要を喚起し来店を促し、店内を回遊させるかを企画することである。それ以外にも、季節商品や新製品について、紹介期、実売期、処分期といった商品のライフサイクルに応じたMDの価値訴求を促進させる機能でもある。また、どのように来店してもらい購買を促すかは、平日か土日かという曜日別によっても、午前・午後・夕刻といった時間帯でも異なるので、きめの細かい設計が求められる。

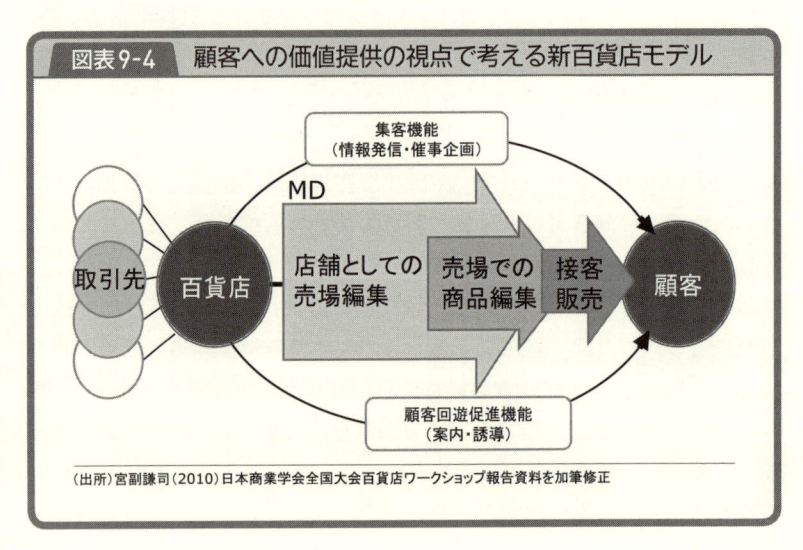

図表9-4　顧客への価値提供の視点で考える新百貨店モデル

(出所)宮副謙司(2010)日本商業学会全国大会百貨店ワークショップ報告資料を加筆修正

新百貨店モデルの視点で言えば、品揃えによる顧客への価値伝達以外に、商品に絡めた販売企画・情報発信を売場で日常的に行うことが、長年観念的に言われてきた「百貨店は生活文化を売る業態」ということであったのかと理解される。

　この活動を強化して顧客評価を高め、業績成果もあげているのが、西宮阪急の「コトコトステージ――毎日の暮らしのヒントをライブに体験」の取り組みだろう。店内の約40拠点で体験的なイベントプログラムが細かく企画・実施されている。このように毎週毎週何かしら情報発信があることこそ、この新百貨店モデルにおける「集客機能」の実践と言うことができる。

▶顧客回遊促進機能

　顧客回遊促進機能としては、店内VMD（ビジュアルマーチャンダイジング）による重点商品・戦略商品への誘導や、コンシエルジュや販売員などの人手を介した顧客の個別ニーズに対応した商品・売場への案内・誘導があてはまる。さらに第8章で紹介した「店内ツアー」や「カフェ業態」もこの例と言える。

　このように「集客機能」と「顧客回遊促進機能」を通じて、百貨店の「場」としての価値を高めることが重要である。それらは百貨店が持つ、他の業態にない、差別化できる基本機能であるからだ。

　また百貨店は、来店した顧客が確実に購入するのではない「購入確率の業態」（第8章図表8-3参照）であるから、その購入確率を上げるためにも「集客機能」と「顧客回遊促進機能」が顧客に対して確実に機能するようにしなければならないだろう。「集客機能」は、催事場の店内催事だけでなく、売場で商品に関してその価値の特性・こだわりを的確に、そしてプロモーショナルに顧客に伝えていくことで確実に買上げにつなげ、「顧客回遊促進機能」は、（他の業態にない）営業担当者が顧客に同行して商品説明を、より詳しく丁寧に行って買上げに結び付けることが重要である。

　そしてさらに言えば、その「場」としての価値をビジネスにする、す

なわち収益化することに積極的に取り組むべきである。

つまり、「集客機能」は、消費財メーカーなどの企業が百貨店の「場」を借りて、百貨店の顧客（地域の中での良識派の顧客、あるいは優良顧客）に向けて情報発信できる販促であるわけで、百貨店としてはそれを、「場」を活用した販促ビジネスとして収益化できる。また「顧客回遊促進機能」は、他の業態にない営業担当者が顧客を誘導・紹介するビジネスとして、販売代行収益・顧客紹介収益を得る可能性もある。これらは、物販収益だけの収益モデル（現在の百貨店はこの収益モデルがほとんどであるが）に、百貨店の付加価値提供に見合った新たな収益モデルをプラスして百貨店の高収益化に転換することにつながると思う。

▶新しい接客の位置づけ

第8章で接客の再考を行ったが、従来の接客販売中心の接客の捉え方でなく、顧客が来店してから退店するまでのプロセスに対応することを接客と捉えた場合、図表9-5のように顧客接点を販売時点だけでない付加価値の提供と表すことができる。

百貨店は、多様な販売形態（接客方法）で顧客に接し、価値の伝達を行うことに特徴がある。今後、さらに最先端のICT（情報通信技術）の活用

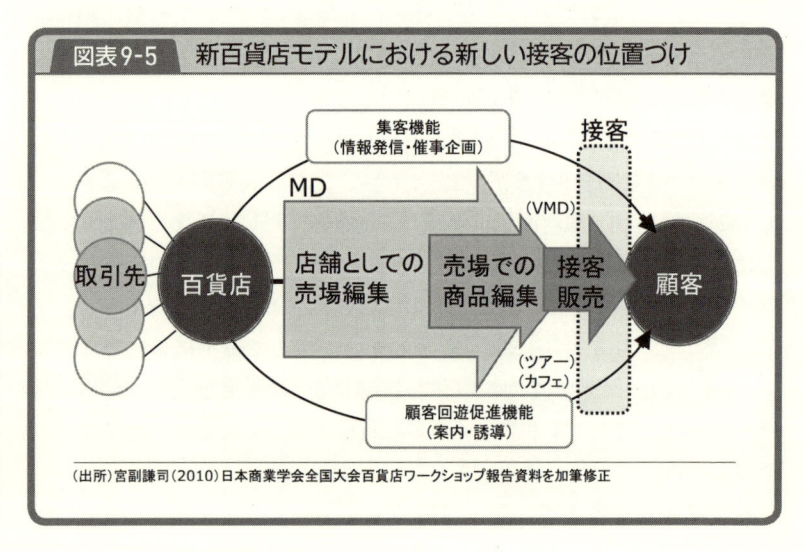

図表9-5　新百貨店モデルにおける新しい接客の位置づけ

取引先 → 百貨店 → 店舗としての売場編集 → 売場での商品編集 → 接客販売 → 顧客

集客機能（情報発信・催事企画）
MD
（VMD）
接客
（ツアー）（カフェ）
顧客回遊促進機能（案内・誘導）

（出所）宮副謙司（2010）日本商業学会全国大会百貨店ワークショップ報告資料を加筆修正

などによって、顧客に個別に接客する方法もあれば、広い顧客層に映像や音楽を交えてインパクトのある情報を、一気に、あるいは繰り返しでも手間をかけない手法で発信・提供する方法も可能性がある。百貨店の売場のすべては、顧客への価値伝達の場であり、人を介するにしてもICTを活用するにしても多様な接客手法を活かせるのである。

(4) 新百貨店モデルの目標指標

百貨店は、この新百貨店モデルの仕組みを通じて、客数増・客単価増を図り、粗利益率、在庫回転率、施設・人材稼働率の向上を目指す活動体であると見ることができる(図表9-6)。

まず、MDや接客を通じた価値提供について目標とする管理指標は、次のようなものになるだろう。売場レベルのMDでは、第7章で述べたように商品販売により粗利益率、在庫消化率(回転率)の向上を目指すことになる。店舗レベルのMDでは売場構成、ブランドミックスでの店舗全体視点での粗利益率・在庫消化率(回転率)の向上に加え、店舗全体の施設効率や人材稼働率、生産性の向上を目指すのである。(これらは、パスダーマジャンが「百貨店論」で指摘していた百貨店の目標指標と合

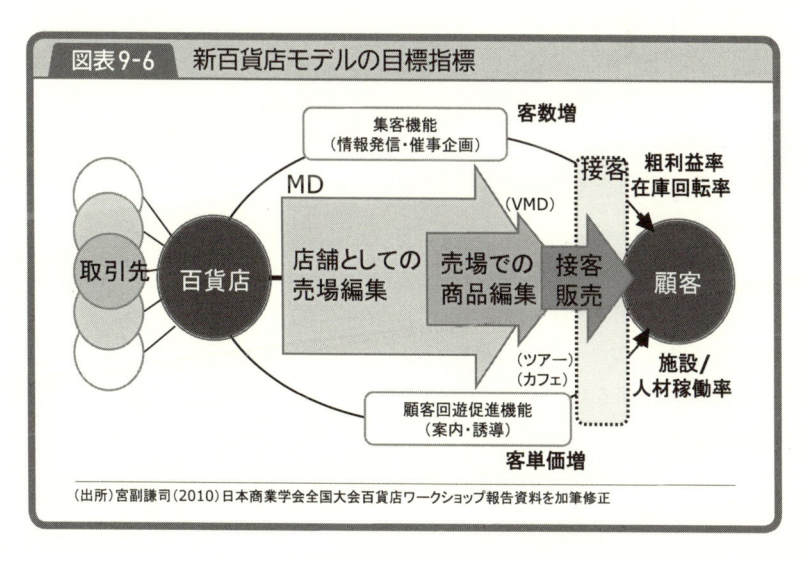

図表9-6　新百貨店モデルの目標指標

(出所)宮副謙司(2010)日本商業学会全国大会百貨店ワークショップ報告資料を加筆修正

致する。)

また集客機能は客数増を目指すものであり、顧客回遊促進機能は顧客の目的商品への到達を早く確実にし、あるいは顧客買い回りを促進することで滞留時間を増やし、客単価のアップを図るものと位置づけることができる。

新百貨店モデルは、このように運営されることで、百貨店が本来目指すべき管理指標を確実に上げていく仕組みであることが認識されるだろう。

3. 新百貨店の収益モデル

(1) 新百貨店モデルから創造される収益モデル

現在の百貨店で実現される収益モデルはほとんどが商品を販売して得られる「物販収益」である。テナントを導入して家賃収入を得る専門店ゾーンを形成した場合には「デベロッパー(DV)収益」が発生する。

さらに、百貨店が新百貨店モデルを実現することができれば、既存の収益モデルに留まらず、これまでの百貨店にない新たな収益モデルを得る選択肢が増加する(図表9-7)。例えば、「MDカンパニー」化(第7章で詳述)を進めて、自主商品を企画すれば「商品企画収益」を、またPB商品を企画・生産まで行えば「MD(SPA)収益」を、さらに他企業のMD業務を支援するコンサルティングを行えば「MD(コンサル)収益」を得ることができる。

また百貨店の店舗・売場という場を活かし、それをメディア化することで「販促収益」や「催事企画収益」を得ることになる。

顧客を会員制にして「会員制収益」を得たり(現在は友の会がある)、その顧客に営業を仕掛けたいメーカーから「紹介手数料」を得たり、顧客資産を活かした収益の確保も今後は重要になってくる。百貨店の専門性の高い販売員が優良顧客に個別に付加価値の高い接客をする場合の「個別接客収益」も顧客ビジネスから創造される。

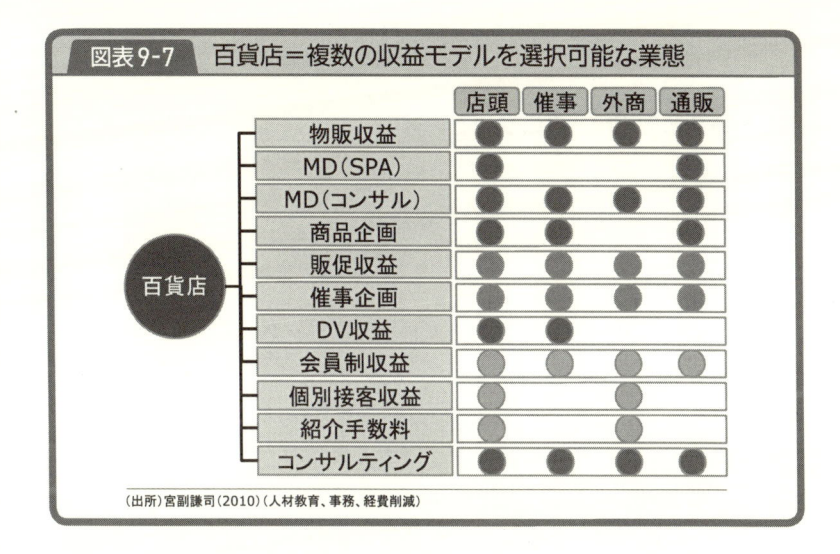

図表9-7 百貨店＝複数の収益モデルを選択可能な業態

百貨店	店頭	催事	外商	通販
物販収益	●	●	●	●
MD（SPA）	●			
MD（コンサル）	●			
商品企画	●	●	●	●
販促収益	●	●	●	●
催事企画	●	●	●	●
DV収益	●			
会員制収益	●	○	●	○
個別接客収益	○		●	
紹介手数料	○		●	
コンサルティング	●	●	●	●

(出所)宮副謙司(2010)（人材教育、事務、経費削減）

また、すでに一部でビジネス化されているが、人事・教育・販促・総務など百貨店の後方機能を「事務センター」として、他社をコンサルティングするビジネスも可能性がある。J.フロントリテイリングはコストカット経営のノウハウをコンサルティング事業化したが（JFRコンサルティング）、それもこの事例に当てはまるだろう。

海外（特にアジア）に百貨店運営のノウハウを提供する場合は、まさに本格的なビジネス化が望まれ、今後その市場の成長に伴い百貨店開設が大きな動きになるだろうから、日本の百貨店には大きく確実な収益になることが期待されるのである。

(2) 百貨店は複数のビジネスモデルの中から各社が選択できる業態

図表9-7のように、百貨店が実現可能な収益モデルは複数あげられる。そして百貨店は、MDを軸にしたビジネスモデル、売場の場を活かした販促ビジネス、顧客を軸にしたコンサルティングセールスなど多様な事業展開が可能であるが、経営戦略によってそれらのいずれかを得意として傾注する各社独自の選択もあり、その場合、これら収益モデルから選択して企業の収益モデルを実現することになる。百貨店各社がどこも同

じょうな業容、同じような収益モデルということがなくなることもあるだろう。

▶他の業態との違い、ユニクロとの違い

SC（ショッピングセンター）は、小売業や飲食・サービス業の企業を施設に入居させて家賃を得る不動産ビジネスである（DV収益）。またCVSはフランチャイズビジネス（FC収益）で、商業（小売業）のビジネスモデルではない。

またユニクロを展開するファーストリテイリングは製造小売業であって、物販収益を主体とする百貨店とは違うビジネスである。かつて三越のデパートメントストア化に尽力した日比翁助は、『商売繁昌の秘訣』(1915年) の中で、「商店が工場を設置するの不可」を唱えている[*4]。すなわち、小売業というものは世の中にある幅広く多くある商品から、選んで仕入れて顧客に提供することが本分であり、メーカーではないということである。小売業が製造を行うとその製品しか取り扱わなくなることを懸念したのであった。

百貨店が今後進んでいくに当たって変えていくべきもの、変えずに守っていくべきものがあるとすれば、この「家訓」は、百貨店のMD政策の重要なスタンスを指している。（その意味では、三越は伊勢丹と組んで三越伊勢丹グループとなっても、その家訓は継承され守られているように伺われる。）

このような百貨店の顧客への価値提供の視点での新百貨店モデルが正しく認識されれば、新聞記者も百貨店をユニクロと比較するような誤りなどしないはずである。

(3) これまでの百貨店改革の失敗の轍を踏まない

1990年代以降、これまで百貨店各社が取り組んできた「改革」は、どう評価されるかと言えば、その結果、どの企業も売上を確実に回復し、収益性を高めたという成果を残していない事実から、成功とは言えない

---

*4　日比翁助(1915)『商売繁昌の秘訣』大学館、pp.39-40。

ということだろう。

　その改革とは、百貨店は、その基本を売場での接客販売とし、他の機能を切り捨て合理化・効率化したと思ったのであるが、新百貨店モデルの視点に立つならば、実は、それが百貨店の強みや本来機能を失う取り組みであって、その結果、百貨店は業態特性も営業力も失い、衰退したのであった。

　顧客への価値提供である接客を、売場での販売員の対面での接客販売の部分だけと間違って認識し、そのために価値提供に必要な顧客のマーケティング、営業企画プランニング、宣伝企画の業務を削減・廃止するなど、合理化をやりすぎてしまったという失敗である（図表9-8）。

　そもそも、1990年代から2000年代にかけて百貨店各社が取り組んだ「改革」は「絞り込み」だった。商品の絞り込み、顧客の絞り込み、店舗の絞り込みなど、多様化した経営変数を減らして経営能力を高めることは、ある意味合理的な選択だったかもしれない。しかし、同時に、絞り込み方を間違えて、領域・顧客を絞り込んだために百貨店の価値提供の良い特性を失くしてしまう結果になった。

　百貨店の価値提供の本質機能に気付き、その機能を発揮できるように

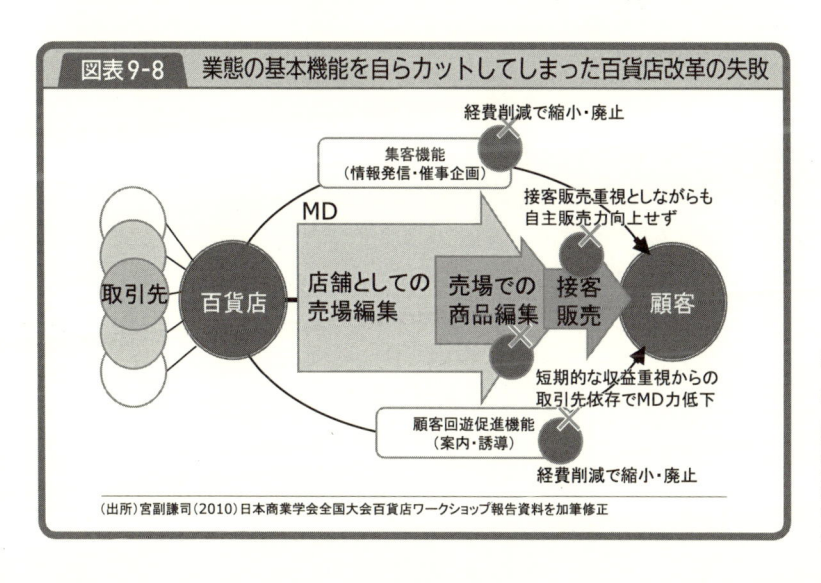

図表9-8　業態の基本機能を自らカットしてしまった百貨店改革の失敗

経費削減で縮小・廃止
集客機能（情報発信・催事企画）
接客販売重視としながらも自主販売力向上せず
取引先 → 百貨店 → MD 店舗としての売場編集 → 売場での商品編集 → 接客販売 → 顧客
短期的な収益重視からの取引先依存でMD力低下
顧客回遊促進機能（案内・誘導）
経費削減で縮小・廃止

（出所）宮副謙司（2010）日本商業学会全国大会百貨店ワークショップ報告資料を加筆修正

舵を切る一方で、その機能実現にとって無駄な経営資源(組織、人材、資金)をこそ正しく選別して「絞り込み」すべきだったのだ。

百貨店が対象とする顧客に向けて価値提供するために、広い取引先・関係先を活かし、多様な商材・情報・サービスから編集し、多様な販売形態＝多様な顧客とのコンタクト形態を活かし最適に選択し、適切な方法で価値を提供するプロデュース機能、すなわち「マーケティング・コーディネーション」を発揮する企業に変わっていく改革を進めることを願いたい。

百貨店企業は、もうこれ以上、こうした失敗の轍を踏まないように、この章で述べた新百貨店モデルを目標として、長期視点でその実現に向かってほしいと思う。

第9章のまとめ

百貨店は、これまで市場ニーズの多様化に対応して、取扱商品分野、カテゴリーを少しずつ細分化し、「デパートメント」を形成し、あるいは開発して成長してきた。言わば、企業として組織を「分化」することを進めてきたわけである。

しかし、現在、百貨店が対応すべきことは、消費者の生活課題・ニーズに対して、商品・情報・サービスなどをミックスしてワンストップで課題解決を図ることや、複数の商品分野や販売形態(チャネル)の中から顧客に最適な対応になるように選択して組み合わせることなど、百貨店が持つ様々な経営資源を「統合」することである。百貨店は、多くのビジネスチャンスを結び付け、付加価値の高いものを創造し、最適な販売形態で顧客に提供する、別の言い方をすれば、立体的にプロモーションし、販売することを百貨店が主体的にリードして行うことである。それが、まさに本章のキーワードである「マーケティング・コーディネーション」機能なのである。

それでは百貨店が持っている経営資源を統合し、マーケティング・コーディネーションを実現するには、どのように取り組めばよいだろうか。

その具体的な手法はいくつも考えられるが、例えば、基本としては、まず店舗において、売場販売部門、外商部門、インターネット通販部門などと営業企画部門のメンバーが一堂に集まり、ニーズ情報の交換や事業企画の検討を行い、統合した施策を実行するということになる。しかしながら、そのような会合が現実に行われている百貨店がどれだけあるだろうか。四半期に一度のペースでもこのような統合型のミーティングを店舗で行い、マーケティング・コーディネーションを実践していくべきである。その議論の場では必ずやビジネスの発見があり、新しい対応のアクションが生まれるはずだ。

　また、店舗の催事場は、百貨店がマーケティング・コーディネーションを企画し具現化し顧客に価値提供と伝達ができる場である。百貨店にとって広い「自主平場」と見ることもできる。従来の催事企画担当者や催事バイヤーは新しい意味でマーケティング・コーディネーションの担い手であり、こうした催事の人材育成や場の拡充が一層重要と考える。

　そして百貨店がマーケティング・コーディネーションに取り組むことを戦略として表明し動きはじめると、外部から（従来の取引先以外からも含め）一緒にやりたい、百貨店を活用したいという声がかかって、外とのコーディネーションが始まると思う。まさに思いもかけない相手先との協働が生まれる可能性が高い。また「類は友を呼ぶ」ではないが、ある企業と別の企業のコラボレーションが百貨店という場で実現することになるかもしれない。このような取り組みを通じて百貨店のこれまでにないような革新が起こり、さらにそれが加速することが期待されるのである。

第10章 新百貨店モデルで変わる店舗戦略

1. 新百貨店モデルに基づく店舗戦略

　本書では、百貨店の店舗戦略を構想するにあたって、ただちに店舗規模やMDなどを検討するのではなく、まず新百貨店モデルのマーケティング・コーディネーションの取り組み、すなわち新しい事業戦略で生まれる価値を先に検討した上で、その価値を顧客に伝える場としてどのような店舗になるのか、どのように店舗を出店・展開すればよいのかというアプローチで店舗戦略を検討する。

(1) マーケティング・コーディネーションで生まれる内容を活かした売場の開発

　新百貨店モデルでは、これまでにない取引先のコーディネーションと百貨店の経営資源のコーディネーションにより多様な価値を創造していく（第9章参照）。そしてその新百貨店モデルに基づく店舗戦略とは、そのマーケティング・コーディネーションで生まれた内容(コンテンツ)を店舗の場で、どう顧客に伝えるかということから店舗のあり方を考えることである。そしてそれを発展させて、さらなる百貨店の成長戦略に結び付けていくとよいのではないだろうか。

　このような視点で、店舗戦略のあり方を具体的に見ていこう。

▶オリジナル商品の価値提供の場としての売場開発

　まず百貨店のマーケティング・コーディネーションによって生み出されるものが、商品であれば（その百貨店のオリジナル商品ということになるだろうが）、その商品を顧客に向けてデビューさせ、浸透させるための売場を構築し百貨店店内に設けることになる。さらにその売場を専門店として外部に切り出して路面店展開することや駅ビルやSCに出店

していくことも可能になる。

　例えば、三越のジーニングファッションの「ニューヨーク・ランウェイ」はその可能性を持っていた。銀座三越では、その売場を核に関連商材も合わせてワンフロアをそのコンセプトで形成できる能力を備えていた。(2010年秋の増床リニューアルで3階の一部での展開に閉じ込められたが。)実際、札幌三越では北館1階に専門店的に「ニューヨーク・ランウェイ」の売場を独立させて展開している。この実績を踏まえれば、今後さらに地下街、駅ビルなどに専門店として多店舗出店が可能であろう。

▶売場業態の創造

　また百貨店のマーケティング・コーディネーションによって生み出されるものがMD・売り方・売場環境まで設計された売場業態であれば、当然それを多店舗出店することは可能である。大阪梅田の「阪急百貨店イングス館」(スポーツ館)の一部にあたる、ウォーキング(シューズ)、ランニングウェアなどの商品を核にした「イングス・ウオーク」を西宮阪急3階に導入した。イングスは阪急の企業イメージを代表する業態の1つであり、新規にSCに出店した百貨店における阪急イメージの認知・浸透に貢献している。

▶催事の店舗としての展開

　第三に、マーケティング・コーディネーションで生み出されるものが期間を限った催事の場合は、その催事を展開する場を、百貨店の催事場、あるいは全館の売場に持つばかりでなく、百貨店の外部にも持っていくことが期待される。

　例えば、「イタリア展」「フランス展」「英国展」など海外催事はすでに長年実施されており、「企画し、商材調達し、場を形成し、プロモーションする」一連のノウハウが百貨店には蓄積されている。それを地域の他の施設(文化施設・公共施設・レストランなど)や、他の都市の百貨店にも拡大して展開することは容易だろう。それに当初のマーケティング・コーディネーションを企画した百貨店は、1店舗一定期間だけの売上実績に留まらない実績を上げることになり、結果として企画の経済性を高め、投資回収を促進させることになるのである。

(2) 出店形態・出店先の多様化による成長

　これまで見たように新百貨店モデルに基づく百貨店店舗のあり方としては、売場単位として、成長する外部の専門店や業態を内部に取り込む場合もあるだろうし、逆に、百貨店の今後の出店形態として、従来型の百貨店形態にとどまらず、成長するところ(駅ビルやSC)へ小型店となって出店する選択肢もある(図表10-1)。

　このような出店形態と出店先の相乗で、百貨店がいろんな形で出店機会を増やすことになり、それが次代の成長戦略につながっていくということである。

▶東急ハンズ期間限定ショップの全国展開をヒントに

　東急ハンズは、話題の新規商材や台所用品など人気商品に絞った1,000品目程度の品揃えで、300㎡規模の小型店を地方中核都市のSC、駅ビルなど商業施設に、3カ月程度の期間限定で出店する店舗戦略を2010年から開始した。ショップの運営主体はその商業施設であり、東急ハンズは短期フランチャイズ形態で「出店」するものだ。

　東急ハンズの既存店は東京・大阪などの大都市に6,000㎡程度の規模で26店舗展開されているが、この出店は小型店の固定店舗でという従

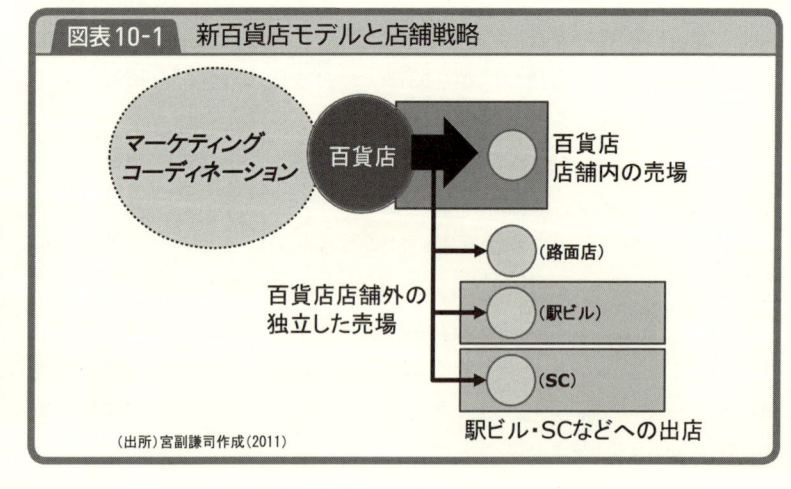

図表10-1　新百貨店モデルと店舗戦略

マーケティングコーディネーション　百貨店　→　百貨店店舗内の売場

百貨店店舗外の独立した売場
- (路面店)
- (駅ビル)
- (SC)

駅ビル・SCなどへの出店

(出所)宮副謙司作成(2011)

来発想でなく、まさに催事的な出店パターンで出店機会を増やすことになる。3カ月間で地域での東急ハンズの認知度を高め、限定店舗を閉めた後は通信販売で買物をするように促し、顧客層の拡大につなげる仕組みになっている。

この店舗は「東急ハンズトラックマーケット」という店舗名で、地方百貨店でも郡山うすい百貨店、佐世保玉屋などで導入され展開されたが、百貨店としても従来の売場にないMDで、若い層から都会志向の主婦層まで顧客を吸引できる良い効果がある。

また逆に東急ハンズの事例をヒントにすれば、企業ブランドを確立できている百貨店企業は、このような期間限定での小型店出店も今後の店舗戦略として可能性を持つと考えられる。

この章では、百貨店の店舗戦略として、①どのような店舗をつくるのか、②出店、店舗展開をどのように進めるのかという2つの観点について、都市百貨店と地方百貨店の場合に分けて考えていこう。

2. どのような店舗をつくるのか

(1) 都市百貨店

都市百貨店は、人口も多く他の百貨店、商業施設との競争が厳しい立地であることから、新百貨店モデルのマーケティング・コーディネーションも、企業ブランドをアピールし他社との差別化を強く意識したものになる。そのため、そこで生み出される商品、催事、売場業態は、大がかりでその百貨店企業の事業戦略そのものであり、しかもその百貨店企業のオリジナル性の高いものになる。

どのような店づくりが行われるべきかについて、松坂屋銀座店をケースに取り上げ、そのリモデルをどう進めると、マーケティング・コーディネーションを具現化したものになるかを例示したい[*1]。

---

*1 この試案は、麻倉・大原(2003)『最新・全国百貨店の店舗戦略』の記述を転用している。

▶〈リモデル試案〉松坂屋銀座店

　松坂屋銀座店（売場面積25,352㎡、2009年売上高143億円、前年比91.9％）は、年々売上を減らしジリ貧状態にある。しかも同店は三越銀座店（22,980㎡）を上回る店舗規模にもかかわらず、三越（2009年売上高411億円）の約3分の1の売上しかあげていない。銀座店は1924年（関東大震災で上野店が全焼した翌年）の開業で、松屋や三越より古い、銀座最古の百貨店である。銀座という一等地に店を構えて90年近くが経過しながら、この数値の悪さである。

▶主要顧客層の明確化と販売効率の良いMDに

　リモデル試論としてまず、松坂屋のターゲットを明確にしよう。三越・松屋がヤングキャリア、キャリア、ミセスを対象としているし、松坂屋の現在の主要顧客は保守的な50代以上のシニアであるから、ここは無益な競争を避けるためにも思い切って20～30代ヤングキャリアは捨てて、シニアに特化して特徴を出すのも有効ではないだろうか。銀座をこよなく愛し、相田みつを美術館や歌舞伎座をめぐり、百貨店に行き、そこで買物をすることを楽しむミセス層に向けて、ゆとり、安らぎ、集う楽しみを感じさせる店づくりを徹底的に行うのである。ターゲットを明確にし、MDを重点化して販売効率を上げることが必要と思われる。

▶自営ゾーンは顧客が安らげるサロン百貨店に

　3～6階は、自営売場として現行のフロア構成（和・洋食器ギフト、紳士服飾、パーツファッション、婦人服飾・雑貨）をそのまま活かすが、商品の構成や売場間のバランスに問題があるので、ターゲットであるシニア向けのMD、売場環境に変える。松坂屋得意の「オーセンティック＆トラディショナル」テイストで人気のあるブランドで商品を構成する。特にリビング売場は、店舗規模で地域トップの松屋までが面積を削減する中、「シャンブル・ド・ルックス」のような特選品から、陶芸作家もの、感度のある日

○ 写真10-1 松坂屋銀座店

常食器までを揃えたゾーンとして強化することで他店との差別化が図れる。背景には、地価下落に伴って都心に住居を求めやすくなったところに、次々と高層マンションが建設されたことによる中央区・港区など周辺居住者の増加傾向や、汐留地区再開発計画の順次完成も影響して、最寄性の生活商材の品揃えが重要になってきていることから、確実に必要で松坂屋の強みも発揮できるものと期待される。

　また休憩スペースを確保して椅子を配置し、くつろげる空間づくりを行う必要がある。

▶特選ブランドを積極的に導入しアーケードに

　一方、1・2階は、世界のブランドが注目する銀座通りに面した店舗の利点を最大限に生かした特選ブランドの、しかもメゾネット型まで可能なブランドアーケード化でテナント収入確保を図る案はどうだろう。実際、2001年6月に「グッチ」のショップを独立型の2フロア構成に変え、従来の3倍の面積に拡大した。また、「マックス・マーラ」「ニナ・リッチ」等のブランドショップをすべて銀座通りに面した形にした。この改装方向をより徹底させるべきだろう。

▶都市型高質スーパー化で松坂屋ストアも改革

　地下1階は、現行のイート・インと和洋菓子のショップをセレクトした上で残し、フロアの半分は、松坂屋ストアを新しくした都市型高質スーパーを導入する。前述のように最近増えてきている都心居住者へのデイリー対応としても、また汐留再開発地区に一番近接した百貨店としての立地からも必要なことだろう。

　大丸や伊勢丹が長年やってきた子会社の食品スーパーが「高質スーパー」ブームで新たな業態魅力を発揮している。松坂屋も松坂屋ストアを「高質スーパー」化したらどうか。

　また名古屋出身の老舗百貨店として名古屋の隠れた名店（美濃忠、つくは祢屋、等）をもっと東京の消費者に紹介してもよいのではないだろうか？

▶他社に真似のできない独自性の高い新しい戦略フレーム

　そして何よりも必要なのは、他の百貨店が真似できない、銀座で松坂屋しかできない事業構造をつくり上げることだ。

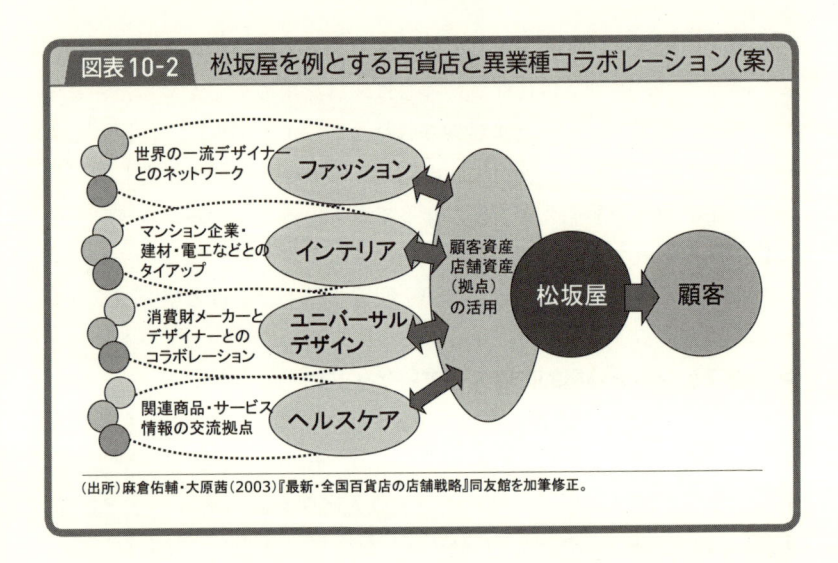

図表10-2　松坂屋を例とする百貨店と異業種コラボレーション(案)

- 世界の一流デザイナーとのネットワーク → ファッション
- マンション企業・建材・電工などとのタイアップ → インテリア
- 消費財メーカーとデザイナーとのコラボレーション → ユニバーサルデザイン
- 関連商品・サービス情報の交流拠点 → ヘルスケア

→ 顧客資産 店舗資産（拠点）の活用 → 松坂屋 → 顧客

(出所)麻倉佑輔・大原茜(2003)『最新・全国百貨店の店舗戦略』同友館を加筆修正。

具体的には、松坂屋が中心となって取引先や異業種と組んで生活価値を提供していくコラボレーションの輪をつくり、その活動拠点、ショールームとして、銀座という立地と顧客資産を活かしていくことが戦略的に構想される。

①インテリア・コラボレーション

近隣の汐留地区や千代田区・中央区・港区の高層マンションには、郊外から生活利便性のために住み替えるシニア層も多い。屋上は来店客の憩いの場として、ガーデニング、ハウジング（エクステリア）、ホームエレクトロニクス、マンションの販売会社とタイアップしたモデルルームを設置する。さらに販売会社とタイアップすれば、マンション購入者のためのトータルコーディネーションが可能となり、高額な需要を安定的に吸い上げることもできる。

②企業コンソーシアム・ショールーム

7階は現在、レストラン、ミキハウス、サービステナントのフロアとなっているが、これをレストラン、ユニバーサルデザインショップ、ライフサポート＆コンシエルジュデスクにする。ライフサポート＆コンシエルジュデスクでは、シニア世代が必要としている介護や家事援助を代

行してくれる会社、食材や食事の宅配をしてくれる会社との橋渡しを行い、加えてそれらに必要な商品の販売もする。

ユニバーサルデザイン（高齢者・障害者等に使いやすく設計された日常商品）に限らず、エコロジーや健康など複数の企業や団体がコラボレーションを展開している活動体の「銀座ショールーム」として銀座松坂屋の立地は、のどから手が出るほど欲しい拠点だ。この立地資産を新たな収益源に活かさない手はない。新しい形の「テナントビジネス」を展開できるはずだ。

以上のように、松坂屋銀座店は、銀座地区の百貨店のリーダーになる位置にないが、だからこそ、単なる増床・規模拡大でなく、特定顧客層へ向けて個性ある店舗づくりを選択すべきだ。また銀座という立地（しかも銀座通りに長いフェースを持ち、再開発が進む新橋・汐留寄りという利点）に、松坂屋の名古屋・東海地方の企業としての資産を活かし、他社が追随できないビジネス構造を開発することを提案したい。それによって物販収益以上に安定的な、他社にない収益を新たに得られる可能性を松坂屋銀座店は持っていると期待される。

しかしながら、現在の松坂屋銀座店は、「グッチ」の撤退の後、2010

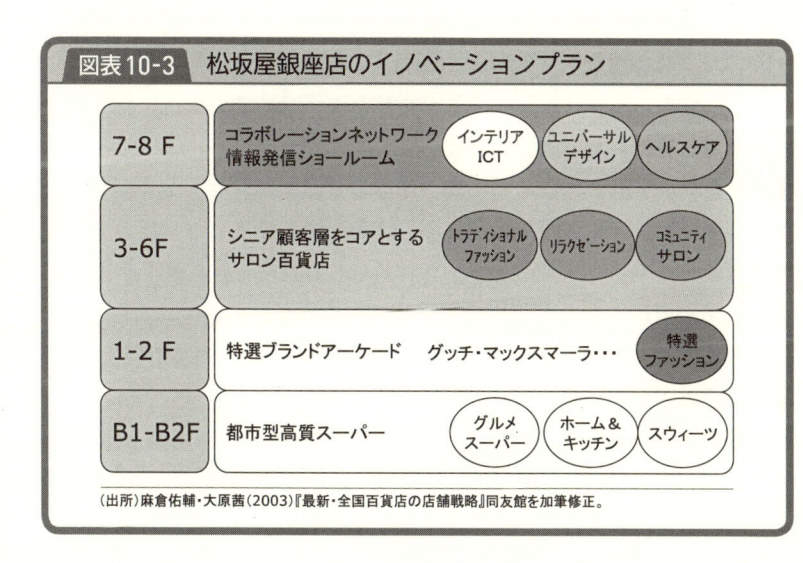

図表10-3　松坂屋銀座店のイノベーションプラン

フロア	コンセプト	キーワード
7-8F	コラボレーションネットワーク 情報発信ショールーム	インテリアICT／ユニバーサルデザイン／ヘルスケア
3-6F	シニア顧客層をコアとするサロン百貨店	トラディショナルファッション／リラクゼーション／コミュニティサロン
1-2F	特選ブランドアーケード　グッチ・マックスマーラ…	特選ファッション
B1-B2F	都市型高質スーパー	グルメスーパー／ホーム＆キッチン／スウィーツ

(出所) 麻倉佑輔・大原茜 (2003)『最新・全国百貨店の店舗戦略』同友館を加筆修正。

年にファストファッションの「フォーエバー21」をテナントとし、1階から5階まで縦に大きくスペースを取って導入した。また「エスペランサ」「セシルマクビー」「ルーミーズ」などギャル系ブランドを1・2階に一挙導入し「うふふガールズ銀座」として構築、さらに6階に家電量販店「ラオックス」を導入した。今後の店舗建て替えを控えて、現時点ではこれまでにない客層を取り込むため、あるいは安定したテナントからのデベロッパー収益の確保のため、従来発想にない(従来を否定する)店舗づくりの実験中というところであろうか。松坂屋銀座店は、マーケティング・コーディネーションを実践する場にふさわしい店舗としての可能性を持っているにもかかわらず、現状の店舗展開は、その可能性のひとかけらも見えない。

(2) 地方百貨店

　地方百貨店の新百貨店モデルでの店舗づくりは、都市百貨店よりもさらに「マーケティング・コーディネーション」に基づく事業戦略・営業戦略を優先する。すなわち、まずは地域の顧客ニーズに合わせたビジネス展開が検討され、そのビジネスと顧客接点である場をどのように持つかが重要で、店舗の規模や形状にはこだわらないというアプローチになる。

▶顧客起点の多様な販売形態のミックス事業体

　MD、接客、企画、宣伝と組織・運営を統合的に考えて、店舗が立地する地域・都市における「マーケティング・コーディネーション」を具体化したい。すなわち、今持っている顧客資産を確認し、その顧客層に対しての販売チャネルを積極的に開発する。現在の地方百貨店の主力顧客層は地元のシニア層であろう。また地域の富裕層も従来通り重要であるし、将来の顧客化を念頭に若夫婦層の開拓も必要と見て、この3つの顧客層への「マーケティング・コーディネーション」を検討する。

▶シニア層向けマーケティング・コーディネーション

　シニア層には、食材・日用品の宅配セールスが重要である。ネットスーパー(ネット百貨店と言うべきか)+外商セールスを掛け合わせたようなビジネス形態である。ネットで受注し、顧客の自宅まで商品を届け、さ

らに顧客の御用聞きも行うスタイルが考えられる。例えば、大沼(山形)では顧客宅を週一度訪問して注文を得る「御用聞き」ビジネスを2009年3月から開始した。商材は米・味噌・果物などの食料品、肌着・食器などの日用品で、店舗近隣の5,000世帯に社員が訪問し販促情報のチラシを配布して受注している(『日経MJ』2009年11月8日付け記事)。

　また顧客開拓・維持のためには、百貨店への来店を待つばかりでなく、地域の病院、文化・スポーツ施設と連携し、その施設に百貨店の御用聞き拠点・ネット受注端末を設置するなど多拠点化が検討されるべきである。その連携先の専門家の情報提供での講演会、セミナー開催を通じて顧客の相互利用も強まっていくだろう。三春屋(青森県八戸市)は、店舗に近いホテル・病院などの専門人材を招聘したイベントや、大学やカルチャーセンターの作品展などを開催し、地域と連携した催事開発を積極的に行っている(八戸ニューシティホテル板長開発の地元グルメ商品販売、八戸赤十字病院マッサージ師によるマッサージ企画、八戸西健診プラザ健康セミナー、八戸工業大学工学部建築工学科卒業設計展など)。このような取り組みから今後ビジネスに発展させていけるのではないだろうか。

▶富裕層向けマーケティング・コーディネーション

　富裕層向けのビジネスとしては、上質生活のための生活情報、歳時記MDの確かなセールスが重要となる。その際には、店頭販売員と外商担当者の連携による販売体制があればさらによい。この層は地方中核都市への買物行動も積極的であるので、競合はその大都市の百貨店と見て、それを意識したMDや販売体制が重要である。

　例えば、地域の優良顧客に特選ブランド品をセレクトした大和高岡店(富山県)の「特選サロン」(4階)、呉服や雑貨を和の売場環境で展開する佐賀玉屋の「和のフロア」(本館7階)などは参考となる事例である。

　さらに家具インテリア売場は縮小・廃止されているところが多いが、高齢者が健康で快適・安心に住もうという関心は高いので、テレビ番組「大改造!!劇的ビフォーアフター」の情報を活用した増改築、収納、台所、介護用品の相談ができるインテリア売場も地方百貨店にこそ望まれると

ころだ。

▶若夫婦向けマーケティング・コーディネーション

若夫婦層向けのビジネスとしては、大人として良識ある生活を送るためのアドバイス、コンサルティングを展開する。若い世代は、結婚するまでは、あまり百貨店と関係なく過ごすことが多いと思われるが、結婚、出産、育児などを機に百貨店に関わる機会を増やす戦略を構築したい。

具体的には、この層へ向けたギフトや冠婚葬祭などのしきたり相談を、リソースとして外商担当者のギフトノウハウも活用したり、手法としてブログや携帯メールなど新しいメディアを活用したりして展開する。地方百貨店ではないが、そごう・西武が2010年に展開した中元初心者マークの「はじめてのお中元」キャンペーンは中元ギフトの贈り方・しきたりの情報発信を分かりやすく行う試みであった(そもそも、お中元って、どうして贈るの？／誰に贈るの？／何を贈ればいいの？／せっかく贈るのに失敗しないルールなどを解説)。

また店内のコト企画のイベントとして、ギフトサロンや寝具、食器、食料品などのギフト関連売場でシリーズ展開することも考えられる。東武百貨店の「店内ツアー」の手法も導入すると店内の活性化にもつながる効果が期待される。

このように顧客別にマーケティング・コーディネーションのビジネスを店頭、催事、外商、通販といった販売形態に捕らわれず(販売形態を連携・統合して)展開することになるが、そのビジネスを前提として代表的な拠点を店内に設ければ、その顧客層が立ち寄り、顧客間相互にも交流できる拠点となっていく。百貨店がこのような形で顧客づくりを行い、存在意義を発揮していくことが望ましいと考える。

▶店舗のMD

地方百貨店は、広すぎない店舗規模での充実が望まれるが、好調な地方百貨店の小型店の共通MDから考慮すると、食料品(生鮮・デイリー食品のセルフゾーン、インストアベーカリー、都会的な店舗を含む惣菜、和洋菓子)を核に、婦人服・洋品、化粧品、ギフト雑貨という構成になる。

衣料品では価格対応と、百貨店らしいMDの両方への対応が重要であ

る。価格対応では、東武大田原店3階の「ファッションマート」(婦人・紳士・子供洋品を取り揃え、例えば婦人ボトムス4,000〜5,000円、紳士スポーツウェア4,000〜5,000円の価格帯)(2010年9月視察時)、鳥取大丸3階の「バローレ」(紳士軽衣料)(2008年8月視察時)などが参考となる事例だ。一方の百貨店らしいMDでは、佐世保玉屋・伊万里玉屋・長崎玉屋で、婦人服プレタは「レリアン」、カジュアルは「ハヴァナイストリップ」を3店共通に導入する取引先重点政策をとっており(伊万里玉屋・長崎玉屋では百貨店らしい婦人服ブランドはこの2ブランドのみとなっている)、地方百貨店の戦略的な取り組みとして評価できる。

　店舗の集客と顧客回遊の双方に必要なレストランの展開としては、ミセス向けコミュニティ型のカフェレストランとファミリー向けフードコートの展開が必要だろう。コミュニティ型カフェレストランでは、地域の品格ある有名店とタイアップし、カジュアル版にした店舗を導入したパターンが注目される。例えば、東武大田原店2階の「ル・パティシエ」(日光の「明治の館」)、大和富山店2階の「NORIOカフェパピヨン」(金沢の「ビストロカワモト」)、長崎浜屋4階の「カフェ梅月堂」などである。このコーディネーションの具現化はブランド志向の女性層に支持を得るし百貨店の店舗イメージを向上させる効果も期待される。またフードコートでは、川徳(盛岡)、東武大田原店などがコンパクトでありながら、センスのある環境で食料品売場の中で展開され評価できる事例である。(フードコートは福屋広島駅前店、松山三越など地方の大都市の店舗でも展開されている。)

▶店内のミニイベント

　地方百貨店ではブランドが撤退した後をイベントスペースにして拠点バーゲンを行う事例が多いが、むしろ積極的にイベントスペースを店内各所に設けて情報発信をするとともに、にぎわいを店内各所で演出し、店舗を活性化するべきだろう。その点、佐世保玉屋は、7階の大催場のほかに、1階、3階、4階、5階、8階に催場を設けて、三・五月人形、新入学用品、水着など季節用品を集中展開する、あるいはファッションフロアに売場環境のアクセントとしても雑貨MDをたまに催事で差し込

むなど様々な意図で企画され、全館をプロモーショナルにする取り組みを行っている。

▶新しいカテゴリー

少子高齢化の時代の来店顧客層の大きな変化に対応し、百貨店も子供向けフロアよりもむしろアクティブなシニア層へ向けた商品、情報、サービスを集積したフロアを戦略的に拡大した展開が望まれる。

例えば、京王百貨店新宿店8階の「リフレピア」という売場名の健康食品、薬、漢方薬局、化粧品・化粧雑貨、食材・製菓用品、リラクゼーション、ネイルサロンなどの集積は地方百貨店にとって参考になる。

その事例をもとにさらに戦略的に構築するならば、健康、トラベル、ウォーキング、ガーデニング、ペット、ホビー、カルチャーなどをテーマに関連商品を品揃えし、それを楽しむための情報を相談コーナーやイベントで発信し、体験できるサービスや作品発表会を催すなどコミュニティの場もあるような展開が構想できる。（1フロアすべてをこのようなコンセプトのフロアにするくらいの大胆な取り組みを行ってもすでに需要が見込める時代になってきているのではないだろうか。）またそこでは、インターネット端末を設置し、そこで販売員が介助しながらインターネットに触れ、ネットで購入するコーナーを設けてもいいのではないだろうか。販売員との会話を楽しむために毎日来店する顧客もあるかもしれない。また店内にある商品でも実際に買い回りがしづらい高齢者には有効な買物拠点になるものと期待される。

このように、アクティブシニア向けの「ソリューション・セリング」の売場づくりは、今後の地方百貨店の取り組みテーマとして重要と考える。

3. どのような出店(店舗展開)にするのか

(1) 都市百貨店の店舗展開

都市百貨店はすでに企業ブランド(コーポレートブランド)となってい

る企業がほとんどであるので、それを活かした店舗戦略の展開ということになる。その際、マーケティング・コーディネーションによって生み出された「商品」「催事」「事業」などが店舗形成の重要なリソースとなることは言うまでもない。マーケティング・コーディネーションで生み出されるものが、次々と新規出店の形態となり、百貨店を成長につなげていく仕組みである。

ここで、リモデル試案として三越を取り上げ、その店舗戦略を構想してみよう。

▶〈リモデル試案〉三越の店舗戦略と全国化

三越の店舗戦略については、第1章で現在の店舗戦略が戦略的に体系立っていないことを指摘したが、ここでマーケティング・コーディネーションの発想で見直すと、実に戦略的で成長性の高い店舗資源を持っていることが理解できる。

まず、三越の企業ブランドを最も象徴する店舗は、言うまでもなく東京日本橋本店である。この店舗は「伝統と先進」の両面のテイストで先端の店舗であり、三越のマーケティング・コーディネーション開発の源となる店舗である。ここでの文化情報の発信、新たなMDの取り組みは

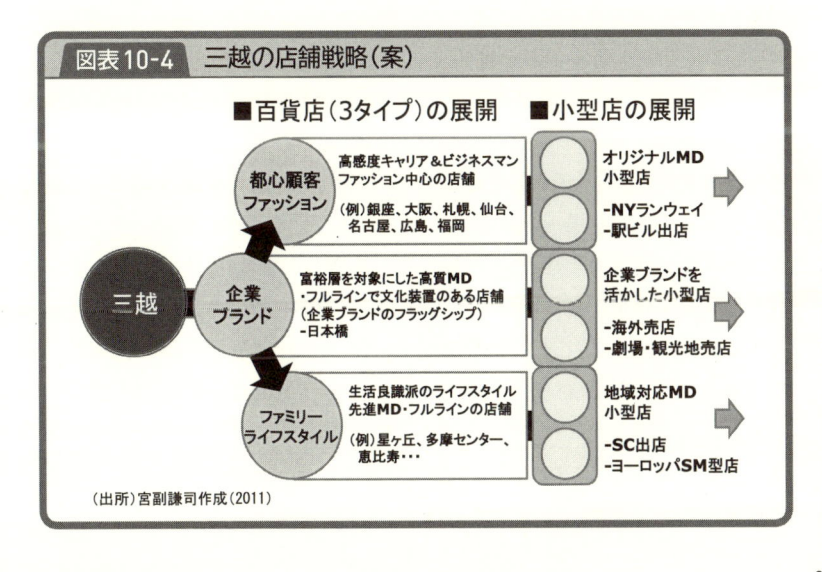

図表10-4　三越の店舗戦略（案）

■百貨店（3タイプ）の展開　　■小型店の展開

三越 → 企業ブランド

- 都心顧客ファッション
  - 高感度キャリア＆ビジネスマン ファッション中心の店舗
  - （例）銀座、大阪、札幌、仙台、名古屋、広島、福岡
- 企業ブランド
  - 富裕層を対象にした高質MD
  - ・フルラインで文化装置のある店舗（企業ブランドのフラッグシップ）
  - -日本橋
- ファミリーライフスタイル
  - 生活良識派のライフスタイル 先進MD・フルラインの店舗
  - （例）星ヶ丘、多摩センター、恵比寿…

小型店：
- オリジナルMD小型店
  - -NYランウェイ
  - -駅ビル出店
- 企業ブランドを活かした小型店
  - -海外売店
  - -劇場・観光地売店
- 地域対応MD小型店
  - -SC出店
  - -ヨーロッパSM型店

（出所）宮副謙司作成（2011）

写真10-2 星ヶ丘三越

各店舗の売場開発の素材として全店舗に波及していくことになる。

その企業ブランドを活かしつつも、顧客層として都心の高感度なキャリアとビジネスマンにターゲットを置いたコーディネーションの具現化が、銀座三越に代表される「銀座モデル」である。これは2010年9月の改装で具現化されたと見ていいが、今後、札幌・仙台・名古屋・大阪・広島・福岡といった都心立地で競合との差別化が特に必要な三越店舗に適用可能だろう。

一方で、大都市郊外のファミリー層を対象にそのライフスタイル全般を支援する店舗が星ヶ丘三越に代表される「星ヶ丘モデル」ということになる。この店舗タイプは生活圏立地となり、多摩センターや恵比寿の三越に適用できる。さらに閉鎖したが横浜上大岡などもこのタイプが適用可能であったかもしれない。(星ヶ丘三越は、隣接するライフスタイルセンター「星ヶ丘テラス」との相互補完型の店舗展開が功を奏している。何も無理にイオンと組んで生活圏でない郊外SCに、しかも低層店舗の形態に変えて出店し苦労することはなく、米国的でない日本型のSC共存出店ができることを証明するモデル店舗である。)

このような百貨店の3タイプに加えて、三越の場合は、その強い企業ブランドを活かした小型店の多数展開が可能である。例えば、三越すなわち日本橋本店のブランドを活かして、その支持顧客層が行動する場所である劇場(帝国劇場・歌舞伎座など)や観光地(京都・倉敷・金沢・高山など)に小型店の出店が考えられる。実際に、倉敷にはそのコンセプトの小型店(倉敷川館)を展開していたし、和雑貨・民芸・呉服などのMDは上記の拠点で共通に展開可能で、そうなれば取引規模も全国的に相当数を扱え、三越がその市場リーダー性も発揮できるであろう。

また都心型小型店の「銀座モデル」はニューヨーク・ランウェイなどのオリジナルブランドの専門店展開であり、前述の通りである。「星ヶ丘モデル」は小型化してかつての洗足(東京都目黒区)などに展開されて

いた小型店舗のように大都市生活圏に多数出店可能である。「UPIM」「COIN」(いずれもイタリア)、「TESCO」(英国)などヨーロッパの都市に展開される2階建て程度の高質スーパーマーケット(SM)をモデルにした衣料品・リビングの小型店舗戦略もこの領域のPB商品開発と合わせて取り組むと大いに成長が期待される。

(2) 地方百貨店の店舗展開

　地方百貨店の場合は、地域へ向けたマーケティング・コーディネーションによって開発した事業の拠点を地域に設けて行くことで店舗が形態として多様化しながら、百貨店企業がカバーする商圏を拡大することができる。(従来の商圏で展開されていた外商ギフトショップは、店舗単位の家賃見合いで採算性が検討され閉鎖・撤退される場合が多かったが、事業としての採算をみて拠点を設けるかどうかを検討していく必要がある。)

　地方百貨店のマーケティング・コーディネーションの事例として中三(青森県)の取り組みがあげられる。中三は地元産品を自主編集した「北のれん」という売場を青森店・弘前店の食料品売場で展開しているが、このMD運営のノウハウと商品調達を活かし百貨店店内だけでなく地域のホテルと連動しホテル売店(お土産ショップ)の運営支援も行っている。まさに「北のれん」という売場業態の地域への多店舗化である。さらにこの取り組みを発展させれば、外商営業力を活用して別の地方への商品外販を拡大できるし、また「青森の観光物産展」催事として他の地方百貨店を巡回する「出店」も可能であろう。

　地方百貨店はその地域において高い企業ブランドを保有しているので、それを活かして先に例を示した東急ハンズの地方出店のように、店舗所在都市の周辺地域への小型での催事出店や移動式の出前出店も検討されるだろう。近年、地方都市において商業施設がなくなった地域での買物難民の問題が社会問題化しているが、行政の要請を前提として、地方百貨店が地域への催事巡回・出前販売会などを行うことも地域にとって重要な取り組みと言えよう。

第10章のまとめ

　百貨店は複数の売場単位(デパートメント)から構成される業態であるから、自らの店舗が沈滞した時には、成長する他の専門店や業態を売場単位として内部に取り込んで自らも成長してきた。さらに独自性があり市場に受け入れられる売場単位を持てば、それを外部に切り出して成長する駅ビルやSCに出店し、自らを成長させるというダイナミックな成長戦略を描ける業態である。

　本書の新百貨店モデルにいうマーケティング・コーディネーションで生み出される事業を店舗で具現化しようとすれば、商品を軸とした独自の空間づくり、催事的な期間限定での出店、売場業態の開発など様々なパターンがある。それを百貨店企業の独自性として他に差別化するとともに、店舗内だけでなく、独立した店舗として切り出し、拠点を拡大していくことも可能なのである。

　従来の百貨店の店舗形態ありきでなく、マーケティング・コーディネーションの事業を前提に店舗のあり方を考えていけば、これほど成長のポテンシャルを持つ業態はほかにないのではないだろうか。百貨店は21世紀、これから大いに展開が楽しみな業態なのである。百貨店企業は、ぜひこのような観点から新たな成長戦略を描き進んでほしい。

あとがき

　本書では百貨店の今後の可能性を述べてきたが、2011年現在で、その可能性を一層加速させる与件がいくつもあることを見逃してはならない。国の流通政策面から見ても2000年代の「新流通ビジョン」と「クール・ジャパン」政策などがそうである。

2000年代の新流通ビジョンと百貨店

　2007年に経済産業省が発表した「新流通ビジョン」では、今後の流通のあり方として「生活づくり産業」というテーマを掲げている。新しい流通産業は、商品・サービスを通じ、消費者のライフスタイルや生産者をリードし、ヒト・モノ・カネ・情報の結節点として地域社会の拠点となり、安全・安心の確保など、社会的責任に積極的に対応するものでコミュニティに貢献するものである。また一方でグローバル展開を推進し我が国の生活文化を発信することを担うものとされる。これは、まさに百貨店が、「マーケティング・コーディネーション」機能を発揮して、顧客に価値を創造し提供する新しいあり方そのものではないだろうか。

　具体的な流通政策としても、2007年改正の都市計画法では総床面積1万㎡を超える大規模集客施設(小売店・映画館・アミューズメント施設など)の郊外への出店が規制され、中心市街地活性化法(2006年改正)は、商業振興のほか、歴史・文化、防犯、医療を含めたコミュニティとしての魅力向上、都市機能を市街地に集約し地域経済を総合的・一体的に推進する動きになった。今後、中心市街地活性化の担い手としても地方百貨店の貢献は期待されるものである。

クール・ジャパンと百貨店

　また2010年に発表された「クール・ジャパン」は、日本の戦略産業分野として文化産業(クリエイティブ産業：デザイン、アニメ、ファッション、映画など)に着目し、その海外進出促進、国内外への発信や人材育

成等の政府横断的施策である。百貨店が行ってきた地方の伝統工芸の全国への普及、地方の物産展の開催、海外への発信などの活動そのものがクール・ジャパンである。ここにもまた、今後の百貨店企業の成長の足がかりとなるものが存在している。

　百貨店企業は、かつては欧米のファッションブランドを日本に輸入・紹介することで、成長してきた過去がある。本書でも述べてきたように、商品の需要をマス化させるマーケティング機能である。これから先は、輸入と輸出の違いはあるが、百貨店企業だからこそ知っているその商品の良さや生活シーンでの活用方法の提案、現地のマーケット事情を踏まえた販売促進策の立案など、百貨店企業が持つ優位性を十分に活用し、海外マーケットを狙う国内企業とともにこの「クール・ジャパン」政策を担う中心的役割を百貨店企業は果たせるはずだ。

業界としての戦略的な、行政への取り組み

　総務省統計局『労働力調査』から産業別に雇用の受け皿の移り変わりを見た分析（『日本経済新聞』2011年1月10日付け記事）でも製造業の就業者数は1964年に農林業を抜き、製造業が日本の雇用の受け皿になったが、その製造業の就業者数のピークは1992年であり、1990年代の半ばには、流通・飲食産業に抜かれて主役の座ではないのである。むしろ卸売・小売業就業者は1,064万人と、第3次産業の中で最大で、全就業者数6,228万人の約6分の1を占める大きな受け皿であることが分かる。

　しかしながら、筆者が思うのは製造業等の他の産業に比べて、卸売・小売業界の業界団体のプレゼンスは概して低いということである。長年、日本を代表してきた製造業は、業界団体がロビー活動を熱心に行い、また日本の経済団体のトップに製造業界のトップが就くなどして、自分たちの経済活動を有利にすべく積極的に行政府と関わってきた。（最近でも、自動車産業や電機産業などが「エコカー補助金」「エコポイント」などの政策を誘導して、業績の低迷を立て直した例などがあげられよう。）

　百貨店をはじめとする大規模小売業にとっては、今までは行政府から産業として評価・保護されず、その時々の立法・施行で翻弄されてきた

面もある。製造業と同等の雇用者数を持つに至った今こそ、自分たちの経済活動を有利にすべく積極的に行政府と関わり、行政と連携しながら「生活づくり産業」「クール・ジャパン」政策の担い手として、百貨店企業は事業拡大・生き残りを図るべきではないだろうか。

そのためにも、百貨店業界の業界団体である「日本百貨店協会」は、業界団体として百貨店各社からの情報収集や統計・分析作業、広報活動のほかに、こうした「生活づくり産業」「クール・ジャパン」政策を百貨店各社が推進できるよう(特に、経営資源に恵まれない地方百貨店に対しては後方支援ができるよう)、大幅な機能強化が望まれる。

さらに今後、国際会計基準の導入に伴う売上計上方式の変更や、店舗の撤退費用を前もって特損として計上する制度の導入など、百貨店業界にとってその根底を揺るがす制度変更案件が複数浮かんでいる。

百貨店に成長の機会をもたらす政策・制度も多い中、一方で、ここ数年で再び暗雲が立ち込める気配すら感じられる。百貨店各企業が「お人好し経営」から脱することも重要だが、百貨店協会がリーダーシップを発揮して、百貨店業界としての社会、地域への貢献などを世の中に広く認識してもらうとともに、行政への強い働きかけ活動をなされることを希望する。

百貨店業界全体としても長期視点で戦略的に行動し、「しなやかでしたたかな」成長を描くように進んでいくことを期待したい。

2011年3月

内海 里香

【参考文献】

- W.オルダーソン著、石原武政・風呂勉・光澤滋朗・田村正紀訳(1984)『マーケティング行動と経営者行為』千倉書房。
- P.コトラー、K.L.ケラー著、恩蔵直人監修、月谷真紀訳(2008)『コトラー&ケラーのマーケティング・マネジメント　基本編(第3編)』ピアソン・エデュケーション。
- H.パスダーマジャン著、片岡一郎訳(1957)『百貨店論』ダイヤモンド社。
- E.M.ロジャーズ著、青池愼一・宇野善康監訳(1990)『イノベーション普及学』産業能率大学出版部。
- 麻倉佑輔・大原茜(2003)『最新・百貨店の店舗戦略』同友館。
- 日比翁助(1915)『商売繁昌の秘訣』大学館。
- 伊藤元重(1998)『百貨店の未来』日本経済新聞社。
- 伊藤元重(2003)『流通戦略の新発想』PHP新書245、PHP研究所。
- 北島啓嗣(2009)『オープン・インテグラルアーキテクチャ――百貨店・ショッピングセンターの企業戦略』白桃書房。
- 小島健輔(2010)『ユニクロ症候群』東洋経済新報社。
- 具承桓・小菅秀介・佐藤秀典・松尾隆(2008)「ものづくり概念のサービス業への適用」『一橋ビジネスレビュー』2008、Aut.56巻2号、東洋経済新報社。
- 松田慎三・坂倉芳明(1960)『百貨店』(日本の産業シリーズ7)有斐閣。
- 松尾隆(2007)「イトーヨーカ堂」藤本隆宏・東京大学21世紀COEものづくり経営研究センター編(2007)『ものづくり経営学　製造業を超える生産思想』光文社。
- 宮副謙司(1994)『新「百貨店」バラ色産業論』ビジネス社。
- 宮副謙司(1998)『小売業変革の戦略-関係マーケティングの展開』東洋経済新報社。
- 宮副謙司(2004)「松屋銀座「ジ・オフィス」のケース―顧客へのリレーションが高まる「生活エージェント」」嶋口充輝・内田和成編著『顧客ロイヤルティの時代』第8章所収、同文舘出版。
- 宮副謙司(2004)「パスダーマジャンを読む――百貨店の機能と革新性再考」『赤門マネジメント・レビュー』3巻10号、499-528.グローバルビジネスリサーチセンター。
- 宮副謙司(2006)「百貨店経営における海外からの知識導入――1950・60年代百貨店戦後再興期の活動を中心に」『日本経営学会誌』17、千倉書房。
- 宮副謙司(2010)『コア・テキスト流通論』新世社。
- 水野紘之介(2001)「百貨店マーチャンダイジング視点からみたSCM方法論」菅原正博・吉田裕之・弘津真澄編著『次世代流通サプライチェーン-ITマーチャンダイジング革命』第6章所収、中央経済社。
- 水野誠一・伊坂正人・佐野寛・谷口正和・田村国昭編(2009)『消費社会のリ・デザイン』大学教育出版。
- 新井田剛(2010)『百貨店のビジネスシステム変革』中央経済社。
- 西尾久美子(2007)『京都花街の経営学』東洋経済新報社。
- 坂倉芳明・米谷浩編著(1976)『商品仕入の実務』東洋経済新報社。
- 坂田隆文(2007)「スーパーマーケット誕生期における百貨店の業態変容」『中京商学論叢』第53巻。
- 鈴木安昭(1998)『百貨店のあゆみ』日本百貨店協会。
- 田島義博(1988)『マーチャンダイジングの知識』日経文庫、日本経済新聞社。

【参考資料】

- 『日本経済新聞』『日経MJ(流通新聞)』『繊研新聞』『日経ビジネス』の百貨店関連記事
- ストアーズ社(1991-2010)『百貨店調査年鑑』
- 朝日新聞社(2010)『民力』

●── 執筆者紹介

宮副 謙司（みやぞえ けんし）

　九州大学法学部卒業、慶應義塾大学大学院経営管理研究科修士課程修了（MBA取得）、東京大学大学院経済学研究科博士課程修了（経済学博士）。西武百貨店、プライスウォーターハウスクーパース、アビームコンサルティングなどを経て、2009年4月より青山学院大学大学院国際マネジメント研究科教授（マーケティング関連科目を担当）。東京大学経済学部非常勤講師（流通経営を担当）を兼務。

主要著書・論文

『新「百貨店」バラ色産業論』ビジネス社、1994年
『小売業変革の戦略──「関係マーケティング」の展開』東洋経済新報社、1998年
『流通ABC革命』同友館、1998年
『ソリューション・セリング』東洋経済新報社、1999年
『最新・全国百貨店の店舗戦略』（ペンネーム麻倉佑輔で、大原茜との共著）同友館、2003年
『コア・テキスト　流通論』新世社、2010年

内海 里香（うつみ りか）

　一橋大学大学院商学研究科修士課程修了。西武百貨店の経営企画セクションにて業務改革プロジェクト等を担当。コンサルティングファームを経て、1997年に設立した「オフィスaoyR's」にて消費財メーカー・小売企業を対象にしたマーケティング・コンサルティングを展開。また海外、全国の百貨店のフィールドマーケティングを通じ、21世紀型百貨店の運営形態、店舗戦略、顧客サービス戦略などについての研究活動を行っている。
2011年4月より、文化ファッション大学院大学講師。

主要著書・論文

『セゾングループの80年代企業行動』（一橋大学大学院商学研究科修士論文）、2000年
『最新・全国百貨店の店舗戦略』（ペンネーム大原茜で、麻倉佑輔との共著）同友館、2003年

2011年5月5日　第1刷発行
2011年7月8日　第2刷発行

全国百貨店の店舗戦略2011

©著　者　宮副謙司
　　　　　内海里香
発行者　脇坂康弘

発行所　株式会社 同友館

〒113-0033 東京都文京区本郷6-16-2
TEL. 03 (3813) 3966
FAX. 03 (3818) 2774
URL http://www.doyukan.co.jp

落丁・乱丁本はお取替えいたします。
ISBN 978-4-496-04770-1

KIT / 三美印刷 / 東京美術紙工
Printed in Japan

本書の内容を無断で複写・複製（コピー），引用することは，特定の場合を除き，著作権者・出版者の権利侵害となります。また，代行業者等の第三者に依頼してスキャンやデジタル化することは，いかなる場合も認められておりません。